Billones en juego

El futuro de la energía africana

y de cómo hacer negocios

NJ Ayuk

Clink
Street

London | New York

Published by Clink Street Publishing 2019

Copyright © 2019

First edition.

Hardback ISBN: 978-1-913340-08-7
Ebook ISBN: 978-1-913340-09-4

Tabla de contenido

Prólogo

Por el secretario general de la OPEP
Mohammad Sanusi Barkindo

El difunto Nelson Mandela dijo: "Un ganador es un soñador que nunca se rinde".[1]

Ayuk es el tipo de soñador sobre el que el señor Mandela hablaba.

En este libro, Ayuk expone su compromiso de guiar a los países africanos en el camino hacia un futuro próspero. La clave, nos dice Ayuk, es un esfuerzo conjunto de líderes, empresas y ciudadanos africanos para asegurar que el continente se dé cuenta del potencial de su vasta riqueza petrolera.

Como CEO de un próspero bufete legal panafricano conocido por su experiencia en petróleo y gas, Ayuk es experto en la materia. Sus conocimientos de la industria y su talento como negociador se han ganado el respeto y la confianza de los países miembros de la OPEP, junto con la oportunidad de negociar en representación de nuestra organización.

Además, ha invertido su tiempo y recursos para mostrar el camino: comenzó fundando la Cámara Africana de la Energía y coescribiendo *Big Barrels: African Oil and Gas and the Quest for Prosperity*, un libro que analiza caso por caso a países africanos que tienen éxito aprovechando sus recursos petroleros.

En este libro, Ayuk se basa en lo que comenzó en *Big Barrels*, alentando a los africanos a utilizar los recursos petroleros de su continente para tomar el control de su destino.

Sin embargo, quizás lo más importante es que el libro no rehúye las ideas potencialmente controvertidas. Aunque sueña con el éxito del petróleo

1

africano, es plenamente consciente de los obstáculos para el mismo: presenta un razonamiento sólido para atraer a más mujeres a la industria, en particular a puestos directivos. También alienta a los gobiernos y empresas africanas a trabajar en las áreas donde se quedan cortos, desde la distribución injusta de la riqueza petrolera hasta la mala gobernanza que sufren los africanos.

Ayuk es directo en su evaluación de la ineficiente red eléctrica de África y el liderazgo ineficaz de sus compañías de energía, abogando por la disociación de las empresas de servicios públicos como una forma para que el continente tome el control de su futuro. Además, pide un cambio cultural que permita a las compañías de petróleo y gas hacer la transición a negocios energéticos que inviertan en energías renovables en África.

También aborda el problema de la quema de gas en mi país natal, Nigeria, donde el gas natural podría aprovecharse para proporcionar acceso a la electricidad a grandes segmentos de la población.

Es un honor escribir el prólogo de este libro. Estoy de acuerdo con los puntos planteados, y con la visión de Ayuk sobre el papel fundamental que desempeñará la OPEP para ayudar a los productores de petróleo africanos a lograr una voz muy merecida en la industria petrolera.

Sí, se podría argumentar que Ayuk es un soñador. Sin embargo, se ha tomado el tiempo para crear una hoja de ruta detallada para convertir ese sueño en realidad. Depende de cada uno de nosotros tomarse el tiempo de leerlo y jugar un papel en hacer realidad su sueño de crecimiento económico impulsado por el petróleo, estabilidad, y una mejor calidad de vida para África.

Abreviaturas

bbl: barriles de petróleo (barrels of oil)
bbl/d: barriles por día (barrels per day)
bbo: mil millones de barriles de petróleo (billion barrels of oil)
bboe: mil millones de barriles de petróleo equivalente (billion barrels of oil equivalent) Se refiere al petróleo crudo y al gas natural. La medición del gas en la unidad de barril se basa en la energía aproximada, liberada al quemar un barril de petróleo crudo. El gas es 100 por ciento recuperable.
bcm: mil millones de metros cúbicos (billion cubic meters)
bscf: mil millones de pies cúbicos de gas (billion standard cubic feet of gas)
E&P: exploración y producción
IOC: Empresa internacional de petróleo (international oil company)
GNL: Gas natural licuado (liquified natural gas)
mmbo: millón de barriles de petróleo (million barrels of oil)
mmboe: millón de barriles de petróleo equivalente (million barrels of oil equivalent)
mmbtu: millón de unidades térmicas británicas (million British thermal units)
mscf: millón de metros cúbicos standard (million standard cubic feet)
mscf/d: millón de metros cúbicos standard por día (million standard cubic feet per day)
mt/y: millón de toneladas métrica por año (million metric tonnes per year)
ONG: Organización no gubernamental
NOC: Empresa nacional de petróleo (national oil company)
pb: por barril
toe: toneladas de petróleo equivalente (tonnes of oil equivalent)
tcf: trillón de pies cúbicos (trillion cubic fett)

downstream = industrias de refinación y petroquímica
midstream = almacenamiento y transporte; tuberías
upstream = exploración y producción

1

Es el momento de que el petróleo y el gas africano impulsen un futuro mejor para los africanos

En una visita a Luisiana en mayo de 2019, el presidente de los Estados Unidos, Donald Trump, fue recibido por grandes multitudes y aplausos atronadores por sus comentarios.

¿Qué provocó esta decidida muestra de aprobación por parte de los residentes? Los continuos elogios del presidente hacia la próspera industria energética del estado.

"Desde aquí mismo, en Hackberry, Luisiana, muy pronto exportareis gas natural limpio estadounidense a todo el mundo con una determinación, talento y orgullo increíbles", dijo el presidente durante un recorrido por la instalación de exportación de gas natural líquido (GNL) de Sempra Energy. "Los trabajadores como vosotros estáis iluminando nuestras casas, alimentando nuestras fábricas y reduciendo el coste de la energía para las familias trabajadoras estadounidenses."[2]

El gobernador de Luisiana, John Bel Edwards, se hizo eco de los comentarios del presidente durante la visita, señalando que el sector energético del suroeste de Luisiana está en auge. "Esta industria está experimentando un crecimiento récord con USD30 mil millones en nuevas inversiones y negocios desde Sudáfrica hasta Corea del Sur, generando actividad en el suroeste de Luisiana y creando empleos bien remunerados en nuestro estado", dijo Edwards.

Esta es una gran noticia para comunidades como Hackberry.

Pero, ¿por qué las historias como esta deberían limitarse a ciudades de los Estados Unidos? Es hora de ver los mismos resultados en África.

Estoy seguro de que las plantas de GNL pueden generar oportunidades para familias trabajadoras en Angola, Argelia, Nigeria, Guinea Ecuatorial, Ghana, Gabón y Camerún, entre otros. Los recursos de gas natural pueden hacer que la energía limpia sea, por primera vez, más accesible para las personas de comunidades rurales de todo el continente. La producción de petróleo puede impulsar el crecimiento económico en Juba, Sudán del Sur; Kampala, Uganda; e innumerables otras ciudades y pueblos en todo el continente africano.

Hasta cierto punto, ya ha comenzado.

Un ejemplo prometedor está teniendo lugar a aproximadamente a una hora al este de Lagos, Nigeria, donde la construcción de una refinería de petróleo y una planta petroquímica de USD12 mil millones se ha convertido en un *hub* multicultural. Más de 7.000 trabajadores de Nigeria, India y otros países trabajan diariamente, y la construcción avanza a un ritmo frenético.

El hombre detrás de este proyecto, el magnate de negocios nigeriano Aliko Dangote, predice que una vez que se complete, la refinería procesará 650.000 bbl/d y creará miles de empleos. Ya se está formando a 900 ingenieros nigerianos en India para que trabajen en la refinería, y se crearán aún más empleos cuando el conglomerado industrial multinacional de Dangote, Dangote Group, avance con sus planes para construir allí un puerto, un embarcadero, plantas de energía y carreteras.

Si todo se desarrolla según lo previsto, el complejo de la refinería tiene un gran potencial para diversificar y fortalecer la economía de Nigeria, estimular las transferencias de conocimiento y tecnología, atrayendo lucrativas oportunidades de inversión extranjera y poniendo fin a la dependencia de Nigeria de las exportaciones de petróleo.[4]

Es un proyecto audaz y un ejemplo potente del poder de la industria del petróleo y gas para crear un futuro más brillante para África. Y es uno de los muchos proyectos prometedores relacionados con el petróleo y el gas que se están desarrollando en todo el continente. Mientas se escribe este libro:

- Anadarko Petroleum Corporation y sus socios anunciaron una decisión final de inversión (DFI) el 18 de junio de 2019 para el proyecto de GNL del Área 1 de Mozambique. El proyecto será la primera instalación de gas natural licuado *onshore* de Mozambique,

que inicialmente constará de dos trenes de GNL con una capacidad total según los planos de 12.88 millones de toneladas métricas por año (mt/a) de procesamiento de gas del campo Golfinho / Atum en el área offshore 1. El proyecto ha asegurado 11.1 millones de toneladas anuales de ventas de GNL a largo plazo a clientes en Asia y Europa, lo que representa el 86 por ciento de la capacidad de la planta, y también tendrá un importante componente de gas doméstico.

- Gabón, Camerún y la República del Congo están desarrollando nuevas leyes petroleras que facilitarán la inversión en sus países.
- Sudán del Sur ha negociado un nuevo acuerdo de paz con facciones rebeldes y está aumentando la producción de petróleo y gas mientras desarrolla nuevas leyes de contenido local que ayudarán a proteger los intereses de las comunidades locales.
- Guinea Ecuatorial, junto con Noble Energy, Atlas Oranto Petroleum, Guvnor, Glencore y Marathon Oil Company finalmente acordaron un acuerdo para invertir más de USD300 millones en el EG Gas Mega Hub para el desarrollo potencial de gas natural local y regional.
- El presidente de Angola, João Lourenço, está impulsando reformas que incluyen la modernización de la firma estatal de energía Sonangol para crear un modelo de negocio más eficiente y transparente, racionalizar la aprobación de las inversiones de las compañías de petróleo y gas, crear exenciones fiscales para el desarrollo de campos marginales y desarrollar una nueva legislación para derechos de gas. Los resultados podrían ser una mayor exploración petrolera en Angola, el fin del debilitamiento de Sonangol en el sector del petróleo y gas de Angola, y mayores oportunidades para otras compañías locales.
- El proyecto de construcción de una planta de GNL en Tanzania creará más de 10.000 empleos de calidad en este país del este de África.
- La segunda instalación de GNL flotante del mundo entró en producción en Camerún en la primavera de 2018, y ya se está trabajando en proyectos similares para Mozambique y Guinea Ecuatorial. Cada uno de estos proyectos promete aumentar la independencia energética de África, promover el desarrollo industrial y crear empleos.

- Ahora que se han descubierto enormes depósitos de petróleo frente a la costa de Senegal, el país ha impulsado una legislación que lo posicionará para convertirse en un exportador de petróleo. Los funcionarios del gobierno también pretenden utilizar los ingresos del petróleo y el gas para cubrir el coste de la infraestructura local y proyectos que fomenten el comercio.[5]

- En Ghana, más de 600 empresas han recibido contratos de la industria del petróleo y el gas, según informó recientemente el ministro de Energía John Peter Amewu, y en septiembre de 2018, la industria del petróleo y el gas de Ghana empleaba a más del 75 por ciento de la fuerza laboral local en puestos de nivel medio y de dirección.

He escuchado a los detractores lo suficiente como para saber la respuesta:

"Estás siendo demasiado optimista. El petróleo y el gas aún no han resuelto los problemas de África y, de hecho, solo causan más problemas. ¿Qué pasa con la corrupción y la inestabilidad política de África? ¿Qué pasa con la falta de infraestructura?"

Pero ya es hora de superar esta negatividad improductiva.

Es bastante fácil decir que los africanos no encajan en el molde de empresarios del petróleo y gas: hemos demostrado que solo tenemos que romper el molde y luchar por una industria petrolera que funcione para todos los africanos. Todos conocemos los desafíos a los que se enfrente África y somos conscientes de la maldición de los recursos percibida en el continente. Con demasiada frecuencia, nuestros recursos naturales crean riqueza para los inversores extranjeros y un grupo selecto de élites africanas, mientras que la gente común no se beneficia o, lo que es peor, sufre los efectos: inestabilidad, conflicto y daño medioambiental.

Pero esto es de lo que todos se niegan a hablar: esa maldición es reversible. Si los gobiernos, las empresas y las organizaciones africanas administran los ingresos de petróleo y gas de África con prudencia, podemos hacer cambios importantes en todo el continente. Podemos reemplazar la inestabilidad con buen gobierno, crecimiento económico y mejores oportunidades para los africanos de a pie. El petróleo puede funcionar para todos. Puede hacer cosas buenas y puede dar lugar a una transición económica. Todos tenemos la obligación de apoyar a las compañías serias que están invirtiendo y haciendo un buen trabajo, alentar a las que todavía dudan y advertir a quienes todavía piensan que los negocios deben hacerse como en los viejos tiempos.

No estoy siendo idealista. Se pueden encontrar muchos ejemplos de recursos naturales que contribuyen a cambios significativos a mejor, tanto en África como en otras partes del mundo.

A continuación, dos de mis ejemplos recientes favoritos:

Capitalizando el cobre en Chile

Chile es uno de los mayores productores de cobre del mundo: controla más del 20 por ciento de las reservas mundiales de cobre y es responsable del 11 por ciento de la producción global. En junio de 2017, una delegación del gobierno chileno y representantes empresariales llegaron a Addis Abeba, la capital de Etiopía, con un regalo muy valioso. Vinieron a contarles a los líderes africanos cómo su país construyó su exitosa industria minera de cobre y evitaron los efectos dañinos de la maldición de los recursos.

Durante una serie de mesas redondas coordinadas por el African Minerals Development Centre (AMDC), los delegados chilenos compartieron ideas y buenas prácticas de su industria minera del cobre con representantes de Etiopía, Ghana, Guinea y Zambia. Las sesiones brindaron la oportunidad de aprender cómo Chile consiguió de manera exitosa:

- Desarrollar y mantener una próspera cadena de suministro de cobre.
- Fomentar la cooperación entre el gobierno y los sectores privados.
- Incentivar la innovación entre proveedores locales.

Chile no solo es conocido por el éxito de su industria del cobre, sino que también es reconocido por su crecimiento económico constante durante las últimas décadas. Según el Banco Mundial, Chile es uno de los países más prósperos y económicamente estables de América Latina.[6]

Chile puede agradecer a la política estratégica del gobierno el éxito de la industria minera del cobre y la fortaleza de la economía. "Las autoridades locales han reinvertido los ingresos de la industria minera en otras industrias para hacer que la economía local sea más competitiva y diversificada", escribió Martina Mistikova en un blog para Biz Latin Hub. "En los últimos 20 años,

Chile transformó su infraestructura valiéndose de partenariados público-privados. Gracias a la infraestructura mejorada y la firma de acuerdos de libre comercio con más de 64 países, Chile ocupó el puesto 33 entre 138 países en el Índice de Competitividad Global para 2016-2017."[7]

El país sudamericano también se ha beneficiado del compromiso del gobierno con la transparencia. "El Ministerio de Finanzas publica regularmente información sobre las operaciones y los ingresos, junto con un análisis exhaustivo de rendimientos, impuestos, valores de exportación minera y volúmenes de producción", escribió Sean Durns en un artículo para Global Risk Insights. "La Comisión Chilena del Cobre y el Ministerio de Minería publican mucha información de manera regular, incluyendo evaluaciones ambientales y peticiones de licencias."[8]

No solo eso, el gobierno de Chile ha creado leyes para proteger el medio ambiente y abordar los intereses de los grupos indígenas en relación con las actividades mineras de cobre.[9]

Todas estas iniciativas pueden se exportadas y adaptadas a África. El hecho de que los líderes africanos y chilenos se hayan reunido para discutirlos es muy alentador. Ese tipo de diálogo abierto y disposición para aprender de los demás es exactamente lo que necesitamos para maximizar el valor de los recursos naturales de África.

Y, por supuesto, también podemos buscar dentro de África buenos ejemplos para emular.

Ideas brillantes en Botsuana

Para Botsuana, 1966 fue un momento de altibajos vertiginosos y mínimos desalentadores. Por un lado, el país sin litoral del sur de África obtuvo su independencia de Gran Bretaña ese año. Por otro lado, Botsuana era uno de los países más pobres del mundo.[10] Durante los siguientes años, alrededor del 60 por ciento de los gastos del gobierno dependieron de la asistencia internacional para el desarrollo, y el ingreso per cápita de Botsuana fue de solo USD70 al año (compárelo con USD3.960 en los Estados Unidos, USD570 en Sudáfrica y USD290 en Zimbabue ese mismo año[11]). La agricultura, principalmente ganadería, representaba el 40 por ciento del producto interno bruto (PIB) de Botsuana, y el país tenía unos 19 kilómetros de carreteras pavimentadas.

Pero avanzó rápidamente y en varias décadas, Botsuana se transformó por completo.

"En 2007, Botsuana tenía 7.000 kilómetros de caminos pavimentados, y el ingreso per cápita había aumentado hasta alrededor de USD 6.100, lo que convirtió a Botsuana en un país de ingresos medios altos comparable a Chile o Argentina", escribió el autor de *Botswana Success: Good Policies, Good Governance and Good Luck*, Michael Lewin. "Su éxito también es evidente en otras medidas de desarrollo humano".

La asistencia para el desarrollo se había reducido a menos del 3 por ciento del presupuesto del gobierno, agregó Lewin, y se han logrado avances importantes en infraestructura y educación.

¿Qué causó una transformación tan importante? Fue financiado por la riqueza de diamantes de Botsuana, pero el motor detrás del crecimiento y la estabilidad del país han sido las políticas fiscales cuidadosamente planificadas y la buena gobernanza del gobierno.

En primer lugar, Botsuana ha hecho de la diversificación económica una prioridad, en lugar de optar por depender de los ingresos de los diamantes. Más recientemente, el gobierno ha estado creando centros destinados a fomentar el crecimiento, el uso de la tecnología y las oportunidades empresariales en industrias que van desde la agricultura hasta la salud. Uno de los más nuevos, Botswana's Innovation Hub, está desarrollando un Parque de Ciencia y Tecnología destinado a hacer crecer el sector de la tecnología de la información y las comunicaciones (TIC) de Botsuana.[12] Otro ejemplo, el *hub* de Educación recientemente aprobado, es la respuesta del gobierno a los desajustes entre la formación y desarrollo de capacidades en Botsuana y las necesidades del mercado. El *hub* se centrará en desarrollar programas de educación de calidad y capacitación en investigación.[13]

La diversificación es una pieza del rompecabezas en Botsuana. Otra es su enfoque acertado de las políticas fiscales. Botsuana desarrolló políticas que exigían un gasto moderado durante los tiempos de bonanza económica, en lugar de recurrir a "gastos compulsivos" del gobierno cuando el dinero del diamante fluía. Eso, a su vez, permitió que los gastos continuaran durante los ciclos económicos negativos. Los gastos del país han sido guiados por planes de desarrollo nacional, aprobados por el parlamento en ciclos de seis años. La planificación es realizada por comités que incluyen a miembros de la sociedad civil además de representantes del gobierno, y las decisiones son revisadas por la Cámara de los Jefes, que representa a las principales tribus de Botsuana.[14]

En general, gran parte del gasto gubernamental se ha centrado en educación, salud, asistencia social e infraestructura pública, todo lo cual refuerza la calidad de vida de los ciudadanos y contribuye a la estabilidad y a crear un entorno propicio para el crecimiento económico.

¿Otra estrategia clave en Botsuana? Ahorro e inversión de ingresos. Al hacer esto, Botsuana tiene un medio para estabilizar la economía durante las recesiones y asegurarse de que las generaciones futuras se beneficien de la riqueza del país, mucho después de que los recursos naturales se hayan agotado.

Entiendo que cada país es diferente, pero las prácticas de Botsuana siguen siendo ejemplos sólidos para que otras naciones africanas personalicen y desarrollen.

No te des por vencido con el petróleo y el gas

La gente me pregunta todo el tiempo por qué estoy convencido de que los recursos petroleros son clave para un futuro mejor para África, a la luz de la mala gestión, la explotación y el conflicto asociado con la producción africana de petróleo y gas a lo largo de los años. Pero creo firmemente que ignorar los grandes recursos petroleros del continente no es la clave para evitar la maldición de los recursos: la respuesta es utilizar nuestros recursos estratégicamente.

Piénselo: en 2017, las reservas probadas de gas natural de África alcanzaron los 503.3 trillones de pies cúbicos (tcf),[15] y las reservas probadas de petróleo ese año excedieron 126 mil millones de barriles de petróleo (bbo).[16] Además, debido a que África sigue estando en gran parte inexplorada, vale la pena considerar el potencial de vastas reservas de petróleo sin descubrir. En 2016, el Servicio Geológico de los Estados Unidos estimó que había 41 bbo y 319 tcf de gas en espera de ser descubiertos en el África subsahariana. [17] Estoy convencido de que vamos a ver más descubrimientos importantes, especialmente con un mayor uso de tecnologías de exploración y producción (E&P) como la perforación direccional y la simulación de yacimientos.

Los recursos petroleros siempre han representado una oportunidad para los africanos. Una vez más, el problema ha sido la incapacidad de aprovechar esos recursos sabiamente, desarrollar y capitalizar plenamente su cadena de valor y proteger los intereses de los ciudadanos africanos en lo que respecta a los ingresos del petróleo y el gas. Este ha sido el patrón hasta ahora, pero no es demasiado tarde para rechazar lo que no ha funcionado, adoptar lo que sí funciona y alimentar una economía más fuerte, con una mayor estabilidad y una mejor calidad de vida para los africanos.

Mientras escribo este libro, el mercado del petróleo y el gas se está recuperando. La industria está en un lugar muy diferente de cuando João Gaspar Marques y yo escribimos *Big Barrels: African Oil and Gas and the Quest for Prosperity*.

Pero esta recuperación no tiene sentido si no hacemos lo correcto, si no trabajamos para solucionar los desafíos de África en lugar de insistir en lo que está mal.

Entonces, ¿cómo utilizamos el petróleo y el gas para transformar nuestro continente? Para empezar, dejemos de limitar nuestro enfoque en la extracción y venta de petróleo crudo.

En cambio, creemos oportunidades para los sectores *upstream, midstream* y *downstream* de la industria del petróleo y el gas. Tenemos que pasar de la retórica a la relevancia, de los símbolos a la sustancia, del populismo de limusina y carisma al carácter que nos proporcione soluciones pragmáticas y de sentido común a muchos que esperamos más del petróleo y el gas y otros recursos naturales de África.

Capitalicemos nuestros recursos de gas natural para abordar la escasez generalizada de electricidad en África, que no solo transformará la vida de los africanos, sino que también abrirá la puerta a empresas africanas más eficientes y productivas e inversores internacionales con mayor capacidad de crecimiento, ingresos y beneficios y contribuirá al desarrollo económico y social.

Y mientras lo hacemos, pongamos en marcha el trabajo y los marcos legislativos necesarios para disociar con éxito nuestras empresas de servicios públicos sobredimensionadas y sobrecargadas para que puedan suministrar electricidad de manera consistente y segura.

Creemos más oportunidades para las mujeres africanas en la industria del petróleo y el gas. Es beneficioso para todos: las mujeres tienen mucho que ofrecer, y los buenos empleos para las mujeres contribuyen a una África más estable y económicamente más vital.

Insistamos en la importancia del buen gobierno y las políticas que crean un entorno propicio para las compañías de petróleo y gas, y que sea práctico para esas compañías crear oportunidades significativas para africanos, compañías y comunidades.

Unamos fuerzas para abordar estratégicamente los desafíos que tenemos en el horizonte. No podemos meter la cabeza en la arena cuando se trata de cuestiones que podrían afectar nuestra industria de petróleo y gas. Lo que está sucediendo en Luisiana no es un hecho aislado. Estados Unidos tiene más reservas de petróleo recuperables que cualquier otro país del mundo y ahora es un exportador de energía.[18] El presidente Trump ha estado presionando constantemente a la OPEP para que mantenga los precios bajos del petróleo. Los líderes y las empresas africanas deben tomar medidas ahora, desde la diversificación económica hasta la monetización de nuestras cadenas de valor del petróleo, para mantener estables las economías de nuestros países si Estados Unidos crea un exceso de petróleo y los precios vuelven a caer.[19]

Al mismo tiempo, hagamos el trabajo necesario para crear un tipo de entorno que continúe atrayendo inversores y compañías estadounidenses, que siguen siendo de vital importancia para el sector de petróleo y gas de África.

Después, desarrollemos estrategias claras y consistentes para la necesaria transición energética. La industria del petróleo y el gas está aquí para quedarse durante mucho tiempo, no solo en África, sino en todo el mundo. Si bien la cuestión del cambio climático es apremiante e inminente, y debe ser abordada en todas las industrias del mundo, la erradicación completa del petróleo y el gas es inalcanzable. De hecho, la mayoría de las personas no entienden cuán entrelazada está la industria del petróleo y el gas en nuestra vida cotidiana, ya que el petróleo y el gas se utilizan para todo, desde la producción de electricidad que ilumina el mundo hasta los fertilizantes que alimentan al mundo. El petróleo es un componente clave en una cantidad incalculable de productos, desde el teléfono que utiliza para llamar a su madre a las dentaduras postizas en su boca y las llantas de su automóvil. Los principales expertos en clima no están pidiendo un alto en la producción de petróleo y gas, sino que están pidiendo una transición energética sostenible.

En este contexto, África se encuentra en un lugar ideal para liderar la tarea de crear una industria sostenible de petróleo y gas, al tiempo que crea un sector líder de energía renovable. El potencial de la energía renovable es esencialmente ilimitado, y las tecnologías que se están desarrollando en el continente están iluminando el camino a seguir para las energías renovables en todo el mundo.

Para tener éxito, debemos ser honestos y avanzar rápidamente para establecer marcos regulatorios estables, entornos empresariales innovadores capaces de atraer inversiones y un fuerte compromiso político con la transición energética. También es importante entender que este cambio no va a ser fácil, ya que la mayoría de los países aún son testigos de conflictos políticos en curso y de una fuerte dependencia de la infraestructura de generación de energía basada en combustibles fósiles que podría restringir las oportunidades para desarrollar las condiciones para la transición energética más rápido que nuestras contrapartes occidentales.

Sobre todo, buscamos soluciones para nosotros mismos. Aprendamos a negociar acuerdos de exploración y producción de petróleo que benefician a los ciudadanos de a pie africanos tanto como a los líderes gubernamentales. Exijamos nuevos modelos para gestionar los ingresos del petróleo que distribuyan la riqueza de manera equitativa. Y dejemos de vernos como víctimas que necesitan ayuda y orientación extranjera.

Es importante conocer tu valor y el valor que aportas a cualquier negocio de petróleo y gas. Muchos africanos siempre han sido tímidos o temerosos de buscar valor por lo que aportan. Es una mala idea. Sé lo que valgo. Sé lo que aporto, y no me da vergüenza exigir una compensación adecuada. No me gustan los políticos que regulan la compensación. Tenemos que aprender a dejar que las fuerzas del mercado determinen algunas cosas en la industria petrolera.

Los africanos somos más que capaces de hacer que nuestro continente tenga éxito.

Empecemos.

2

Depende de los africanos arreglar África

Sudán, asolado por la guerra, ha sido durante años escenario de un conflicto civil.

En la década de 1970, se descubrieron vastas reservas de petróleo en la parte sur del país. Mientras tanto, en la región norte se construían oleoductos y refinerías, tal vez como un intento de evitar la secesión.[20] Las dos regiones del país no pudieron ponerse de acuerdo sobre cómo "compartir" los ingresos del petróleo, lo que provocó luchas internas y una eventual división en 2011 en dos naciones separadas. Hasta el día de hoy, Sudán del Sur sigue siendo uno de los países menos desarrollados de África.[21]

Pero incluso aquí, vemos rayos de esperanza.

A mediados de 2017, mi empresa, Centurion Law Group, facilitó con éxito en Sudán del Sur uno de los acuerdos más grandes y difíciles en petróleo y gas en África hasta la fecha. Trabajamos con Oranto Petroleum de Nigeria y el gobierno de Sudán del Sur para abrir la puerta para que Oranto explore en busca de petróleo en el Bloque B3 de Sudán del Sur. El acuerdo de exploración y producción compartida (EPSA, en sus siglas en inglés) resultante permitió que la exploración integral y el desarrollo a largo plazo de Oranto comenzaran de inmediato.

Poco después de este acuerdo histórico, Centurion Law Group firmó una alianza estratégica con un bufete de abogados de Sudán del Sur, Awatkeer Law Chambers, en Juba.[22] La red local de Awatkeer y el alcance panafricano de Centurion significa que podemos formar a los abogados de Sudán del Sur en el uso de nuestras plataformas tecnológicas legales para servir mejor a las empresas, el gobierno y las organizaciones no gubernamentales (ONG) en Sudán del Sur, particularmente en asuntos relacionados con la ley de energía.

Este acuerdo fue un avance significativo, no solo porque el EPSA de Oranto es el primero firmado en Sudán del Sur desde 2012. Este EPSA es un testimonio del compromiso reforzado del gobierno con la recuperación económica a nivel nacional a través de inversiones en servicios públicos e infraestructura, particularmente en el sector del petróleo y gas. Más importante aún, señala una esperanza renovada: si podemos tener éxito aquí, podemos tener éxito en toda el continente.

He ayudado tanto a las empresas privadas como a los gobiernos africanos a dar pasos seguros en la industria del petróleo y el gas para mejorar las economías africanas y ayudar a los africanos cotidianos a tener una vida mejor al aprovechar la influencia de nuestros recursos naturales. Por ello, sé que los africanos podemos superar obstáculos significativos para ayudarnos a nosotros mismos. Soy optimista de que nuestros éxitos pueden ser contagiosos.

Mientras escribo este libro, unos 400 delegados acaban de regresar a casa de la conferencia South Sudan Oil & Power 2018.[23] Los asistentes se reunieron para abordar (y, con razón, celebrar) el crecimiento de las actividades de exploración, la reanudación de la producción de petróleo en la región y las mejoras continuas de la infraestructura regional y la seguridad en las áreas operativas. Esta segunda conferencia anual de profesionales de petróleo y gas representa la naturaleza contagiosa del éxito: este diálogo abierto entre delegaciones gubernamentales, diplomáticos del exterior y representantes del sector privado está fomentando conversaciones que conducirán a fortalecer África.

Pero también sé que lograr este objetivo requiere trabajo, mucho trabajo, y requiere la iniciativa y la cooperación de los africanos, todos africanos. Te pido quedes un paso al frente. Todos debemos asumir la responsabilidad de trabajar para mejorar África. No es una responsabilidad, sino un honor.

Las limosnas mantienen a la gente callada

Hay un proverbio que dice: *dame un pez y podré comer por un día. Enséñame a pescar y podré comer toda la vida.*

La caridad tiene su lugar. Es difícil ver a alguien caer, especialmente cuando podemos ayudar a que se levante. La ayuda monetaria es una solución rápida que puede evitar el hambre, ayudar a alguien a mantener su hogar o pagar la atención médica urgente. Pero esta generosidad, aunque bien intencionada, puede ser mal dirigida. Y una vez que el regalo se ha agotado, no queda nada.

Durante demasiado tiempo, entidades extranjeras bien intencionadas han intervenido para proporcionar ayuda a África, pero, al hacerlo, inadvertidamente nos pisaron los pies. En algunos casos, hicieron más daño que bien. Muchos esfuerzos caritativos y sin ánimo de lucro están diseñados por países donantes e instituciones extranjeras que no comprenden lo que el país o la comunidad receptora realmente necesitan o cómo funciona.

Este también suele ser el caso de las empresas con ánimo de lucro. Es bastante común que las empresas multinacionales ofrezcan una ayuda adicional o dos para endulzar su trato con los países anfitriones. Pero estas "ayudas" generalmente reflejan la misma falta de comprensión, particularmente en los países africanos.

Hace poco escuché la historia de una compañía petrolera extranjera tratando de ganarse el favor de una tribu. Los ejecutivos de la compañía se acercaron al jefe de la tribu para preguntarle qué necesitaba su gente. El jefe propuso un hospital; los ejecutivos estuvieron de acuerdo. Parecía win-win: la tribu obtendría las mejoras necesarias en la atención médica, y la compañía petrolera fomentaría la buena voluntad al abordar las necesidades más apremiantes de la tribu.

El problema era que un hospital no era en realidad la necesidad más apremiante de la comunidad. El jefe simplemente había sugerido lo primero que le vino a la mente. Si bien era cierto que las personas de la tribu se ponían enfermas, no se debía a la falta de acceso a la atención médica. Era porque estaban bebiendo agua contaminada. La tribu no necesitaba un hospital; necesitaban un suministro de agua adecuado.

Pero, por supuesto, los ejecutivos petroleros no lo sabían. Y no pasaron ningún tiempo investigando o consultando con el gobierno local. Simplemente avanzaron y construyeron el hospital. Una vez terminado, el edificio quedó desocupado: no había médicos para atenderlo ni camas para acomodar a los pacientes. Estaba cerrado y cercado, no era bueno para nadie.

Quiero otorgar a estos ejecutivos el beneficio de la duda, me gusta creer que la empresa realmente trató de hacer lo correcto y averiguar qué necesitaban los locales, pero descuidaron un paso muy importante en su *due diligence*. Hablaron con una persona y no analizaron su solicitud ni determinaron la logística.

Las buenas intenciones solo te llevan lejos. En realidad, las buenas intenciones deben estar respaldadas por el trabajo duro, el análisis en profundidad y la ejecución sólida para tener un impacto.

No puedes simplemente arrojar dinero a una comunidad y esperar resultados positivos. Pero en algunos casos, esto es lo que está sucediendo. Hemos escuchado historias de compañías que salen y arrojan bolsas de dinero desde un bote. Los vecinos se pelearon por el dinero hasta que las pandillas se lo apropiaron, dejando a la comunidad con nada más que resentimiento.

Y aunque los gobiernos del primer mundo y las organizaciones benéficas internacionales discutirían conmigo, considero muchos de sus esfuerzos exactamente de la misma manera: pueden tener buenas intenciones, pero esencialmente están tirando bolsas llenas de dinero.

William Easterly, profesor de economía en la Universidad de Nueva York (NYU), codirector del Instituto de Investigación para el Desarrollo de la NYU y miembro no residente del Centro para el Desarrollo Global, calificó la ayuda africana como "uno de los escándalos de nuestra generación". Easterly argumentó en un debate en 2007 que "el dinero destinado a las personas más desesperadas del mundo simplemente no está llegando a ellos: USD 600 mil millones en ayuda a África en los últimos 45 años, y durante ese período de tiempo básicamente ha habido un aumento cero en el nivel de vida."[24]

El economista zambiano Dambisa Moyo ha realizado investigaciones que respaldan este punto. "La ayuda ha sido y sigue siendo un desastre político, económico y humanitario sin paliativos para la mayor parte del mundo en desarrollo", escribió en su libro *Dead Aid*.[25] África ha recibido más de USD 1 trillón en ayuda en los últimos 50 años, pero toda esta industria benéfica parece haber exacerbado la pobreza. Durante el pico de la ayuda occidental de 1970 a 1998, informó Moyo, la pobreza en África en realidad aumentó: del 11% al 66%.

El problema con la caridad es que puede convertirse en una muleta. Cuanto más tiempo reciban las personas las contribuciones, más dependerán de ellas, y menos motivados estarán para hacer un esfuerzo adicional hacia la autosuficiencia. Y como Moyo señaló sin rodeos, "la ayuda nunca ha creado empleos".

Este es el caso en África. Si ha leído mi libro, *Big Barrels*, quizá recuerde un capítulo sobre esta cuestión. Mi investigación para el libro descubrió un análisis que muestra que los países que dependen de la ayuda son ahora menos capaces de salir de la pobreza que hace 30 años.

Depender de los demás es un obstáculo. Y la ayuda, por bien intencionada que sea, a menudo tiene un precio.

Veamos los préstamos. Claro, los préstamos están destinados a devolverse en lugar de tratarse simplemente de obsequios fruto de la generosidad. Pero los préstamos fomentan los apegos que pueden ser tan perjudiciales como la muleta de la caridad. Cuando vence el pago, los países que han acumulado demasiados préstamos no pueden pagar sus deudas.

Esta es definitivamente la situación en el África subsahariana, donde el Overseas Development Institute (ODI) clasificó a casi el 40 por ciento de esos países "en peligro de caer en una gran crisis de deuda" a partir de octubre de 2018 y nombró a ocho naciones: Chad, Mozambique, República del Congo, Santo Tomé y Príncipe, Sudán del Sur, Sudán, Gambia y Zimbabue, que ya están experimentando problemas por su nivel de deuda.[26]

"Aunque los préstamos a menudo se consideran como un requisito previo para el crecimiento, la deuda insostenible plantea riesgos significativos para el compromiso global de terminar con la pobreza extrema, incluidos los Objetivos de Desarrollo Sostenible (ODS). El endeudamiento insostenible obliga a los gobiernos a gastar más en el servicio de la deuda y menos en educación, salud e infraestructura", escribieron las autoras de ODI Shakira Mustapha y Annalisa Prizzon. "El alto endeudamiento también crea incertidumbre, disuade la inversión y la innovación, y tiene un impacto negativo en el crecimiento económico. Una crisis de deuda mal administrada no solo socavaría el progreso hacia los ODS, sino que también podría revertir el progreso de desarrollo realizado en la última década."

Si bien estamos agradecidos por las décadas de apoyo financiero, necesitamos aprender a defendernos solos, a pescar por nosotros mismos, por así decirlo. Los días de nuestra dependencia de los inversores extranjeros y de la ayuda externa deben llegar a su fin si los africanos queremos mejorar significativamente nuestros países.

La colaboración es fundamental para el futuro de África

Analicemos una cuestión geografía sorprendente: África, el segundo continente más grande después de Asia, es cinco veces más grande que Europa. Pero su costa tiene solo una cuarta parte y 16 de sus países no tienen litoral. Esto dificulta severamente el comercio internacional.

En su estudio "Geografía y desarrollo económico" para la Oficina Nacional de Investigación Económica, John Gallup, Jeffrey Sachs y Andrew Mellinger señalaron que "los países costeros generalmente tienen ingresos más altos que los que no cuentan con litoral. De hecho, ninguno de los 29 países sin litoral fuera de Europa disfruta de un alto ingreso per cápita."[27]

¿Significa esto que el desarrollo económico en las naciones africanas sin litoral es imposible?

Absolutamente no. Pero requiere cooperación. África es la suma de sus partes; si una de sus naciones cae, el resto también sufre. Pero si nos levantamos juntos, nos apoyamos mutuamente y consideramos los éxitos de los demás como propios, nuestra fuerza es ilimitada. Ya estamos viendo signos de tal apoyo, desde las 17 naciones que bordean el Golfo de Guinea uniendo fuerzas para mejorar la seguridad marítima de su región hasta cuatro países de África Oriental que se unen para aumentar la productividad agrícola y el crecimiento a través de avances científicos.

El éxito genera éxito. Pero también requiere el trabajo colectivo de todas las partes interesadas: los gobiernos africanos, las empresas e inversores africanos y las organizaciones que se esfuerzan por establecer el lugar que le corresponde al continente en el comercio mundial del siglo XXI.

El papel de los gobiernos africanos

Hablemos del gobierno. ¿Cuál es su responsabilidad en lograr un crecimiento económico exitoso?

La infografía de ODI, "Financiando el fin de la pobreza extrema", afirma, "el crecimiento solo puede reducir a la mitad la pobreza. Invertir en salud, educación y protección social podría hacer el resto."[28]

Sí, muchas naciones africanas son economías pequeñas, donde aumentar las tasas de crecimiento y aumentar los ingresos es un desafío. Pero, como señalaron Indermit Gill y Kenan Karakülah en un artículo que escribieron para el Instituto Brookings, "aumentar los ingresos fiscales es algo que casi todos los gobiernos del subcontinente pueden hacer por sí mismos."[29]

Asimismo, Gill y Karakülah creen, como yo, que las economías africanas más grandes tienen la capacidad de expandir sus propias economías y estimular un gran crecimiento positivo, incluso de forma transfronteriza: "Hay algunos países que pueden hacer esto por su cuenta. Con más de la mitad del peso económico de la región, Nigeria y Sudáfrica controlan no solo sus propios destinos, sino también los de sus vecinos."

Me gustaría añadir que los países grandes que priorizan la cooperación entre los gobiernos federales, provinciales y municipales son los que tienen más probabilidades de generar crecimiento con éxito. Eche un vistazo a Nigeria y Sudáfrica. ¿Les ha ayudado contar con gobierno centralizado fuerte?

El gobierno nigeriano controla la gran mayoría de los recursos de la nación, y, por lo tanto, el poder, dejando a los gobiernos municipales más débiles, mal financiados, ineficientes y casi sin poder para manejar los problemas locales. Cada nivel de gobierno debe tener recursos suficientes para abordar los proyectos bajo su jurisdicción. Pero esto no está sucediendo: los niveles no están cooperando y todos están sufriendo las consecuencias. Esta situación ha frenado el desarrollo, especialmente en la creación de valor y la construcción de infraestructuras.

Mientras tanto, la Constitución de Sudáfrica de 1996 identifica tres dimensiones de gobierno (nacional, provincial y local) como "esferas" en lugar de niveles para connotar la interdependencia en lugar de la dependencia. Si bien es grande en teoría, este esfuerzo hacia la desconcentración se ha visto obstaculizado por la falta de un marco político adecuado. Una delegación de responsabilidades poco clara a menudo significa que la esfera que se espera que ejecute una actividad no tiene la capacidad de cumplir.

Como nos muestra Sudáfrica, los elementos clave necesarios aquí son regulaciones fuertes, claras y exigibles. Necesitamos mejorar nuestras políticas reguladoras para crear planes maestros sencillos y efectivos. Al mismo tiempo, dejemos que el sector privado trabaje. Si bien un gobierno central fuerte es bueno para la estabilidad, una política más descentralizada permitirá a las comunidades locales trabajar de manera efectiva, empleando expertos locales siempre que sea posible.

"Los países con mejores marcos políticos exhiben una mayor eficiencia de la inversión", explicó el Banco Mundial.[30] "Las instituciones de un país pueden crear incentivos para la inversión y la adopción de tecnología y la oportunidad para que los trabajadores acumulen capital humano, facilitando así un mayor crecimiento a largo plazo. Las instituciones débiles, por el contrario, pueden fomentar las actividades de búsqueda de rentas y la corrupción, lo que lleva a actividades menos productivas, desalentando la inversión firme y la acumulación de capital humano y conduciendo a peores resultados de crecimiento."

Con esto en mente, el ejemplo más impresionante de avances hacia un entorno empresarial positivo podría ser Ruanda. Después de todo, se trata un país básicamente sin recursos naturales, pero que ha logrado construir algo asombroso.

En la primavera de 1994, el mundo vio el genocidio artificial de casi un millón de tutsis y hutus moderados perpetrados por hutus. En la mayoría de las ciudades occidentales, la gente se preguntaba: ¿cómo pudo suceder? ¿Cómo pudimos permitir que sucediera? Incluso después de que ola de asesinatos terminara, el país estaba completamente desesperado y al borde del colapso.[31] Y, sin embargo, las últimas dos décadas han traído un cambio económico sorprendente porque el gobierno se esforzó para posicionarse como un destino atractivo para los negocios. Se centraron en elementos para atraer inversores, desde infraestructura mejorada y servicios de transporte hasta comercio y seguridad intrarregional y servicios de salud modernos. Lo más importante, introdujeron una burocracia eficiente. Esto es realmente algo que la mayoría de los países africanos podrían emular con orgullo. Con el liderazgo adecuado, cada país puede ser una historia de éxito.

Veo dos cambios regulatorios importantes que los gobiernos africanos pueden implementar de inmediato para promover la inversión.

El primero es la santidad de los contratos. Los inversores quieren saber, inequívocamente, que se respetarán sus acuerdos y que se cumplirá con las obligaciones de pago contraídas. El segundo es la facilidad de hacer negocios. Los líderes africanos deben desempeñar un papel activo en estos dos elementos analizando detenidamente su régimen fiscal. No podemos crear buenos climas de negocio o crear oportunidades de inversión si no estamos asegurando que las personas reciban los dividendos correctos después de su arduo trabajo. Necesitamos mostrar los beneficios de las inversiones mientras nos preparamos para cumplir con la dinámica del mercado porque la integración sin preparación solo conducirá a la frustración.

El papel de las empresas e inversores africanos

El libre mercado funciona bien, no porque el sector privado esté formado por santos, muchos hombres de negocios que he conocido son tan egoístas como los políticos, sino por la competencia. Sin este elemento crucial inherente al mercado libre, no hay garantía de que los recursos que emplea el sector privado, de hecho, se utilicen de manera eficiente.

Los africanos debemos construir mejores organizaciones y administrar mejor las empresas. El sector privado debe asociarse con el gobierno para crear empleos y aumentar las oportunidades domésticas. Las empresas africanas tienen que entender que se trata de cumplir con lo acordado y hacer el trabajo: todo el glamour no cuenta si no hay retorno de la inversión.

No me refiero a que los empresarios deban ser desalmados y codiciosos, obcecados en obtener grandes ganancias. Pero el éxito de un país depende mucho de que sus empresas tengan éxito. Los dueños de negocios deben considerar una doble obligación: necesitan obtener ganancias para mantener su tienda a flote y apoyar la prosperidad de su comunidad.

Una buena forma de obtener ganancias es invirtiendo en una empresa en lugar de hacer un desembolso directo.

Cuando comencé mi empresa, tuve la suerte de asociarme con un bufete de abogados estadounidense, Greenberg Traurig, bajo el liderazgo de su director para África, Jude Kearney. No solo me ofrecieron inversión en efectivo. Se ofrecieron a invertir en nuestra gente y ayudarme a construir mi fuerza laboral junto con la de nuestros clientes. Ese fue un modelo interesante para mí, uno que no había considerado. Realmente dio forma a mi empresa y nos dio mucho más en lo que trabajar que una simple inversión económica. En el proceso, mejoré aún más mi educación occidental e inculqué buena ética empresarial y habilidades en mi personal, al tiempo que enfatizaba los valores africanos.

Las empresas pueden tener éxito en África al empoderar a las comunidades. La creación de organizaciones sólidas con recursos humanos sólidos y el establecimiento de redes sólidas *en* África y *dentro* de África permitirán a los socios crear oportunidades que aprovechen recursos ilimitados.

Ya he lamentado las limosnas extranjeras. Pero eso ciertamente no quiere decir que los acuerdos con empresas extranjeras sean insensatos. Por el contrario: los socios extranjeros son esenciales para el crecimiento de África. Pueden enseñarnos las habilidades transferibles que necesitamos para avanzar. Para mí personalmente, mi educación estadounidense y mi socio estadounidense me dieron la oportunidad de creer en mí mismo.

Pero el capital solo funciona en un entorno propicio.

Los mejores socios para las empresas africanas son los inversores que desean transferir tecnología y capacitar a los africanos para usarla y mejorarla. En pocas palabras, no vamos a desarrollar África sin tecnología.

Necesitamos inversores que demuestran que desean participar plenamente con nosotros, viniendo y construyendo negocios sostenibles a largo plazo que duren y obtengan ganancias, creen empleos y desarrollo económico.

Por el contrario, los inversores que todavía ven a África como un lugar para tirar sacos llenos de dinero (literal y figurativamente) van a tener dificultades.

Los africanos de hoy en día fruncen el ceño ante el "modelo de cooperación al desarrollo" porque saben que esa ayuda ha llevado a la corrupción, la mala gestión, el robo y, lo peor de todo, el odio entre africanos.

El papel de las organizaciones panafricanas

Naciones de todo el continente se han despertado. Nos hemos dado cuenta de la verdad detrás del concepto de fuerza en los números. La cooperación y la colaboración entre vecinos y a través de las fronteras están contribuyendo a la autosuficiencia africana.

Nos estamos uniendo para un cambio positivo.

Esto está sucediendo a grupos como el Investment Climate Facility for Africa (ICF) y otras organizaciones independientes que fomentan iniciativas que hacen que sea más fácil hacer negocios. ICF, en particular, hace posible que las empresas "se registren, paguen sus impuestos, resuelvan disputas comerciales, despachen mercancías a través de la aduana y mucho más, de manera rápida, simple y transparente. Esta simplificación y eficiencia está ayudando a acelerar el crecimiento económico, cambiando en última instancia la vida de millones de africanos".

Como copresidente de ICF y ex presidente de la República de Tanzania, S.E. Benjamin Mkapa explicó: "ICF se creó para demostrar que las reformas del clima de inversión se pueden hacer rápidamente, utilizando pocos recursos y creando un gran impacto para el sector privado, los gobiernos y los países en general. Lo hemos hecho. Hemos demostrado que es posible. Ahora corresponde a los países africanos seguir el ejemplo establecido por ICF y buscar mayores reformas en el clima de inversión que estimulen el desarrollo de África y desaten el espíritu emprendedor de su pueblo."[32]

Asimismo, el Grupo del Banco Africano de Desarrollo (AfDB) refuerza las economías africanas ayudando a sus 54 países miembros regionales y 26 países miembros no regionales (no africanos) a lograr un desarrollo económico sostenible y progreso social. Al ayudar a los países africanos, individual y colectivamente, a invertir en capital público y privado y en proyectos de financiación dirigidos por el gobierno o el sector privado, este banco de desarrollo multilateral está atacando su principal objetivo de erradicar la pobreza en todo el continente. Esto significa que el AfDB no solo proporciona asistencia monetaria. Para apoyar los esfuerzos de desarrollo, los países miembros regionales reciben asesoramiento sobre políticas y asistencia técnica según sea necesario.

Con su conexión y comprensión del continente, el banco está en una posición única para ayudar a sus miembros de manera más efectiva. El sitio web de AfDB (www.afdb.org) explica: "La admisión de miembros no regionales en 1982 le dio a AfDB medios adicionales que le permitieron contribuir al desarrollo económico y social de sus países miembros regionales a través de préstamos a bajo interés. Con un mayor número de miembros, la institución se dotaba de una mayor experiencia, de la credibilidad de sus socios y del acceso a los mercados en sus países miembros no regionales. El AfDB disfruta de calificaciones triple A de todas las principales agencias internacionales de calificación. Sin embargo, el AfDB mantiene un carácter africano derivado de su estructura geográfica y de propiedad. Cubre exclusivamente África. También tiene su sede en África, y su presidente siempre es africano".

Esto, creo que es clave: los africanos deben unirse *en* África, *con* africanos, y *para* África.

Eso no quiere decir que debamos descartar por completo la participación internacional. El AfDB ejemplifica el valor en una circunscripción más grande con un alcance más amplio y un mayor acceso a los fondos. Este es también el caso de la "Gran Muralla Verde". Sin el apoyo externo de múltiples organizaciones sin ánimo de lucro y agencias internacionales como el Banco Mundial y las Naciones Unidas, unos 20 países africanos nunca podrían haberse unido para combatir el hambre y fortalecer sus economías. Pero lo hicieron en términos africanos.

La Iniciativa de la Gran Muralla Verde para el Sahara y el Sahel (GGWSSI en sus siglas en inglés) es un programa panafricano lanzado por la Unión Africana (UA) en 2007 para revertir la degradación de la tierra y la desertificación en el Sahel, el cinturón semiárido de 5.400 kilómetros (3.360 millas) que abarca desde el Océano Atlántico en el oeste hasta el Mar Rojo en el este y las regiones del Sahara. La iniciativa comenzó como un proyecto masivo de plantación de árboles que resultaría en una pared de árboles, de 15 kilómetros (9 millas) de ancho y 7.775 kilómetros (4.831 millas) de largo, que se extendería desde Senegal en el oeste hasta Djibouti en el este. Si bien el muro se consideró poco práctico, la campaña de protección de la tierra ha evolucionado hacia algo nuevo.

"Poco a poco, la idea de una Gran Muralla Verde se ha transformado en un programa centrado en las técnicas de uso de la tierra local, no en la plantación de un bosque al borde de un desierto", dijo a la revista Smithsonian Mohamed Bakarr, especialista ambiental principal de Global Environment Facility.[33] "Cambiamos la visión de la Gran Muralla Verde de una que no era práctica a una práctica. No es necesariamente un muro físico, sino más bien un mosaico de prácticas de uso de la tierra que finalmente satisfarán las expectativas de un muro. Se ha transformado en algo metafórico."

A lo largo de todo el continente, los africanos deben abogar por mejores prácticas comerciales y buen gobierno. Esto no debe dejarse en manos de empresas occidentales o instituciones extranjeras. Agradecemos la ayuda, pero tenemos que liderarlo. Ya no podemos ser espectadores pasivos cuando se trata de luchar por políticas que fomenten la inversión, creen empleos y traigan prosperidad a los países de África y sus ciudadanos.

Así que aprendamos a pescar y enseñémonos lo aprendido.

3

Un lugar en la mesa:
África y la OPEP

Cuando Guinea Ecuatorial se unió a la OPEP en 2017, fue como sentarse en el equivalente global de la mesa de adultos. El país, el cuarto mayor productor de petróleo de África ese año[34], finalmente tendría voz a la hora de tomar decisiones que afecten la economía petrolera mundial y a su propio destino.

Los miembros de la OPEP controlan más del 40 por ciento de la producción mundial de petróleo, unos 39.4 millones de bbl/d en 2017.[35] De esta cifra, la producción de Guinea Ecuatorial es solo una pequeña fracción, alrededor de 195.00 bbl/d.[36] Pero el valor del petróleo para la economía nacional no se debe subestimar: representa el 80 por ciento de las exportaciones totales de Guinea Ecuatorial y el 90 por ciento de los ingresos del gobierno.[37] Con la OPEP decidida a lograr que los precios se estabilicen en lo que llaman un rango cómodo y aceptable para todos los actores del mercado, solo el hecho de ser parte de la conversación y ser escuchado es de considerable importancia para Guinea Ecuatorial.

"Nos da una voz", dijo Gabriel Mbaga Obiang Lima, ministro de Minas e Hidrocarburos de Guinea Ecuatorial, a S&P Global Platts en una entrevista de 2019. "Creemos que unirse a la OPEP ha sido algo bueno. Definitivamente nos ha proporcionado información que de otra forma no hubiéramos podido obtener, pero también unirnos a la OPEP y unirnos a esta nueva iniciativa ha logrado lo que queríamos, que era estabilizar el precio del petróleo. Todas las nuevas ideas que mantengan esta estabilización serán bienvenidas por el gobierno."

La iniciativa a la que se refirió Lima es la histórica Declaración de Cooperación de la OPEP, que los miembros acordaron en 2016 y que la OPEP extendió recientemente. Creo que es correcto afirmar que los recortes de producción del acuerdo rescataron a la industria petrolera del colapso, aumentaron el interés en la inversión petrolera africana y devolvieron la seguridad económica a las naciones dependientes del petróleo, muchas de las cuales se encuentran en África. Y es poco probable que esos logros hubieran ocurrido sin la participación de África, algo que reconoce el Dr. Mohammad Barkindo, Secretario General de la OPEP.

En una reunión de productores de petróleo en Malabo, Guinea Ecuatorial, en abril de 2019, Barkindo atribuyó a África la consecución de la Declaración. Recordó a la audiencia que más de un tercio de los 24 países que trabajan juntos bajo el marco negociado son de África, y que las naciones africanas representan la mitad de los miembros de la OPEP. Los números, dijo, "subrayan el papel vital que desempeña este gran continente dentro de la OPEP, dentro de la Declaración de Cooperación y dentro de la industria petrolera mundial."[38]

Con 130 mil millones de barriles de reservas probadas de petróleo, una cifra que es 50 por ciento más alta que el total a finales de la década de 1990, y las reservas probadas de gas natural duplicadas desde la década de 1980, África tiene un futuro prometedor, agregó.

"Es una evidencia irrefutable del potencial petrolero de África, las oportunidades atractivas y abundantes, y el papel que puede desempeñar esta industria para promover un tremendo desarrollo económico y prosperidad en todo el continente", dijo Barkindo.

La Declaración impulsada por África ya está teniendo efecto en el continente en su conjunto. Cuando el mercado petrolero está en crisis, el camino hacia la dignidad y la prosperidad se cierra para muchas familias africanas. Eso deja a muchos africanos, particularmente a aquellos sin títulos académicos superiores, solos para trazar su propio rumbo, donde antes había caminos claros y alcanzables para una vida digna y próspera. Pero cuando el mercado es estable, los beneficios se extienden a todas las naciones, incluso a aquellas sin sus propios recursos petroleros, como veremos cuando hablemos de los programas de ayuda de la OPEP.

En cuanto a Guinea Ecuatorial, el país prevé un aumento significativo en la perforación *offshore* y sus expectativas están bien fundadas. En los últimos años, el país ha asegurado USD2.4 mil millones en inversión extranjera[39], y se ha planeado la perforación de 10 pozos de exploración.[40] El país cree que estos descubrimientos no solo revertirán la reciente disminución de la producción, sino que también pueden conducir a quintuplicarla para 2025, demostrando que la pertenencia a la OPEP puede ser una herramienta poderosa para la transformación.

A mayor número, mayor fuerza

Pero más allá del efecto material en los mercados y la inversión, la Declaración de Cooperación también demostró algo más: la importancia de adoptar una posición unificada.

De hecho, la unidad sustenta todo lo que hace la OPEP. La OPEP vela por los intereses comunes de sus miembros, pero también toma en serio sus necesidades y opiniones individuales y aboga por ellos. Por su parte, Barkindo alienta reiteradamente a los países del continente a construir alianzas para aprovechar al máximo sus hidrocarburos, ya sean miembros de la OPEP o no. Barkindo ha demostrado ser el líder y el capitán que la OPEP necesita en este momento, recibiendo ataques fulminantes provenientes de algunos en el poder ejecutivo y legislativo del gobierno de Washington. Su capacidad para gestionar la salida de Qatar, manejar los problemas alrededor de Irán y Libia, Venezuela, Arabia Saudita y traer a Rusia a bordo ha sido revolucionaria. He tenido la oportunidad de verlo de cerca. Él se ha mantenido en calma durante la tempestad, ha sido refrescantemente articulado y demostrativamente inteligente; ha demostrado que tiene la habilidad de construir coaliciones y mantener unida a una organización difícil. Este tipo de sentido común y liderazgo carismático debe ser apreciado en África y en todo el mundo.

Todavía estoy sorprendido por su humildad y su gestión impresionantemente bien ejecutada para llevar a Rusia, y otros países, a firmar un acuerdo para rescatar a la industria petrolera que además benefició mucho a las economías africanas. Escuchando a los escépticos y aguantando feroces ataques de muchos, se ha mantenido comprometido con los objetivos de la OPEP y lucha diariamente por la OPEP frente a un huracán.

En la OPEP, el concepto de fuerza de los números es muy importante. La organización es consciente de que cada miembro nuevo aumenta la estabilidad del grupo y fortalece el compromiso de los miembros entre sí. Las diferentes perspectivas crean una cultura rica donde los colegas pueden aprender unos de otros, anticipar y responder a la complejidad de los mercados petroleros actuales y, en última instancia, influir en los precios. La OPEP también mantiene que los nuevos miembros aportan nuevas ideas sobre desarrollo regional en materia social, económica y política. Sobre todo, la OPEP evidencia lo que se puede lograr con una administración cuidadosa con su riqueza en petróleo y gas, especialmente dentro de un marco global complejo.

Guinea Ecuatorial no es el único recién llegado que reconoce el atractivo de la pertenencia a la OPEP: Gabón se reincorporó al grupo en 2016 después de un largo paréntesis, y, a instancias de Lima, la República del Congo subió a bordo en 2018 elevando el número de miembros africanos de la OPEP a siete, la mitad del total de la organización de 14.

Dado que África es una de las fronteras de petróleo y gas que quedan en el mundo, donde todavía son posibles grandes descubrimientos, no es de extrañar que el equilibrio esté cambiando: agregar naciones africanas a su lista significa que la OPEP tiene más control sobre la producción de energía del mundo y el aumento del capital político que viene aparejado.

Esta es solo una parte de la ecuación. Como todos sabemos, Oriente Medio ha sido el corazón del dominio de la OPEP desde el principio. Pero con las reservas madurando y la producción disminuyendo, expandir su rango geográfico es una estrategia con la que la OPEP puede equilibrar su perfil de producción general. Cuando la OPEP se alía con los productores africanos, es como si estuvieran contratando una póliza de seguro de participación de mercado, incluso con pequeños productores que aumenten gradualmente el dominio de la OPEP.

Para abrir la puerta a naciones como Guinea Ecuatorial, República del Congo y Gabón, la OPEP necesitaba rediseñar su estrategia de participación y deshacerse de su cuota de producción. Durante años, solo los países que produjeran un mínimo de 500.000 bbl/d podían soñar con acceder a la OPEP. Esto no significa que todos los productores que extraigan esa cantidad se conviertan en parte de la organización: es poco probable que Estados Unidos se una y Rusia, – que dejó de lado su animadversión hacia el jefe de facto de la OPEP, Arabia Saudita, para adherirse a los históricos y estabilizadores recortes de producción de 2017— sigue manteniéndose independiente.

Ahora, con el requisito del mínimo de producción eliminado, la OPEP está siendo aún más agresiva en su apuesta por la participación, extendiendo invitaciones basadas en el potencial en lugar de solo el histórico de producción. Por ejemplo, abriendo la reunión de diciembre de 2018 en Viena, donde la OPEP pidió a varios pequeños productores africanos que participaran. Para Chad, Ghana, Camerún, Mauritania y Costa de Marfil, que en conjunto solo producen alrededor de 600.000 bbl/d — y Uganda, que aún no ha comenzado la producción, esto puede ser una señal de que la membresía puede estar muy cerca.[41]

Y aunque su incorporación beneficiaría a la OPEP, ayudaría aún más al continente. Para ser tomada en serio en la OPEP, para tener más efectividad de negociación dentro de la organización, África necesita más representación. Es realmente bastante simple: cuantos más miembros africanos, cuanto mayor sea la producción total que representan, es más probable que se les escuche. Si queremos aumentar la influencia que África tiene dentro de la OPEP y mejorar nuestro perfil en la economía mundial del petróleo, más naciones africanas deben unirse.

Amigos en los lugares correctos

Cuando el presidente Vladimir Putin acordó en 2017 reducir la producción de petróleo rusa para alinearse con los objetivos de la OPEP, estaba dando otro paso significativo en una asociación cada vez más valiosa entre las dos partes. Con una producción diaria de petróleo que ronda los 11,34 millones de barriles diarios,[42] sugerir que Rusia no es una potencia mundial es ridículo. Y no hay broma posible cuando se trata de verla hacer valer su peso: la extensión de diciembre de 2018 de los recortes de producción que aumentaron los precios nunca podría haber sucedido sin las promesas de Rusia, así como su capacidad para forzar un acuerdo impidiendo que Arabia Saudita e Irán peleasen e impusieran sus demandas.

No ha sido la única vez en la que Rusia ha acudido en ayuda de la OPEP. En los tres años que lleva aliada con la OPEP, ha ayudado al grupo en tiempos difíciles, incluida la inestabilidad de los precios, los cambios de régimen en los países miembros y las habituales disputas internas, sin mencionar las críticas desde Twitter del presidente de Estados Unidos. Pero los beneficios no son unilaterales: Rusia puede ejercer una influencia inédita sobre los grandes mercados petroleros mundiales y, por extensión, en Oriente Medio.

Se especula con que Rusia podría estar a punto de formalizar su relación con la OPEP. Tanto si esto sucede o como si no, su cercanía al grupo es una muy buena noticia para los productores africanos. Después de todo, si se te mide por la compañía que tienes, estar del lado de Rusia es el lugar correcto.

Si quiere ir lejos, vaya acompañado

Un bloque cada vez más grande en la OPEP no es la única medida para aumentar la presencia de África en el escenario mundial del petróleo y el gas, ni es la primera vez que los productores del continente se unen por un objetivo común. Ese honor le corresponde al grupo ahora conocido como la Organización Africana de Productores de Petróleo (APPO en sus siglas en inglés), que se estableció en Lagos en 1987.

El objetivo de la APPO es maximizar los beneficios económicos de las actividades petroleras a través de la cooperación de sus 18 países miembros: Argelia, Angola, Benín, Camerún, Chad, República Democrática del Congo, República del Congo, Costa de Marfil, Egipto, Gabón, Ghana, Guinea Ecuatorial, Libia, Mauritania, Níger, Nigeria, Sudáfrica y Sudán. APPO ofrece de todo, desde soporte tecnológico hasta mano de obra para exploración, producción y refinación.

También respalda los esfuerzos de la OPEP por estabilizar los precios, incluso si eso significa limitar la producción. Después de todo, los dos grupos tienen muchos miembros en común, y con lo que Barkindo denomina la intensificación del compromiso de la OPEP con África, la colaboración entre la OPEP y la APPO parece casi instintiva.

De hecho, la importancia de su asociación fue puesta en valor cuando Barkindo habló en el Congreso y Exposición APPO CAPE VII en Guinea Ecuatorial en abril de 2019.

"A menudo puede parecer que nuestra industria está sujeta a fuerzas más allá de nuestro control", dijo. "Eventos geopolíticos, catástrofes naturales, avances tecnológicos u otros tipos de incertidumbres: todos somos consciente del impacto que pueden tener. Sin embargo, como lo demuestran Guinea Ecuatorial, la APPO, la OPEP y la Declaración de Cooperación, hay otra fuerza viva en nuestra industria. Este es el deseo de los productores, consumidores e inversores de tener una estabilidad sostenible en el mercado petrolero. Esta fuerza toma forma en los corazones y las mentes de los que toman las decisiones que saben que la colaboración y el trabajo en equipo siguen siendo las técnicas de resolución de problemas más efectivas que esta industria o cualquier otra industria conoce."

"Esta fuerza puede sacarnos de la oscuridad y guiarnos hacia la luz", continuó. "Se basa en los principios de transparencia, justicia, equidad y respeto entre las naciones."

Barkindo concluyó su discurso con uno de sus proverbios africanos favoritos: "Si quieres ir rápido, ve solo. Si quieres llegar lejos, ve acompañado."

Para mí, no hay mejor descripción de la cooperación que esta.

El desconocido efecto de NOPEC

Durante los años que pasé como estudiante universitario y de derecho en los Estados Unidos, una de las cosas que realmente admiré fue el ingenio estadounidense. Me gustaba seguir las noticias sobre las nuevas startups estadounidenses que reunían suficiente dinero para salir al extranjero, explorar en busca de petróleo y, a pesar de las escasas oportunidades, conseguían triunfar.

Estas compañías estaban creando oportunidades tanto para los estadounidenses como para las personas de sus países de destino. Era el sueño americano cobrando forma ante mis ojos. No tengo dudas de que esas historias inspiraron mi trayectoria profesional en África, donde he tenido la oportunidad de asesorar a muchos gobiernos africanos sobre asuntos petroleros y mejorar las relaciones entre ellos.

Huelga decir que es desalentador ver a un país como Estados Unidos, que es referente en innovación, proponer una legislación que socava la innovación en otros países. Y esa es solo una de las consecuencias no deseadas que podría tener la propuesta de ley No Oil Producing and Exporting Cartels Act (NOPEC). Al final, el proyecto de ley de la Cámara de Representantes de los Estados Unidos podría producir el resultado opuesto al de las empresas comerciales que me inspiraron como estudiante: conduciría a menos oportunidades para los estadounidenses y para los países con los que se asocian.

Guinea Ecuatorial es el quinto miembro de la OPEP del África subsahariana y el productor más pequeño de la OPEP. Pero incluso antes de que la tinta se secara en la tarjeta de miembro de Guinea Ecuatorial, el ministro de Minas e Hidrocarburos, Gabriel Mbaga Obiang Lima, estaba haciendo planes ambiciosos. Su objetivo es ver que la producción de petróleo aumente a alrededor de 300.000 bbl/d para 2020, lo que representaría un retorno a los niveles previos a la caída del mercado en 2014. A largo plazo, le gustaría ver que la producción alcance 500.000 bbl/d para 2025.[43]

Si hay algo que puede interponerse en el camino de tal progreso, es NOPEC. La legislación, que está pendiente de aprobación en los Estados Unidos mientras se redacta este libro, permitiría al Departamento de Justicia de los Estados Unidos demandar a un productor extranjero de crudo acusándolo de coordinar la producción y manipular el precio, citando violaciones antimonopolio. Las compañías extranjeras serían despojadas de sus protecciones de inmunidad soberana.

La legislación no es nueva: se introdujo por primera vez en 2000 y los ex presidentes George W. Bush y Barack Obama se opusieron. El presidente Trump, sin embargo, podría apoyarlo. Después de todo, ha usado su repetidamente su cuenta de Twitter para acusar a la OPEP por subir artificialmente el precio del petróleo.

La frustración estadounidense con la OPEP es comprensible. Debido a que históricamente ha controlado hasta el 80 por ciento de la producción mundial de petróleo, la OPEP ha influido en el mercado y Estados Unidos se ha visto obligado a vivir con las consecuencias.

Pero intentar doblegar a la OPEP con demandas penales no es lo mejor para Estados Unidos. En 2007, cuando se estaba considerando una versión casi idéntica de NOPEC, la Oficina de Administración y Presupuestos de EE. UU. advirtió que las acciones legales contra la OPEP y sus miembros podrían provocar interrupciones en el suministro de petróleo, y en lugar de reducir los precios de la gasolina, las demandas probablemente causarían lo contrario. El secretario del Tesoro, Henry Paulson, dijo que el simple paso presentar NOPEC amenazaría la inversión extranjera en los EE. UU: las naciones de la OPEP podrían retirar activos para evitar que sean incautados.

No son advertencias irracionales, y los mismos riegos se mantienen hoy en día.

La OPEP ya advirtió a los Estados Unidos que si la legislación se aprueba, la organización "dejará de funcionar". En otras palabras, los recortes de producción desaparecerían y las naciones de la OPEP comenzarían a bombear tanto petróleo como pudieran. El precio caería, lo que podría tener graves consecuencias para los productores estadounidenses de esquisto bituminoso que requieren un cierto nivel de precios para alcanzar el punto de equilibrio.[44]

NOPEC también pondría en riesgo las inversiones extranjeras en el sector de petróleo y gas de EE. UU., desde proyectos de exploración hasta infraestructura.

Por ejemplo, a principios de este mes, Gulftainer, con sede en los Emiratos Árabes Unidos, recibió el visto bueno del gobierno de los EE. UU. para operar el Puerto de Wilmington en Delaware, un puerto de aguas profundas y terminal marítima, durante los próximos 50 años. Gulftainer ya ha anunciado planes para aumentar la capacidad de la terminal de carga del puerto y mejorar su productividad en general. ¿Qué posibilidades hay de que haya más ofertas como esta después de NOPEC?

Las pérdida de oportunidades de asociación e inversión de Estados Unidos podrían extenderse más allá de los miembros de la OPEP. Los miembros que no pertenecen a la OPEP podrían preguntarse si el precedente establecido por NOPEC los pone en peligro, especialmente en un país inclinado a la litigación como es los EE. UU. Otros países pueden pensárselo dos veces antes de asociarse o invertir en proyectos de petróleo y gas de EE. UU. para proteger sus propias relaciones con las naciones de la OPEP.

Luego está el asunto de las compañías estadounidenses de petróleo y gas que operan en el extranjero. Los países pueden comenzar a restringir su acceso u ordenarles que se vayan por completo. Estas oportunidades perdidas no solo afectarían a las multinacionales de exploración y producción como ExxonMobil, VAALCO Energy, Chevron, Murphy, Anadarko Petroleum Corporation, Apache Corporation, Marathon Oil, Occidental Petroleum, Noble Energy, Kosmos Energy, sino también a proveedores de servicios petroleros como Halliburton, Schlumberger, Stewart y Stevenson , McDermott International, MODEC, Nalco Champion, National Oilwell Varco, Oceaneering International Inc., Precision Drilling, Weatherford International y Baker Hughes que también podrían verse afectados.

Cualquiera de estos escenarios podría dañar la economía de EE. UU. en forma de reducción de empleos, menores suministros de petróleo y mayores precios de la gasolina.

Por supuesto, no puedo evitar considerar el potencial de NOPEC para dañar mi continente de origen. El renovado interés de Estados Unidos en la legislación contra la OPEP se produce en un momento en que la participación y la influencia africanas en la OPEP están en su punto más alto.

Guinea Ecuatorial y Gabón se convirtieron en miembros de la OPEP en 2016 y 2017, respectivamente. Cuando la República del Congo se unió a la OPEP en junio de 2018, aumentó el número de naciones africanas en la OPEP a siete, en comparación con seis de Oriente Medio, y le dio al continente africano un dominio sin precedentes en la organización, al menos en términos de número de miembros.

Este cambio podría ser un seísmo en términos de crecimiento y estabilidad africanos.

Durante muchos años, la presencia de petróleo en los países africanos ha sido más una maldición que una bendición, contribuyendo a la riqueza de los inversores extranjeros, mientras que la población local sufría dificultades socioeconómicas e inestabilidad política.

Hoy, una nueva generación de africanos está dando un paso al frente en países de todo el continente. Están buscando hacer cambios positivos en sus comunidades a través del emprendimiento y las innovaciones tecnológicas con sus socios estadounidenses. Esos esfuerzos para crear un continente más fuerte y estable deben incluir la capitalización estratégica de los recursos naturales como el petróleo. Y la oportunidad de aprovechar los recursos y la influencia de una organización importante como la OPEP y la African Energy Chamber, como una gran voz unida, podría ser el impulso que necesitan los productores africanos.

Pero si NOPEC fuera aprobada, esta ventana de oportunidad sería reemplazada por una mayor inestabilidad en África, ya que la tan necesaria inversión estadounidense se acabaría. Si bien África está al borde de un nuevo y brillante futuro, las naciones y ciudades africanas podrían fácilmente cambiar en la dirección de un mayor crimen y conflictos sangrientos: escenarios que incluso podrían dar lugar a tener que movilizar tropas estadounidenses y fondos para arreglarlas.

Gran parte de África está cambiando para mejor. Las iniciativas políticas que empujan a África hacia los conflictos sociales van en contra de los ideales estadounidenses.

Estados Unidos necesita que los países de la OPEP en África y Medio Oriente ayuden con el proceso de paz árabe-israelí, luchando contra grupos terroristas como Boko Haram o Al-Shabaab, y promoviendo los valores estadounidenses. Litigar contra estos países enriquecerá a los bufetes de abogados que contraten, pero pondrá la seguridad nacional estadounidense y el interés económico en línea de colisión.

América tradicionalmente ha sido el lugar de las oportunidades. Criminalizar a la OPEP no va a llevar al origen del aumento de los precios de la gasolina estadounidense y, en cambio, solo conseguirá infringir daños económicos a nivel nacional e internacional. En general, esto introduciría imprevisibilidad, volatilidad y el tipo de ciclos de auge y caída que la OPEP ha trabajado tan duro para evitar. No es de extrañar por qué la industria petrolera estadounidense está en contra de NOPEC. Es malo para todos los que lo rodean.

La participación y sus recompensas

Entender por qué la OPEP está interesada en África es una cosa. Pero, aparte de la tan necesaria influencia en el mercado, un mayor protagonismo mundial y una mayor oportunidad de coordinarse con otros productores mundiales de petróleo, que sin duda son enormes ventajas, ¿qué más ventajas obtienen los países africanos al unirse a la OPEP?

Un beneficio en ocasiones subestimado de la pertenencia a la OPEP es el acceso a la información. Cuando los precios del petróleo cayeron a partir de 2014, a muchos pequeños productores les pilló por sorpresa. Esto se debió a que en gran medida carecían de la visión del mercado para comprender el posible efecto del *fracking* estadounidense o las posibles repercusiones del exceso de oferta. Para los miembros de la OPEP, los días de ceguera han pasado a la historia. Si bien la historia reciente muestra que ser miembro no puede proteger por completo a los productores de los cambios mundiales, sí ofrece la oportunidad de participar en una respuesta reflexiva y coordinada basada en relaciones, diálogo e investigación bien cimentada.

Además, los miembros de la OPEP pueden buscar y compartir información con otros miembros que han tenido experiencias de éxito y, quizás igual de importante, que han fracasado. Hay un enorme historial de lecciones aprendidas que los operadores pueden aplicar y ampliar a medida que desarrollan su plan de crecimiento.

La pertenencia a la OPEP puede incluso ayudar a financiar esa estrategia abriendo la puerta a la inversión extranjera directa, incluyendo a países de Oriente Medio con una riqueza soberana sustancial para invertir. Obviamente, una afluencia de capital puede acelerar la exploración, el desarrollo y la producción, lo que esperamos genere ingresos que se reviertan en la economía en su conjunto. Pero incluso el simple acto de tener acceso a solicitar financiación puede ser beneficioso, especialmente porque requiere informes rigurosos, que es algo de lo que adolecen muchos productores africanos. De hecho, estar en la OPEP es un ejercicio de cumplimiento y presentación de informes: la organización mantiene estándares extremadamente rigurosos en ambos casos. Muchas veces, los informes terminan en manos de las instituciones financieras de Wall Street, donde pueden mejorar la calificación crediticia de un país y, a su vez, las perspectivas de financiar nuevos proyectos.

Financiar un cambio real

Si el estatus, la estabilidad, la información, las asociaciones y la disciplina reguladora fueran lo único que la OPEP ofreciera, para algunos podría ser suficiente.

Pero eso sería pasar por alto uno de los programas emblemáticos de la organización: el Fondo OPEP para el Desarrollo Internacional (OFID en sus siglas en inglés).

Establecida como institución financiera en 1976, OFID promueve la cooperación financiera entre los estados miembros de la OPEP y los países en desarrollo en África, Asia, América Latina, el Caribe y Europa, ya sean miembros o no. Dirigido principalmente a impulsar el desarrollo socioeconómico, bajo su bandera de "unidos contra la pobreza", el fondo proporciona desde préstamos y apoyo a la balanza de pagos hasta donaciones para ayuda humanitaria de emergencia.

Durante casi 50 años, el fondo ha brindado asistencia para iniciativas en nueve áreas de trabajo: energía, agricultura, educación, servicios financieros, salud, telecomunicaciones, industria, transporte y agua y saneamiento. Entre los beneficiarios más recientes se encuentran cuatro países "socios":

- Burkina Faso, que ha recibido USD19 millones para mejorar un tramo de carretera de 94 kilómetros (58 millas) que mejorará el comercio entre las zonas rurales y la capital, Uagadugú. También se espera que el proyecto mejore el acceso a los servicios públicos para un cuarto de millón de personas.
- Etiopía, que invertirá los USD22 millones recibidos en mejoras viales en una región donde la agricultura es una fuente primaria de ingresos. Casi 750.000 personas se beneficiarán de un mejor acceso a servicios sociales y mercados.
- Guinea, recibió financiación para desarrollar un proyecto agrícola que pretende aliviar la pobreza y mejorar la seguridad alimentaria de más de 450.000 personas. El país recibió USD25 millones para su Programa de Agricultura Familiar, Resiliencia y Mercados en las zonas norte y sur de Guinea.
- Malawi, que ha recibido USD15 millones destinados a su Programa de Transformación del valle de Shire. El programa

proporciona sistemas de riego, drenaje y formación en gestión de humedales para mejorar la productividad agrícola y se espera que ayude a unas 56.000 familias.[45]

Cabe mencionar que ninguno de estos países es actualmente miembro de la OPEP. De hecho, Burkina Faso ni siquiera tiene reservas de petróleo o gas natural, aunque los otros tres se encuentran en diversas etapas de exploración o producción temprana.

Al observar los proyectos que OFID apoya, es fácil ver cómo su enfoque difiere de la forma típica occidental de proporcionar ayuda, que a menudo implica arrojar dinero a un problema y esperar que mejore. Sí, el capitalismo convencional ha logrado milagros, no se puede negar, y la construcción de una escuela o la creación de un banco de alimentos tienen su lugar. Pero OFID está más interesado en crear infraestructura empoderadora, como carreteras que conectan a las personas con los mercados e infraestructuras de aducción de aguas que sirven para superar déficits de rendimiento y aumentan la productividad de cultivos, y que, en definitiva, sirven para ayudar a las personas a salir de la pobreza.

Al igual que otros inversores, la OPEP está preocupada por un "retorno", pero no en el sentido habitual de generar rentas o ingresos. Los fondos de OFID se dirigen solo a programas que sean sostenibles y que puedan crecer. Quieren ver que los programas que apoyan producen un cambio real, resultados reales, con resultados medidos no solo por la cantidad de personas atendidas sino por lo lejos que han llegado. Al final del día, la reputación de la OPEP está en juego: si un proyecto falla, las condiciones se deterioran en lugar de mejorar y la gente sufre, la OPEP tendrá que recibir el golpe. Para evitar ese riesgo, su investigación y supervisión son exhaustivas y completas.

¿Quién será el próximo?

La OPEP de hoy está muy alejada de aquella en la que décadas atrás los únicos miembros africanos eran productores de toda la vida como Argelia, Libia y Nigeria, países cuya producción combinada se veía eclipsada por la de los grandes productores de la OPEP, Arabia Saudita, Irak e Irán.

Aunque no son miembros, tanto Sudán como Sudán del Sur participaron en el esfuerzo del grupo para apuntalar los precios a través de recortes de producción. En realidad, Sudán del Sur, la nación más joven del mundo, está considerando ser miembro, y es probable que la OPEP lo reciba con los brazos abiertos. Aunque la producción del país ha sufrido como resultado de problemas de seguridad y violencia política, sus 1.500 millones de barriles de reservas probadas, las terceras reservas más grandes de África subsahariana, lo convierten en un candidato clave para la OPEP.

Como he mencionado, Uganda también está considerando solicitar su ingreso en la OPEP, a pesar de que la producción no está previsto que comience hasta 2022. Aunque Uganda no será aceptada hasta que comience a producir, será una buena jugada estratégica para el país, ya que le permitirá aprender de otros que transitaron antes por el mismo camino, desde el principio.

Esto tiene mucho sentido, por supuesto: como le dije a Footprint to Africa en 2018, los países africanos no pueden darse el lujo de no estar en la mesa de negociación cuando se toman importantes decisiones sobre su futuro.[46]

Al mismo tiempo, la OPEP se beneficiará del aumento de la participación política africana. Con una perspectiva mejorada del sector, junto con nuevos descubrimientos y un fuerte liderazgo de líderes más jóvenes y más capaces, el continente está atrayendo rápidamente el interés de inversores de todo el mundo.

Hacia una industria más fuerte y estable

Muchas personas miran a las naciones africanas y piensan que son demasiado pequeñas o frágiles para tener un papel en la OPEP. Y es cierto que la mayoría de ellos no tienen el volumen de reservas o los fondos de riqueza de los miembros históricos de la OPEP. De hecho, cuando hay volatilidad en el mercado o se estacan en las conversaciones creando volatilidad económica, son las que más sufren. Si el grupo está de acuerdo con los recortes de producción, Arabia Saudita puede retener 400.000 bbl/d y administrar la situación, mientras que la mayoría de los países africanos van a la bancarrota y caen en una recesión económica. También es importante comprender que los fundamentos y la dinámica son diferentes entre los líderes de la OPEP de Oriente Medio y África. En tanto que los saudíes pueden producir un barril de petróleo por USD7, a la mayoría de los países africanos les cuesta entre USD30 y USD50. Incluso los contratos difieren: los saudíes tienen contratos de servicio donde todos trabajan para ellos, mientras que los países africanos tienen contratos de producción compartida donde los inversores necesitan recuperar su dinero. Para estas economías la única forma de seguir creciendo es mantener contentos a los inversores.

Sin embargo, cuando todo esté dicho y hecho, creo que la OPEP y África pueden trabajar juntas para crear una industria de petróleo y gas más fuerte y estable.

Tomará tiempo. Los países africanos no tendrán más poder dentro de la OPEP hasta que comiencen a producir más. En esencia, este es un juego de números. Tienes que explorar más. Tienes que producir más. Estados Unidos es un gran ejemplo de ello, que hoy tras convertirse en uno de los mayores productores y exportadores netos de petróleo, está en mejores condiciones para alzar su voz.

Para África, tener un sitio en la mesa es solo la mitad del trabajo. Es valioso conocer la experiencia de los colegas de la OPEP que comenzaron en pequeña escala y se transformaron en grandes potencias. Esto cambia la forma de pensar y sirve para empezar a ver grandes cosas y a creer en ellas. No hay montaña que no se pueda escalar.

Un africano al timón

Tener una sola voz no siempre significa tocar la misma nota que todos los demás, por supuesto. En todos los grupos, hay potencial para la discordia. Los miembros a menudo tienen objetivos contradictorios, lo que puede dificultar la búsqueda de acuerdos.

Desde 2016, la misión de dirigir a la OPEP y minimizar el conflicto recae en el Secretario General Mohammad Sanusi Barkindo.

El ascenso de Barkindo desde la pequeña ciudad nigeriana de Yola hasta el liderazgo de la OPEP ejemplifica cómo alguien puede venir de un lugar pequeño y hacer grandes cosas.

Barkindo tiene una importante experiencia en la industria: fue director gerente de la compañía petrolera nacional de Nigeria NNPC y también trabajó como representante nacional de Nigeria para la OPEP. Desde 1991, Barkindo encabezó la delegación técnica de Nigeria en las negociaciones de la ONU sobre el clima.

Además de sus logros profesionales y credenciales académicas, (se formó en África, Estados Unidos y Gran Bretaña, donde obtuvo un diploma de posgrado de Oxford), Barkindo es un maestro en el fomento de la colaboración. De hecho, el mayor acuerdo que la OPEP aprobó en los últimos años fue la Declaración de Cooperación que unió a Rusia con los miembros y aliados de la OPEP para rescatar el mercado petrolero. No fue tarea fácil: cuando miras a los países involucrados, ves todo tipo de personalidades. No todos se llevan bien, independientemente de la herencia compartida, la proximidad nacional o los objetivos comunes, y la reciente salida de Qatar de la OPEP es un ejemplo revelador.

Con una producción de solo 600.000 bbl/d, Qatar se situó a la cola de producción de la OPEP en 2018: de hecho, fue el número 11. Sin embargo, la nación árabe, que se unió a la OPEP hace casi 60 años, en 1961, es el mayor exportador mundial de gas natural licuado (GNL). También tiene las terceras reservas de gas natural más grandes del mundo, solo por detrás de Rusia e Irán.[47]

El ministro de petróleo de Qatar, Saad Sherida Al-Kaabi, dijo a *The National*, que se publica en los Emiratos Árabes Unidos, que el país se retiraba de la OPEP para extraer petróleo sin restricciones y centrarse en sus planes para aumentar la producción de GNL hasta las 110 millones de toneladas anuales desde los actuales 77 millones de toneladas.[48] Sin embargo, es interesante remarcar que Qatar ha estado sumergida en una crisis diplomática desde que una coalición liderada por Arabia Saudita cortó lazos con el país por su presunto apoyo al terrorismo, lo que hace que su retirada de la OPEP parezca tener menos relación con el petróleo que con otras cosas.

Este no es el único conflicto al que Barkindo se ha enfrentado durante su mandato como jefe de la OPEP. Ha tenido que negociar la paz entre Irán e Iraq, cuya relación intermitente es legendaria.

Libia tiene problemas. En resumen, puede ser un verdadero desafío hacer que este grupo funcione. Pero, Barkindo mantiene su calma, media como el profesional que es, y elabora una agenda contundente. El potencial para que África prospere bajo su liderazgo es tremendo.

4

Empoderar a las mujeres para lograr una industria de petróleo y gas más fuerte y saludable

En 2014, la célebre actriz Emma Watson se dirigió a las Naciones Unidas sobre la igualdad de género. Al lanzar la campaña global HeForShe de la ONU, Watson llamó a hombres y mujeres a luchar por la igualdad de género.

"Cuanto más he hablado sobre el feminismo, más me he dado cuenta de que luchar por los derechos de las mujeres a menudo se ha convertido en sinónimo de odio para el hombre", dijo Watson. "Si hay una cosa que sé con certeza, es que esto tiene que parar. Para que conste, el feminismo, por definición, es la creencia de que los hombres y las mujeres deberían tener los mismos derechos y oportunidades."[49]

Watson no podría estar más en lo cierto: el feminismo se trata de la igualdad de los sexos, un tema que obviamente debería preocupar tanto a hombres como a mujeres. La necesidad de preocuparme por este tema es tan obvia para mí que me sorprende cuando me preguntan sobre mi ferviente apoyo a las mujeres en el sector de la energía. Aún más, me entristece porque a menudo siento que tengo que defender mi derecho a preocuparme por este tema porque soy un hombre.

En este capítulo, quiero dejar en claro que dejar atrás a las mujeres va en detrimento de los negocios y la sociedad en general. Aquí, espero dejar en claro que las mujeres son vitales para el éxito del sector de petróleo y gas de África.

Desigualdad de género en el sector energético y en África

El sector energético es conocido por su lucha para atraer talento femenino. Las mujeres en la industria del petróleo y el gas se enfrentan a una serie de desafíos: baja de maternidad inadecuada (o inexistente), falta de mentores, desigualdad salarial, tasas más altas de acoso sexual y una cultura laboral que puede devaluar a las mujeres y la feminidad en general. Un estudio de 2018 de la Universidad de Massachusetts,[50] por ejemplo, descubrió que el sector del petróleo y el gas tenían la tasa más alta de denuncias por acoso sexual de cualquier industria en los Estados Unidos.

No es de extrañar, entonces, que las mujeres tengan tan poca representación en el sector energético mundial. Las mujeres representaron alrededor del 22 por ciento de su fuerza laboral mundial en 2017, y la participación se redujo al 17 por ciento en los puestos de nivel superior y directivo. Solo el 1 por ciento de los CEO en petróleo y gas eran mujeres.[51] Además, en muchos casos, las mujeres que trabajan en este campo ganan menos que sus homólogos masculinos. Un estudio publicado en el Foro Económico Mundial en 2016, "El futuro del empleo", informó de una brecha salarial del 32 por ciento en la industria del petróleo y el gas a nivel mundial.[52]

África no es la excepción. Si bien ha sido difícil encontrar datos fiables sobre la participación femenina en la industria del petróleo y gas de África, la evidencia anecdótica muestra que las mujeres están muy poco representadas. Creo que esto es inaceptable, miope y, francamente, un verdadero obstáculo para los países africanos que desean obtener todos los beneficios socioeconómicos que puede proporcionar una próspera industria del petróleo y el gas. Si realmente desea que su nación prospere, ¿por qué no haría todo lo que esté a su alcance para ayudar a la mitad de su población a participar en una de sus industrias más lucrativas?

El Programa de las Naciones Unidas para el Desarrollo (PNUD) ha descrito a África subsahariana como una de las regiones con mayor desigualdad de género en el mundo, en gran parte debido a "percepciones, actitudes y roles históricos de género". Más mujeres tienen aquí acceso limitado a la atención médica, educación y oportunidades económicas que en cualquier otro lugar.[53] La falta de oportunidades económicas por sí sola le cuesta anualmente a los países de África subsahariana un total combinado de USD95 mil millones en pérdida de productividad, estima el PNUD. La industria del petróleo y el gas tiene un potencial real para comenzar a cambiar esta situación, pero con la desigualdad de género que impregna este sector, el impacto de los beneficios económicos se reduce.

Creo que la mayoría de los hombres que trabajan en petróleo y gas todavía no lo entienden cuando se trata de igualdad en la industria. Somos rápidos a la hora de hablar de diversidad. Sin embargo, nuestros propios entornos de trabajo son en su mayoría masculinos. Cuando hablas con hombres, te dicen que tenemos que contratar, ascender y otorgar contratos a mujeres basándose solo en el mérito. ¡Pues claro que sí! ¿Cuál es el problema? ¿Están sugiriendo que habría muchas más mujeres trabajando en petróleo y gas si solo se tuviera en cuenta a los candidatos más calificados? ¿Implica que los defensores de un sector diverso de petróleo y gas están más preocupados por establecer y cumplir las cuotas que por hacer lo que es bueno para la industria? Ninguna sugerencia es precisa. Lo que es cierto es que deberíamos aprovechar el tremendo potencial de la industria del petróleo y el gas para ayudar a los africanos, hombres *y* mujeres.

El Centro Africano de Recursos Naturales y el Banco Africano de Desarrollo abordaron el potencial de la industria para ayudar a las mujeres africanas en su informe de 2017, "Empoderamiento económico de las mujeres en la industria de petróleo y gas en África". "Dado que existe una gran brecha de género en el producto interior bruto (PIB) per cápita en todos los países africanos encuestados, las mujeres pueden ganar más con el empoderamiento económico y el aumento de sus ingresos, ya sea a través del empleo en el sector formal (petróleo y gas) o emprendimiento", decía el informe.

Pero, el informe continuó diciendo, esto no es lo que estamos viendo. Los hombres africanos obtienen la mayoría de los empleos, compensaciones y oportunidades de negocio en el sector del petróleo y gas. Mientras tanto, las mujeres africanas rara vez ven esos beneficios, pero aún tienen que compartir los riesgos y costes asociados con la industria, desde el desplazamiento hasta los impactos económicos. Y debido a que las mujeres a menudo se encuentran en un terreno económico más inestable que los hombres en África, en realidad son más vulnerables a estos riesgos.

Considere esto: la agricultura es una importante actividad generadora de ingresos para las mujeres africanas, pero cuando se construyen oleoductos y gasoductos, a menudo se construyen sobre esas tierras de cultivo. Además de desplazar la única fuente de ingresos de las mujeres, estos cambios en el medio ambiente también hacen que sea cada vez más difícil para las mujeres acceder a las necesidades básicas del día a día. Como Wangari Maathai, la primera mujer ganadora del Premio Nobel de la Paz en África, dijo: "En Kenia, las mujeres son las primeras víctimas de la degradación ambiental, porque son las que caminan durante horas en busca de agua, buscan leña y proporcionan alimentos a sus familias."[54]

Y cuando las compañías petroleras ofrecen una compensación económica a los hogares afectados por sus actividades, el dinero generalmente va al cabeza de familia.

La industria del petróleo y el gas está perdiendo una oportunidad de oro para empoderar a las mujeres al asociarse y comprar a mujeres empresarias, que podrían proporcionar una amplia gama de servicios y bienes, desde logística hasta ingeniería y servicios de alimentos. Las tasas de emprendimiento femenino en África subsahariana son las más altas del mundo, según el "Informe de emprendimiento femenino 2016-17 del Global Entrepreneurship Monitor". Casi el 26 por ciento de las mujeres adultas africanas están involucradas en actividades empresariales en etapa temprana. Pero uno de los ejemplos más evidentes de la brecha de género en el petróleo y el gas es la incapacidad de la industria de trabajar con las micro, pequeñas y medianas empresas (PYME) locales propiedad de mujeres como distribuidores, proveedores de servicios y socios.[55]

Ciertamente, hay orientación disponible para las empresas que están dispuestas a trabajar con pymes propiedad de mujeres. Por ejemplo, BSR, una red global de organizaciones sin ánimo de lucro y consultoría dedicada a la sostenibilidad, recientemente lanzó un video con pasos prácticos que las empresas pueden seguir para promover la igualdad de género en las cadenas de suministro. Las directrices no se centran en la industria del petróleo y el gas, pero pueden aplicarse allí.

"Como empresa, se puede actuar integrando un filtro de género en su estrategia de cadena de suministro, códigos de conducta con proveedores, enfoque de *due diligence* y prácticas de abastecimiento", dijo Magali Barraja, gerente de BSR y Dominic Kotas, del departamento de comunicación de BSR, en un artículo promocionando el video. "Tomar estas acciones es un primer paso para garantizar que las trabajadoras sean visibles, los desafíos específicos a los que se enfrentan se identifiquen mejor y se tomen medidas de corrección diseñadas teniendo en cuenta las especificidades de género."[56]

Liderando el camino

Para ser franco, el fracaso de la industria del petróleo y el gas en crear más oportunidades para las mujeres es una caricatura. Las mujeres tienen un papel importante que desempeñar en este sector, particularmente como líderes. De hecho, aquellas que han llegado a puestos de responsabilidad han tenido un gran éxito e impacto. Uno puede llegar a pensar que la industria tiene que aprender una o dos cosas de los ejemplos positivos que las líderes femeninas del sector del petróleo y gas. Sus logros deberían generar entusiasmo e inspirar a más compañías a buscar talento femenino para que ocupen roles directivos.

Veamos a Catherine Uju Ifejika, presidenta y CEO del Grupo Britannia-U, con sede en Nigeria.

Cuando Uju Ifejika trabajaba como abogada junior en Texaco Petroleum en la década de 1980, la joven abogada se habría sorprendido si alguien le dijera que más tarde sería descrita como "la magnate petrolera más exitosa de África". O como una de las mujeres más ricas del continente. O como fundadora de la primera compañía de E&P de la industria petrolera local en Nigeria dirigida por una mujer nigeriana.

En los primeros pasos de su carrera, Uju Ifejika simplemente estaba tratando de construir una carrera legal de éxito en un entorno exigente y de alta presión. Nunca se propuso abrir nuevos caminos para las mujeres o pasar del mundo jurídico a dirigir una importante empresa de petróleo y gas. Pero hoy, como presidenta y CEO de Brittania-U, Uju Ifejika es un importante modelo a seguir para las mujeres.

Ella atribuye su ascenso al poder, hasta cierto punto, por pura determinación.

"No soy geóloga y nunca he trabajado en exploración y producción", dijo durante una entrevista con Fascinating Nigeria. "Lo único que sé es cómo tomar algo que no es nada y crear algo que se pueda ver y apreciar... No ser ingeniera o geóloga era irrelevante. Hoy hablo el idioma del geólogo, puedo interpretar los mapas, y cuando traen cosas técnicas las miramos juntos, porque pude superar mi nivel de miedo."[57]

Su compañía, que está involucrada en E&P, ingeniería petrolera, consultoría de datos, importación de productos refinados, transporte, gestión de embarcaciones y actividades de ingeniería subterránea, se asocia regularmente con otras empresas locales, contribuyendo a la estabilidad económica. También ha formado a más de 25 personas oriundas de las zonas donde opera para que sean ingenieros marinos certificados, y proporciona empleo a tiempo completo a más de 20 residentes de la comunidad, junto con otras nueve personas como personal contratado.

Si bien el impulso y los logros de Uju Ifejika son inspiradores, (en parte porque los ejemplos de mujeres que desempeñan funciones de liderazgo en la industria del petróleo y el gas son inusuales), las mujeres que lo logran no deberían ser una rareza.

De hecho, hay pasos concretos que la industria y los países africanos pueden dar para garantizar que las mujeres tengan una participación activa en esta industria.

Dando pasos

Estoy convencido de que empoderar a las mujeres a través de la industria del petróleo y el gas traería beneficios socioeconómicos de gran alcance.

"Las mujeres son a menudo los ejes de sus comunidades, desempeñando papeles clave para garantizar la salud, la nutrición, la educación y la seguridad de quienes las rodean", afirmó el artículo titulado "Industria de extracción de petróleo y gas en África Oriental: una perspectiva feminista africana" y publicado por Akina Mama wa Afrika (AMwA), una organización regional de mujeres panafricanas con sede en Kampala, Uganda.

No podría estar más de acuerdo con ellos.

Las empresas, en particular, tienen mucho que ganar al crear oportunidades para las mujeres, incluyendo mejor percepción pública, un papel estabilizador en las comunidades africanas donde trabajan y viven, y acceso a talento en un momento en que la industria del petróleo y el gas está luchando con graves carencias de habilidades.

Entonces, ¿cómo puede el sector empoderar mejor a las mujeres? Hacer un esfuerzo estratégico para reclutarlas, contratarlas y retenerlas, a todos los niveles, marcaría una gran diferencia.

Primero, las empresas pueden trabajar con el gobierno para eliminar las barreras que dificultan el trabajo en la industria para las mujeres. Es revelador que, hasta el momento, solo cuatro países de África han ratificado el Convenio núm. 183 de la Organización Internacional del Trabajo, que proporciona permiso de maternidad remunerada garantizada, garantiza descansos para amamantar y/o extraer leche, y protege a las mujeres de la discriminación.

Además, un estudio de la Organización Internacional del Trabajo descubrió que incluso en aquellos países africanos que obligan a las empresas a conceder un permiso de maternidad remunerado, las leyes rara vez se aplican, y solo se estima que un 10 por ciento de las mujeres continúan recibiendo el salario mientras están de permiso.

Este problema debe ser abordado de inmediato por los gobiernos y el sector privado. Insto a los gobiernos a crear leyes responsables y sostenibles para proteger a las mujeres en el lugar de trabajo. Mirar hacia los países del continente que ya han creado protecciones exitosas para la baja de maternidad, como Ruanda, que ofrece 12 semanas de descanso, totalmente remunerado, y Sudáfrica, que exige cuatro meses de permiso, es un buen comienzo.

Las empresas también tienen que jugar un papel en esto. Y hay beneficios tangibles que se deben intensificar. Mi compañía, por ejemplo, ha cambiado su política de permiso de maternidad a lo largo de los años para ser cada vez más generosa. Ahora ofrecemos hasta 12 meses de baja pagada para el cuidador principal y tres meses para el cuidador secundario, al tiempo que hacemos pagos a las pensiones y los planes de seguro. Esta política, una de las más competitivas del mundo, crea no solo un resultado positivo para las familias y la sociedad, sino también para nuestra empresa y nuestros clientes. Nuestra política de permiso de maternidad ha ayudado con la retención de talento, especialmente de empleados altamente calificados con experiencia específica y, por lo tanto, ha reducido los costes de rotación para Centurion. Hemos visto un aumento en la productividad de los trabajadores y una mejora en la lealtad y la moral de los empleados. Esto nos permite competir con empresas más grandes.

Sin embargo, es crucial para el éxito de estas políticas crear un ambiente positivo y alentar a las familias a aprovechar el permiso de maternidad. La existencia del mismo es irrelevante si las empleadas tienen miedo a solicitarlo.

En el nivel inicial, las empresas pueden y deben promover una amplia gama de trabajos que ofrecer a las mujeres, apoyar programas educativos y hacer que sea una prioridad aumentar el número y la visibilidad de los modelos femeninos dentro de la empresa.

En puestos profesionales intermedios, las empresas deberían dar prioridad a proporcionar a las mujeres las mismas oportunidades que a los hombres y proporcionar mentores que puedan guiar y defender a las mujeres bajo su auspicio.

En niveles directivos, las empresas deberían tener como prioridad tener mujeres en estos puestos y brindar apoyo para ayudarlas a tener éxito.[58] Las políticas de objetivos de contratación son el camino a seguir en este punto.

Este tipo prácticas están vigentes en East African Breweries Ltd. (EABL), con sede en Kenia, donde más del 45 por ciento de su junta directiva son mujeres, un gran salto con respecto a la década anterior, cuando las mujeres representaban solo el 16 por ciento del consejo de administración de la empresa. Este cambio es el resultado de la política de contratación de la compañía, dijo Eric Kiniti, director de relaciones corporativas de EABL. "Antes de contratar a nivel de alta gerencia, pedimos que haya una candidata en todas nuestras listas cortas", dijo Kiniti. "Y si no lo hay, preguntamos por qué".

La firma de consultoría global McKinsey & Company recomienda cuatro objetivos administrativos para fomentar la diversidad de género, incluido el liderazgo femenino, en las empresas:

- Hacer de la diversidad de género una alta prioridad de la junta directiva y CEO.

- Comunicar políticas relevantes de diversidad de género a los empleados.
- Combatir actitudes limitantes hacia las mujeres en el lugar de trabajo.
- Desarrollar una estrategia de diversidad de género basada en hechos (usando métricas y datos para medir la contribución de las mujeres a la empresa).[59]

Por supuesto, una vez que estas u otras políticas similares están en marcha, deben cumplirse. En África, este no es siempre el caso. Sudáfrica, por ejemplo, exige por ley la equidad de género en las instituciones estatales, pero las mujeres solo constituyen el 33 por ciento de los empleados en esas instituciones.

Katy Heidenreich es la autora de *The Oil Industry's Best Kept Secret: A book full of inspiration and advice*. En ella, se señala que lograr una fuerza laboral más inclusiva requerirá más que dar la bienvenida a las mujeres. También requerirá un esfuerzo estratégico para atraerlas al petróleo y al gas en primer lugar. La industria necesita combatir la idea de que el petróleo y el gas son un mundo de hombres y mostrar a las mujeres las carreras gratificantes y lucrativas disponibles para ellas.

Los empleos en alta mar, por ejemplo. ¿Por qué no deberían ser realizados por mujeres?

"La vida en alta mar es un mundo diferente", dijo Lindsey Gordon, una ingeniera petrolera de BP, a Offshore Technology. "Las plataformas y FPSO (almacenamiento y descarga de producción flotante en sus siglas en inglés) son infraestructuras de ingeniería increíbles. La camaradería es insuperable, lo cual es importante cuando tienes que compartir espacios durante semanas. Para terminar, tengo que tomar un helicóptero para trabajar."[60]

Las mujeres también necesitan ver que equilibrar el trabajo y la familia es factible. Caroline Gill, geóloga principal de Shell UK, describió en el libro de Heidenreich lo que funciona para ella y su esposo geólogo.

"Como pareja, ambos tenemos la flexibilidad de trabajar desde casa y podemos recuperar cualquier trabajo pendiente una vez que nuestros hijos estén en la cama. Es una asociación totalmente igualitaria: ambos hacemos nuestra parte proporcional. Incluso cuando trabajamos durante horas, no tiene un impacto en la vida familiar."

En el artículo para LinkedIn, "Mujeres en la energía: engrasando las ruedas del talento", Rolake Akinkugbe, directora de energía y recursos naturales de FBN Capital, señala que la tecnología podría desempeñar un papel en ayudar a las mujeres a equilibrar las responsabilidades laborales y familiares. "A medida que avanza la digitalización, es posible que se realicen más tipos de roles en la industria de forma remota, lo que facilita a las mujeres que buscan flexibilidad para mantener carreras en la industria durante un período más largo", dijo.

En cuanto a la contratación de mujeres, Akinkugbe dijo que atraer la atención sobre mujeres exitosas en la industria tendrá mucho peso en otras mujeres. "La importancia de la representación visible no puede exagerarse; las mujeres tienden a inspirarse en otras mujeres que ostentan un alto cargo en carreras en la industria petrolera, debido a su imagen histórica predominantemente masculina. Cuanto menor sea la diversidad de género en los niveles técnicos y superiores de la industria, es menos probable que otras mujeres se vean a sí mismas desarrollando sus carreras profesionales en petróleo y gas, y en consecuencia, las empresas encontrarán aún más difícil reclutar mujeres. Lo contrario también es cierto."

Otra clave para reforzar el impulso de la diversidad de género es dar a más mujeres la autoridad para hacer una política de contratación. Un ejemplo alentador en esta área es Eunice Ntobedzi, director de Sandico Botswana, una compañía de servicios de energía. Emplea ingenieras en el desarrollo de proyectos energéticos en Botsuana. Ntobedzi también trabaja para cerrar la brecha de género a través de la Universidad Internacional de Ciencia y Tecnología de Botsuana, que alienta a las mujeres a apoyar el desarrollo sostenible en su país.[61] Se trata de una relación *win-win*: estos esfuerzos ayudan a empoderar a las mujeres y respaldan los esfuerzos vitales para llevar el poder a los africanos de a pie.

Las compañías de petróleo y gas en África deberían seguir el ejemplo de Ntobedzi, no solo en sus prácticas de contratación, sino también en su compromiso de apoyar la capacitación de las mujeres. Esas son solo algunas de las cosas que la compañía minera internacional Asanko Gold Inc. ha prometido hacer a través de su nueva iniciativa Asanko Women in Mining Botae Pa (Good Purpose) en Ghana, África Occidental. Los proyectos de la iniciativa incluirán la promoción de carreras en el sector minero para mujeres y ofrecer programas de desarrollo profesional, tutoría, *networking* y programas comunitarios que se centren en las necesidades de mujeres y niñas en las áreas de educación, salud y finanzas.[62] Ojalá más empresas de las industrias extractivas, particularmente en empresas de petróleo y gas, hicieran lo mismo.

Las mujeres en el gobierno también están impulsando el diálogo y las nuevas iniciativas, incluida la primera dama de la República de Angola, Ana Dias Lourenço. Economista, ministra de gobierno, presidenta de larga trayectoria de la Comunidad de Desarrollo del África Meridional y ex gobernadora del Banco Mundial, Lourenço participa en debates de alto nivel sobre igualdad de género en las Naciones Unidas.

Irene Nafuna Muloni, ministra de gabinete encargada de Energía y Minerales en Uganda, insta a una mayor participación femenina en el sector energético. De hecho, Uganda exige que las mujeres sean consideradas parte de nuevas actividades de desarrollo en la industria.

Educación: una inversión a largo plazo

Algunos argumentan que África no podrá abordar la brecha de género de manera significativa sin cambiar las normas y percepciones culturales, y este tipo de cambio debe comenzar con los programas de educación familiar, que podrían ser ofrecidos por gobiernos, escuelas, empresas y ONG.

"Se debe crear un entorno propicio en todos los niveles de la sociedad, comenzando dentro de los hogares", escribió Gerald Chirinda, director ejecutivo de Tapiwa Capital, una empresa que se enfoca en construir empresas sostenibles en Zimbabue. "Es importante que los padres inviertan su tiempo y se esfuercen por influir positivamente y alentar a sus hijas. Es igualmente importante enseñar a los niños la importancia de respetar, honrar y empoderar a las mujeres."[63]

Estoy de acuerdo con Chirinda, pero creo que las niñas también necesitan oportunidades educativas que les brinden una base necesaria en ciencia, tecnología, ingeniería y matemáticas (STEM en sus siglas en inglés) para acceder a puestos lucrativos en petróleo y gas. Estamos empezando a ver ejemplos de programas educativos como estos. Una es la Academia Africana de Ciencias (ASA en sus siglas en inglés), una escuela secundaria para niñas con sede en Ghana que se especializa en matemáticas y física avanzadas. Se reclutan estudiantes de todo el continente, y hay becas disponibles para cubrir la matrícula y los viajes de los estudiantes. No se rechaza a ninguna niña africana cualificada por no poder pagar, afirma la academia. Y los mejores alumnos de ASA pueden asistir a un programa de estudio de una semana en las universidades de Oxford o Cambridge en el Reino Unido, que abre la puerta a aún más oportunidades educativas.[64]

En muchos casos, las organizaciones sin ánimo de lucro están tomando la delantera cuando se trata de crear oportunidades educativas para las niñas africanas. Por ejemplo, la organización sin ánimo de lucro Working to Advance STEM Education for African Women (WAAW) que fue fundada por Unoma Okorafor de Nigeria, quien recientemente escribió sobre su misión para www.indiegogo.com: "En los próximos diez años, miles de personas en África se verán gravemente afectadas por los cambios tecnológicos en nuestro mundo... Desde Kenia y Nigeria para competir en todo el mundo, nuestras niñas necesitan aprender habilidades tales como los conceptos básicos de la robótica, la creación de múltiples tipos de sistemas de energía, escritura de códigos y las bases de nuestro mundo científico moderno."[65]

WAAW opera campamentos STEM para adolescentes en toda África, junto con capacitación de maestros STEM, clubes de programación de fin de semana y extraescolares, y tutoría, entre otros programas. Es hora de que otros, incluidas las empresas, las asociaciones público-privadas y los gobiernos, sigan su ejemplo.

Establecer políticas

Los gobiernos tienen un papel importante que jugar para allanar el camino para que más mujeres se beneficien de las oportunidades de la industria del petróleo y el gas. Esto debería comenzar por políticas de contenido local específicamente orientadas a las mujeres.

Estas políticas deben incluir disposiciones para:

- Establecer ciertos porcentajes de puestos remunerados para mujeres locales.
- Trabajar con empresas proveedoras y subcontratistas propiedad de mujeres.
- Requerir que los proveedores y subcontratistas empleen mujeres.
- Crear oportunidades de educación y capacitación, incluidos estudios STEM, para mujeres y niñas.
- Asegúrese de que las mujeres y los hombres reciban la misma compensación, ya sea salarios, programas comunitarios o acciones de la empresa.
- Proporcionar un permiso de maternidad sostenible y adecuado, y permisos para cuando familiares inmediatos estén enfermos y requieren atención.

Las empresas extranjeras probablemente serían más receptivas a desarrollar mayores iniciativas de contenido local si los gobiernos les ofrecieran zanahorias, y no solo el palo. ¿Por qué no ofrecer incentivos fiscales para contratar mujeres locales, subcontratar y comprar suministros a las PYME propiedad de mujeres? ¿O proporcionar incentivos para ofrecer permiso de maternidad?

Además de crear y hacer cumplir las leyes de contenido local, los gobiernos pueden ayudar a las mujeres a través de políticas que crean un entorno más propicio para las PYME vinculadas a la industria del petróleo y el gas.

La Organización Internacional del Trabajo, en "Prácticas comerciales inclusivas en las industrias extractivas de África", recomienda:

- Simplificar los procedimientos de registro y licencia de empresas.
- Racionalización de políticas y administración tributaria.
- Facilitar el acceso a la financiación, especialmente al microcrédito para nuevas empresas.
- Mejora de títulos de propiedad, registros y administración.
- Simplificar y acelerar el acceso a tribunales comerciales y recursos alternativos de resolución de disputas.
- Mejora del acceso a la información del mercado.

También necesitamos una legislación que proteja y faculte a las mujeres: leyes que protejan a las mujeres del acoso sexual y protejan su derecho al trabajo.

África en su conjunto ofrece una protección sorprendentemente pobre para las mujeres que sufren acoso o agresión sexual. En Sudáfrica, por ejemplo, una de cada tres mujeres es violada en su vida; cuatro de cada 10 mujeres casadas en África Central y Occidental se casaron antes de cumplir 18 años; y del 40 al 60 por ciento de las mujeres en el norte de África dicen que han sufrido acoso sexual en la calle. Esto es inaceptable, deben aprobarse leyes estrictas para proteger a las mujeres y aplicarse inmediatamente.

También necesitamos leyes que garanticen la igualdad de remuneración por el mismo trabajo. Al final del día, las mujeres no pagan menos por la leche que los hombres. No pagan menos por el alquiler. No deberían estar trabajando por salarios más bajos que los hombres.

Organizaciones no gubernamentales: avanzando en la dirección correcta

Si bien espero ver más esfuerzos de las empresas para ayudar a las mujeres a aprovechar mejor las oportunidades de petróleo y gas en un futuro muy cercano, me siento alentado por el creciente número de organizaciones que están avanzando en esta área. Una, The Boardroom Africa, conecta a líderes femeninas altamente calificadas y respaldadas por otras compañeras con empresas africanas que buscan ocupar puestos en la junta directiva, incluso en el sector del petróleo y el gas. La organización fue fundada por Marcia Ashong de Ghana, cuya experiencia profesional incluye la ley de petróleo y gas, gestión de proyectos, consultoría y desarrollo de negocios. Dirige el programa con la cofundadora Tasmin Jones, una emprendedora social con sede en Londres.

"Necesitamos disipar el mito de que no hay suficientes mujeres cualificadas y listas para asumir el liderazgo", dijo Ashong. "Al construir la red líder de mujeres listas para participar en una junta directiva, ya hemos comenzado a romper este mito, pero lo más importante es que estamos trabajando estrechamente con la comunidad empresarial y personas clave en la toma de decisiones través del liderazgo de pensamiento para crear conciencia sobre los beneficios de la diversidad en la parte superior." [66]

Otra organización, la Association for Women in Extractives and Energy en Kenia, trabaja para brindar a las mujeres oportunidades para el desarrollo profesional y económico equitativo en la industria extractiva de Kenia, incluidos los sectores de petróleo, gas y minería.

Una organización relativamente nueva, la African Women Energy Entrepreneurs Framework, fue concebida como resultado del grupo de trabajo sobre Mujeres Emprendedoras y Energía Sostenible (WESE en sus siglas en inglés) en la Conferencia Ministerial Africana en Libreville, Gabón, en junio de 2017.

Los objetivos de la organización, entre otros incluyen:

- Garantizar políticas comprometidas con el género y una participación integral e inclusiva en el ámbito de las energías renovables y desarrollo empresarial.
- Fomentar asociaciones entre bloques regionales, gobiernos, el sector privado y la sociedad civil a nivel regional, nacional y local.
- Integrar la coordinación y la gestión del conocimiento en el fortalecimiento de las capacidades de los gobiernos nacionales y locales, las cooperativas y asociaciones de mujeres, y las propias empresarias.

- Mejorar el acceso a las finanzas y los mercados para las mujeres emprendedoras en el sector de la energía.

Todas estas organizaciones tienen el potencial de crear oportunidades para las mujeres, pero son solo una pieza del rompecabezas.

Atraer más mujeres a la industria y darles las herramientas para tener éxito, debería ser una prioridad en todos los estamentos en África. Las empresas, el gobierno, los educadores y las organizaciones deben asumir su parte.

Tenemos todo de nuestra parte para ganar de una próspera industria de petróleo y gas. Y con más mujeres en este sector, está mejor posicionada para despegar.

WEX África: mostrando cómo se hace

Oguto Okudo se niega a distraerse cuando sus colegas de SpringRock Energy Kenya se refieren a ella como "niña pequeña" o cuando recibe correos electrónicos que la llaman "Sr. Okudo".

Ella sabe que en Kenia, y en gran parte del continente africano, su papel como country manager en una compañía de energía la convierte en una rareza. Por cada historia de éxito como la suya, hay miles de mujeres africanas cuyas perspectivas económicas son sombrías, en el mejor de los casos. De esta forma, en lugar de irritarse por los desaires y las suposiciones falsas que encuentra en el trabajo, Okudo ha estado trabajando para ayudar a otras mujeres africanas a entrar y prosperar en su campo. La organización que fundó en 2011, Women in Energy and Extractives Africa (WEX Africa), trabaja contra la disparidad de género en los sectores de petróleo, gas y energía.

WEX África brinda a las mujeres acceso a información y capacitación para el desarrollo personal, promueve el sector energético y extractivo como una opción profesional para las mujeres e informa a los directivos de la industria de los desafíos y oportunidades para las mujeres en sus empresas. Okudo ve el trabajo de la organización como un beneficio mutuo para las mujeres y para las comunidades donde viven. "Las mujeres son catalizadores del cambio", dijo a *Daily Nation* en 2018. "Cuando aprovechas todo su potencial, puedes tener desarrollos económicos más inclusivos mientras mejoras las condiciones de vida para toda la sociedad".[67]

Estoy muy impresionado con el enfoque que WEX África adopta para abordar el amplio espectro de necesidades que las mujeres africanas tienen hoy en día. La organización ha desarrollado programas para apuntar a cuatro "esferas" específicas, cada una para un grupo de población diferente.

La Esfera 1 comprende mujeres que se ven directamente afectadas por la exploración en sus comunidades. WEX África considera que esta es su población objetiva y se esfuerza por servir como su defensor y presentar sus necesidades a los líderes y empresas locales. "Entendemos que el impacto de la energía y las operaciones extractivas no son neutrales al género", dice su página web.

La Esfera 2 está compuesta por mujeres que comienzan a entrar en la industria y aquellas que ya están en la industria. WEX África se esfuerza por ayudar a las mujeres en esta esfera notificando a las mujeres sobre las oportunidades, informando a los directivos de la industria sobre los desafíos, ayudando a las mujeres a obtener las licencias necesarias y dando a conocer su organización como recurso.

La Esfera 3 de WEX África, está enfocada a mujeres jóvenes y niñas, a través de programas educativos, incluida la campaña "Kitabu si Taabu", que alienta a las niñas de todo el mundo a ir a la escuela. La organización también cuenta con programas personalizados de aprendizaje y STEM para niñas de comunidades extractivas y afectadas por la energía y con bajas tasas de alfabetización entre mujeres de hasta 3 por ciento.

La Esfera 4 de la organización comprende mujeres involucradas en negocios en la cadena de valor. WEX África se esfuerza por servirles alentando a los líderes a crear un ambiente de apoyo para ellos y alentando a las mujeres a involucrarse en este sector. La organización también fomenta el intercambio de conocimientos y oportunidades entre las mujeres emprendedoras.

Se trata de un excelente modelo a seguir, no solo para otras organizaciones, sino también para gobiernos y empresas. Claramente, es posible desarrollar programas que ofrezcan apoyo y asistencia significativos para las mujeres, programas que les permitirán capitalizar las muchas oportunidades que existen en el sector del petróleo y el gas.

En conclusión, necesitamos empoderar a más mujeres africanas para que se beneficien de la industria del petróleo y el gas, ya sea a través de oportunidades para trabajar sobre el terreno en instalaciones de perforación, puestos profesionales, roles de liderazgo u oportunidades comerciales para empresas propiedad de mujeres.

Como dijo la actriz Emma Watson durante su discurso ante las Naciones Unidas: "Les invito a dar un paso adelante para que se vean y se pregunten 'Si no soy yo, ¿quién? ¿Si no es ahora, cuándo?'"

Preparando el escenario

Estos son solo algunos ejemplos de mujeres líderes en petróleo y gas: mujeres que, con suerte, están preparando el escenario para que otras las sigan.

- La directora de energía y recursos naturales de FBN Capital, Rolake Akinkugbe, de Nigeria, fue nombrada la mejor analista africana de petróleo y gas del año a finales de 2018 por su compromiso con la industria, su conocimiento y su valioso análisis.[68] Akinkugbe es miembro de la Junta Asesora Económica de la Oficina del Vicepresidente en Nigeria. Es una analista frecuente requerida para aparecer en los medios; escribe sobre recursos naturales en África; y ofrece su análisis sobre titulares de noticias mundiales en BBC World News; asimismo, es presentadora de conferencias sobre energía, recursos naturales e inversión. Por si fuera poco, también dirige una iniciativa de capacitación para hablar en público, VoxArticl8™ y es la fundadora de InaTidé, una empresa social que ofrece asistencia tanto financiera como técnica para proyectos de energía sostenible en África subsahariana.[69]
- Elizabeth Rogo es fundadora y directora ejecutiva de Tsavo Oilfield Services, una consultora energética con sede en Kenia que presta servicios a los sectores de petróleo y gas, geotermia y minería en África Oriental. Además de sus compromisos profesionales, Rogo es mentora de jóvenes profesionales en el sector de la energía y es una solicitada presentadora en eventos sobre diversidad de género y contenido local en la industria del petróleo y el gas.[70]

- La Dra. Amy Jadesimi, doctora y directora ejecutiva de la empresa de logística nigeriana, LADOL, recibió recientemente el premio a la Mujer Líder en Petróleo y Gas de la Red de Inversión Extranjera (FIN en sus siglas en inglés) entregado durante la Noche de Premios y Cena de Patronos Honorarios del Ministerio Federal de Recursos Petroleros durante la Cumbre Internacional del Petróleo de Nigeria 2019, en Abuja. También fue nombrada Joven CEO del Año por el Foro de Liderazgo Africano, una Joven Líder Global por el Foro Económico Mundial (FEM) y "Archbishop Tutu Fellow" por su trabajo para reducir la mortalidad materna. También ha sido nombrada como talento emergente por el Foro de Mujeres para la Economía y la Sociedad, una de las 20 mujeres más jóvenes más influyentes en África por Forbes, y fue incluida entre los 25 mejores africanos para seguir por el Financial Times.[71]

- Althea E. Sherman es presidenta interina / CEO de la Compañía Nacional de Petróleo de Liberia (NOCAL en sus siglas en inglés). Previamente ocupó el puesto de COO de la compañía y, como abogada, tiene más de 20 años de experiencia legal y comercial con las principales corporaciones de EE. UU., Incluidas Oracle Corporation, AT&T y Verizon Communications.[72]

- En Guinea Ecuatorial, Mercedes Eworo Milam se ganó un amplio respeto cuando ocupó el cargo de directora general de Hidrocarburos del Ministerio de Minas, Industria y Energía. De hecho, en 2014 fue reconocida por su excelente trabajo para garantizar el desarrollo sostenible del sector de petróleo y gas del país cuando recibió el premio Mujer del Año en los Premios de Petróleo y Gas. Se le atribuye el mantenimiento de un equilibrio firme como directora de hidrocarburos, alentando a las compañías petroleras a invertir y dándoles la confianza para operar. Se aseguró de que las mujeres fueran contratadas y tenidas en cuenta para trabajos, programas de formación, ascensos, y se les adjudicaron contratos.[73]

5

Abundante, accesible y asequible: la "edad de oro" del gas natural brilla en África

"¿Estamos entrando en una Edad de Oro del Gas?"

Esta fue la pregunta que la Agencia Internacional de la Energía (AIE) con sede en París planteó en 2011[74], una pregunta a la que la agencia respondió con un rotundo "sí". Su perspectiva era positiva por varias razones, entre ellas la de que hay una ingente cantidad de este recurso para extraer, tanto en términos de distribución como de volumen. Hay cuencas de gas natural en seis de los siete continentes, excluyendo solo la Antártida, y los autores del informe estimaron que la cantidad total de reservas comercialmente recuperables, que en aquel entonces era de aproximadamente de 193.8 trillones de barriles, podría mantener los niveles de producción durante 250 años.

La AIE señaló que, además de ser abundante, el gas natural es de combustión más limpia que otros combustibles fósiles y más barato para los consumidores. Con el tiempo, predijo la agencia, el gas natural podría convertirse en un combustible de transporte, reducir el uso de carbón y energía nuclear, y reducir drásticamente la contaminación y los gases de efecto invernadero. Proyectan que para 2035 la demanda global crecerá en un 55 por ciento y el gas natural representará el 25 por ciento de la energía mundial, una proporción más significativa que nunca en el mix global.

Aunque los precios han fluctuado ligeramente desde esta declaración de 2011, el optimismo no ha decaído. El gas natural puede lograr todas estas cosas y más. El gas natural ocupa un lugar especial en el mundo energético, situándose en el nexo de unión entre la economía y el medio ambiente. Es abundante, accesible y asequible. Y debido a que proporciona la mayor cantidad de energía por unidad de emisión de carbono entre los combustibles fósiles, reduce la brecha para aquellos que no están listos para abandonar el uso de hidrocarburos pero que están interesados en un combustible más respetuoso con el clima.

Y el lustre de esta Edad de Oro del Gas se extiende hasta África. Tanto es así, que muchos expertos de la industria consideran que el continente es su nueva frontera. Con descripciones como "un motor principal"[75] "el nuevo petróleo para África"[76] y la clave para el "cambio transformador"[77] en el continente, creo que veremos que el gas natural desempeñará un papel clave en el futuro económico de África.

Un atisbo de cambio social en África

Para muchos en África, las comodidades de la "vida moderna" están fuera de su alcance. Incluso a medida que la urbanización se expande, con la subsiguiente demanda de iluminación, electrodomésticos y dispositivos digitales, grandes franjas de África caen en la oscuridad casi total o incluso total al anochecer. Más de 620 millones de subsaharianos, o dos tercios de la población, viven sin acceso a electricidad. Y ese número en realidad está aumentando. Si bien la AIE proyecta que mil millones de personas tendrán acceso a la electricidad en África para 2040, incluidos 950 millones en la región subsahariana, se espera que un crecimiento demográfico explosivo sumerja a más y más personas en un abismo de desamparo.

Como señala la AIE, "la población mundial sin acceso a la electricidad se concentra cada vez más en el África subsahariana; esta cifra alcanzará el 75 por ciento en 2040, mientras que hoy no llega a la mitad".[78] Por cierto, este es el único lugar en el mundo donde la falta de acceso está empeorando, no mejorando.

Este no es un problema relacionado con la ausencia de comodidades o la falta de lujos. Se trata de un problema de salud pública muy real. En la República Democrática del Congo, por ejemplo, las clínicas de las aldeas remotas están tan lejos de la red eléctrica que para proporcionar atención médica solo hay disponible energía solar. Como es sabido, la energía solar no es una fuente constante de energía, por lo que cuando no hay sol, pocos servicios pueden ofrecerse.

Por otro lado, Ghana es el ejemplo del tipo de avances médicos que pueden darse cuando la electricidad llega a más personas. Los centros de salud bien iluminados y abastecidos están impulsando la demanda de servicios de salud, y cada vez más mujeres ingresan en los centros para dar a luz con una matrona cualificada. Además, una red eléctrica en la que se puede confiar se ha traducido en mejores cadenas de suministro de frío que mantienen seguras las vacunas infantiles esenciales e incluso, pueden ayudar a prevenir el próximo brote de Ébola en el continente.

Pero expandir el acceso a la red eléctrica segura no solo mejoraría la calidad de vida de los africanos: también eliminaría la dependencia de la biomasa de África Subsahariana para obtener energía. Unos 730 millones de personas dependen de la leña, el carbón vegetal, los desechos agrícolas o incluso el estiércol animal para cocinar. Quemar biomasa produce un humo potencialmente dañino cargado de partículas, y quemarlo en interiores, como lo hacen millones de personas, concentra el humo y las partículas hasta el punto que inhalarlos es tan tóxico como fumar dos paquetes de cigarrillos al día. [79] Los investigadores vinculan la exposición a la contaminación del aire interior por biomasa la muerte prematura de aproximadamente 1.3 millones de personas en todo el mundo cada año. [80]

En el continente, podemos mirar al norte de África como un modelo de éxito en la electrificación: el 90 por ciento de la población de la región tiene acceso a conexión eléctrica. E incluso a pesar de la perspectiva sombría en África subsahariana, vemos algunos focos de progreso, en particular en Nigeria, Etiopía, Tanzania y Kenia. De 2000 a 2018, Kenia aumentó su tasa de acceso a la energía en 65 puntos porcentuales hasta llegar al 73 por ciento y apunta al acceso universal para 2022. Etiopía proporcionaba energía al 5 por ciento de su población en 2000. La tasa de acceso ahora es del 45 por ciento con el objetivo de lograr el acceso universal acceso en 2025. [81]

El creciente interés en la generación energía a través de gas

Sabemos que los problemas de electricidad en África son formidables, y que se suman y amplifican los ya existentes graves problemas económicos, sociales, de salud y de desarrollo humano. Pero he visto un rayo de esperanza. Al explotar estratégicamente los nuevos descubrimientos de gas natural del continente para producir electricidad ("gas a energía", como se le conoce), los inversores y productores pueden ayudar a África a reducir las importaciones, aumentar las exportaciones, ampliar el acceso a la electricidad, mejorar su economía y financiar el desarrollo social.

El gas natural también es visto como un paso hacia un mundo sostenible con bajas emisiones de carbono y que dependa exclusivamente de recursos renovables. A la luz de las crecientes presiones ambientales para reducir las emisiones de efecto invernadero, el gas natural más limpio (y cada vez más asequible) se ha convertido en el centro de atención para reemplazar el carbón como la alternativa más atractiva para generar electricidad. Para el transporte y la producción de energía, el gas natural genera menos emisiones de CO2 que el diésel, la gasolina o el carbón. Para la generación de electricidad, las centrales eléctricas de gas natural pueden integrarse con fuentes renovables como la eólica y la solar.[82]

Además de los beneficios ecológicos de la generación a gas, el gas a energía tiene ventajas financieras: las instalaciones son generalmente menos costosas y más rápidas de construir que las plantas de carbón o nucleares, y el gas natural es tan eficiente que solo un pequeño volumen genera una gran cantidad de electricidad.

El gas natural ha sido el principal combustible para la generación de electricidad desde 2015, después de estar en el segundo lugar (detrás del carbón) durante décadas.[83] Rusia, Japón y Taiwán tienen las cinco principales centrales eléctricas de gas en el mundo.[84] Y como resultado de importantes descubrimientos de gas en alta mar, África tiene hoy una gran oportunidad de sumarse plenamente a este movimiento de generación de energía a partir de gas.

África tiene ciertas ventajas económicas cuando se trata de extraer gas natural, incluido el acceso relativamente sencillo y condiciones de arrendamiento generalmente atractivas. La estructura de menor coste del continente ha sido atractiva para una amplia gama de inversores, incluidas las grandes empresas, las independientes y las compañías petroleras nacionales. Aunque los recursos no se dividen en partes iguales (más del 92 por ciento de las reservas totales de gas del continente se concentran en cuatro naciones: Nigeria, Argelia, Egipto y Libia), las perspectivas son prometedoras en todo el continente, desde la costa de Mauritania hasta las aguas de Mozambique.

En otras palabras, el potencial está ahí. Y algunos gobiernos del continente ya lo están explotando.

De acuerdo con el Banco Mundial[85], Nigeria sola cuenta con suficiente gas descubierto como para generar más de 80 GW de energía durante 30 años.

La hoja de ruta de Nigeria para la reforma del sector eléctrico establece una meta de 20 GW de capacidad de generación para 2020, y la mayor parte de esta capacidad será alimentada con gas. Se espera que los descubrimientos en alta mar en Ghana, Namibia y Costa de Marfil produzcan suficiente gas como para satisfacer la demanda actual de electricidad durante más de 50 años, mientras que Camerún, República del Congo, Mauritania y Gabón tienen suficiente gas descubierto como para hacerlo durante más de 100 años. Un descubrimiento a gran escala en alta mar en Senegal y Mauritania contiene aproximadamente 450 bcm adicionales de gas.[86] No solo parte de él podría convertirse en electricidad, (el hallazgo llevó al ministro de energía de Senegal a decir que prevé la autosuficiencia energética para su nación), sino que existe la posibilidad del que país se convierta en un exportador neto de gas.

Sin embargo, estos no son los únicos avances. Adicionalmente:

- El Departamento de Energía de Sudáfrica ha desarrollado un programa de gas a energía con el objetivo de facilitar la construcción de infraestructura de distribución de gas.[87]
- Las plantas térmicas de gas natural producen el 50 por ciento de la capacidad conectada a la red de la región subsahariana. La Agencia Internacional de la Energía Renovable (IRENA en sus siglas en inglés) dice que más del 90 por ciento de la capacidad proviene de Nigeria, Ghana y Costa de Marfil. Angola está desarrollando actualmente 400 MW de plantas de energía abastecidas por gas.
- En Mozambique, el desarrollo del campo de gas Coral generó más del 70 por ciento de su producto interno bruto de USD11 mil millones en 2016, y las reservas servirán para satisfacer sus necesidades de energía así como las de sus vecinos.[88]
- Recientemente, Camerún ha tenido éxito con sus plataformas flotantes de GNL en alta mar. También introdujo mejoras tecnológicas que podrían reducir aún más el coste de producción y hacer que el gas natural sea aún más competitivo para la generación de energía.

A pesar del progreso, los productores africanos de todo el continente siguen, lamentablemente, cometiendo un grave error: perjudicarse a sí mismos y a África en su conjunto al continuar quemando gas. En lugar de desperdiciar este valioso recurso, deberíamos capturarlo y usarlo como fuente de energía para nuestra industrialización.

Necesitamos llegar a un entendimiento universal: no podemos alimentar industrias con generadores. La generación de energía a través de gas nos ayudará a usar el gas para crear una economía diversificada e industrializada.

Reevaluando prioridades

En un artículo publicado en 2018, planteé esta pregunta: *¿por qué un país en África Occidental optaría por importar diésel caro de las refinerías de Texas para sus centrales eléctricas, cuando podría usar sus propios recursos más baratos, o los de un vecino productor de gas para impulsar su economía?*[89]

Satisfacer primero las necesidades de los africanos es de vital importancia. Pero, ¿qué sería aún mejor? Satisfacer nuestras necesidades con nuestros propios recursos. El mercado interno dentro de nuestras fronteras continentales no debe pasarse por alto nunca más. Una vez que hayamos atendido nuestras necesidades, podremos discutir las exportaciones. Pero intentemos ser conscientes de a dónde se dirigen esas exportaciones.

Históricamente, el continente no ha desarrollado sus recursos energéticos para proporcionar electricidad sus ciudadanos, sino que se ha centrado en apoyar a otras naciones a través de las exportaciones. Considere por ejemplo a Nigeria, miembro de la OPEP, que exporta el 40 por ciento de su petróleo a los Estados Unidos, o Ghana, donde su mayor exportación es el combustible que se dirige a la Unión Europea. De hecho, dos de cada tres dólares destinados al sector energético subsahariano desde 2000 se han comprometido con el desarrollo de recursos para la exportación.

Dado que se espera que la región subsahariana produzca 175 bcm de gas natural por año para 2040, el gas natural podría tener influencia en todo el continente, complementando los recursos hidroeléctricos de África y reemplazando el carbón y los combustibles líquidos (y biomasa) por energía. Pero eso solo puede suceder si África se reserva algunas de sus riquezas de gas natural.

Estoy de acuerdo con S.E. Gabriel Mbaga Obiang Lima, ministro de Minas e Hidrocarburos de Guinea Ecuatorial, quien recientemente me dijo: "Debemos proveer a nuestros ciudadanos, que necesitan poder alimentar sus automóviles, sus hogares y sus negocios. Con este fin, es más barato crear una industria en la cual podamos usar nuestro propio gas, en lugar de exportar nuestro gas como GNL y luego vernos obligarnos a importar combustible para uso doméstico. Hay un gran valor tanto en la exportación como para el uso doméstico del gas en una economía diversificada y fuerte". Guinea Ecuatorial es uno de los mercados de petróleo y gas más grandes del África Subsahariana. Y con un currículum impresionante que incluye servicios en el sector de petróleo y gas desde 1997, Lima comprende el papel vital que juegan los hidrocarburos en los ingresos internos. Antes de asumir su cargo actual, fue ministro delegado, viceministro, secretario de estado de Minas e Hidrocarburos, representante del gobierno en la participación del estado en contratos de producción compartida y asesor presidencial de hidrocarburos. Además, ha ejercido como miembro de la junta de tres empresas nacionales: Sonagas, SEGESA y GEPetrol.

"Aunque ciertamente existe una demanda para que nuestros productos se exporten a nivel mundial, también existe una gran necesidad de que los sectores *downstream* se desarrollen en África y que estos recursos se utilicen en el hogar, como productos refinados, fertilizantes, productos petroquímicos y en generación de energía", dijo Lima, cuyo objetivo es crear un clima de negocio positivo para las compañías nacionales e internacionales de petróleo y gas, al tiempo que garantiza que los ciudadanos se beneficien de esos esfuerzos. "Esto conduce a una mayor estabilidad, diversificación, mejor calidad de trabajo y más empleos para nuestra gente."

Los puntos de Lima sobre el gas natural se alinean estrechamente con los de Guillaume Doane, CEO de Africa Oil & Power. Como organizador de conferencias de inversión de alto nivel centradas en las industrias energéticas africanas, conoce el pulso del sector. De hecho, cita a Guinea Ecuatorial como un modelo ejemplar del movimiento "Africa First" que llama a los países africanos a maximizar el beneficio local de sus recursos naturales.

"Guinea Ecuatorial, en muchos sentidos, ha dado ejemplo y ha demostrado una posición de liderazgo sobre la importancia de utilizar sus recursos naturales en beneficio de su propia población. Su uso de gas natural para exportación en forma de GNL, para instalaciones de gas a energía, para gas natural comprimido y, más adelante, en proyectos industriales y petroquímicos interesantes, proporciona un punto de referencia para el resto del continente", me dijo Doane en una reciente entrevista. "Además, Guinea Ecuatorial ha establecido una especie de plantilla sobre cómo los países africanos que poseen una gran cantidad de gas natural pueden compartir sus recursos y trabajar con sus vecinos africanos en la construcción de infraestructura de importación de gas."

También debemos darnos cuenta de que el mercado de exportación global podría no ser la "vaca lechera" que una vez fue. El mercado está sobresaturado debido a factores como el auge del esquisto bituminoso de los Estados Unidos, el aumento de la producción en Oriente Medio y las importantes inversiones en exportación de GNL de Australia. Los productores africanos solían mirar hacia los Estados Unidos y los países europeos como compradores sólidos. Ya no tanto.

Creo que esto es realmente una bendición disfrazada. El uso de gas natural de origen local (o al menos de origen continental) puede ayudar a frenar nuestras costosas importaciones de productos de petróleo refinado del extranjero. Obligar a nuestros productores de energía a mirar "dentro de la caja" (es decir, dentro de África) puede ser el impulso necesario para fomentar el comercio energético intraafricano. Y los lazos económicos fuertes pueden promover alianzas políticas y crear un mercado interno fuerte.

Así que olvidémonos de tratar de competir con los principales productores de energía del mundo por contratos internacionales y centrémonos en nuestro mercado regional. Esto es simplemente más realista, y más importante para la salud económica y la prosperidad futura de nuestro continente.

Pongamos como ejemplo a Tanzania: actualmente, al menos el 50 por ciento de la energía generada a partir del gas natural es utilizada por la compañía de suministro eléctrico de Tanzania (TANESCO), y el resto se destina a calefacción industrial, materia prima petroquímica y combustible para cocinar y para vehículos. Su producción de gas natural está reduciendo su dependencia de las importaciones de energía, ahorrando más de USD7.4 mil millones entre 2004 y 2015, según la Corporación de Desarrollo del Petróleo de Tanzania. Esos fondos se han canalizado a proyectos que de otro modo no podrían haberse financiando, como el desarrollo de una planta de fertilizantes que tendrá una capacidad instalada para producir entre 2.200 y 3.850 toneladas métricas de amoníaco y urea por día, respectivamente. Ese proyecto creará hasta 5.000 empleos a largo plazo y mejorará la economía del país durante generaciones.[90]

La sólida economía regional de Tanzania también mejorará las relaciones entre los países y creará un mercado interno fuerte para las industrias africanas, las empresas africanas y los pueblos africanos. Una vez que su sistema nacional de gas natural esté completamente desarrollado, Tanzania tiene la intención de exportar parte de la electricidad que produce, pero solo hasta la vecina Kenia.[91]

Aplaudo el trabajo de un consorcio encabezado por la empresa sudafricana independiente SacOil, para construir un gaseoducto de gran envergadura de 2.600 kilómetros (1.615 millas) para transportar gas natural desde la cuenca de Rovuma en el norte de Mozambique hasta la provincia de Gauteng, donde se encuentran Johannesburgo y Pretoria. El Dr. Thabo Kgogo, CEO interino de SacOil, dijo a la revista ESI África que el proyecto "mejorará el panorama de la infraestructura energética de África, respaldará el crecimiento económico, aumentará la competitividad internacional de las economías del sur de África, creará empleos y mejorará la calidad de vida."[92]

Y, realmente, esto es lo que está en el centro de la oportunidad que representa el gas natural para África. Sí, los inversores de todo el mundo reconocen el potencial económico de aprovechar recursos inexplorados. Pero a medida que crece la industria energética del continente, creo que son los pueblos de África los que principalmente deben beneficiarse, y estoy seguro de que lo harán.

Pero no solo debe tenerse en cuenta mi palabra, considere las palabras la Fourth China-WTO Accessions Roundtable en Nairobi en diciembre de 2015: "Creemos que abordar las barreras al comercio intraafricano puede tener efectos desproporcionados y positivos en las personas más pobres. Esto hace que una mayor integración comercial africana sea central para nuestro propio objetivo de acabar con la pobreza para 2030, y para las aspiraciones de los gobiernos y comunidades africanas."[93]

Las ambiciones aumentan con más GNL

¿Creería que la primera planta comercial de licuefacción de GNL estuvo en África? Puede ser difícil de imaginar, dado que el continente está por detrás de gran parte del mundo productor cuando se trata de GNL, pero una planta en Arzew, Argelia, entró en funcionamiento en 1964.[94]

Desafortunadamente, el recurso no llego a despegar en un primer momento. Pero esto está cambiando.

El GNL se está convirtiendo en una prioridad para el sector emergente del gas natural de África. Este gas natural es inodoro, incoloro, no corrosivo y no tóxico, (predominantemente compuesto por metano con alguna porción de etano) se enfría hasta llegar a estar en forma líquida para facilitar su almacenamiento o transporte, a menudo por barcazas, hasta lugares donde los gaseoductos no son prácticos o económicos de construir. Una vez que el GNL llega a su destino, se regasifica y distribuye, generalmente a través de gaseoducto.

"Hay evidencias en todo el continente de que el gas natural, más específicamente, el GNL, podría ser la respuesta, tanto para impulsar el sector energético africano como para ayudar a los países a mejorar su situación", señaló Guillaume Doane en nuestra entrevista. "África tiene una población grande, vibrante y joven cuya demanda de energía barata y segura está creciendo más rápido que en cualquier otra parte del mundo. Los países africanos deberían poder depender unos de otros para el suministro de esta energía. Cumplir esta promesa requiere líderes valientes que tengan la voluntad de hacer lo que sea necesario para garantizar que ningún país del continente se quede atrás en la búsqueda de la prosperidad y la seguridad energética."

Posiblemente uno de los mejores ejemplos que ve Doane es Nigeria, que atesora gran experiencia como productor y exportador de GNL desde hace mucho tiempo: "Con las mayores reservas de gas del continente, Nigeria se está posicionando como uno de los mayores productores de gas natural para uso doméstico. Está analizando seriamente la reducción de la quema de gas y la utilización de sus recursos para la generación de energía y la industria local."

Como parte de su objetivo de reducir la huella de carbono de su economía, Sudáfrica también está emprendiendo un ambicioso proyecto de generación de energía a partir de GNL. El país se encuentra actualmente en proceso de licitación para desarrollar, financiar, construir y operar una planta de GNL a energía de 3.000 MW. Los retrasos regulatorios y las dificultades técnicas han provocado un retraso, pero Sudáfrica planea utilizar buques offshore para recibir, convertir y almacenar el GNL que importa. Eskom, la compañía eléctrica de Sudáfrica, acordó comprar la electricidad generada por la planta.

Africa Oil & Power dice que las estructuras de financiación y desarrollo son factores decisivos para los proyectos de GNL a energía. Esa es una de las razones por las que Sudáfrica (y otras) han incluido instalaciones flotantes de almacenamiento y regasificación (FSRF en sus siglas en inglés) en sus planes.

En proyectos de entre USD300 y USD500 millones, estos buques cuestan aproximadamente la mitad que una terminal de importación en tierra. Además de reducir el CAPEX, el FSRF solo tarda unos dos años en ponerse en línea, lo que significa que acortan considerablemente el cronograma general del proyecto.

En otros lugares, Marruecos también está considerando el desarrollo de infraestructura de importación de GNL, mientras que Egipto ha alquilado dos buques flotantes para el almacenamiento de GNL, los inversores en Ghana están considerando financiar una planta de GNL para generar energía de 1.300 MW, lo que reduciría la dependencia de ese país del gasoducto de África occidental, que a menudo no es seguro.

Quizás lo más emocionante de todo es que los avances no solo se localizan en países con grandes reservas.

En los últimos años, a medida que el suministro de GNL ha aumentado y los precios han caído, el GNL a energía se ha considerado más ampliamente como una solución alternativa para la generación de energía. Desde 2015, los avances en las tecnologías de GNL a energía han sido de gran ayuda para los países africanos que carecen de su propio suministro de gas natural o no tienen un gaseoducto de importación. Entre ellos se encuentra Mozambique, que tiene planes para desarrollar 10 trenes de GNL que consumirían alrededor del 70 por ciento de la base actual de recursos descubiertos, según el Banco Mundial.

Las perspectivas para el GNL en nuestro continente me alientan: el consultor industrial Douglas- Westwood predijo que el gasto mundial en instalaciones de GNL aumentaría en un 88 por ciento para 2019, con USD193 billones gastados en licuefacción y transporte.[95]

Tal crecimiento de la industria representa una gran oportunidad para los países africanos con reservas de gas natural, beneficios que podrían extenderse fácilmente a los ciudadanos de esos países.

Gabriel Mbaga Obiang Lima está de acuerdo: "Invertir en el uso doméstico de gas industrializa el país: crea nuevas industrias, diversifica la economía y crea empleos muy necesarios".

O, como señalaron los autores de "África Oriental: oportunidades y desafíos para el GNL en una nueva región inexplorada", los ingresos que los desarrollos de GNL en aguas profundas pueden generar para el gobierno, desde la creación de empleos y los impuestos pagados por los empleados hasta el aumento del gasto dentro de las economías locales, que podría, a su vez, generar aún más empleo e impuestos.

"Durante la fase de construcción de un proyecto de GNL, podría haber entre 3.500 y 5.000 personas directamente involucradas en la construcción de la planta; de ellos, alrededor del 80 por ciento estaría constituido por técnicos cualificados y personal profesional", escribieron.[96]

¿Qué se interpone en nuestro camino?

Los citados beneficios podrían aumentar si las partes interesadas encabezaran la tarea de promover el comercio intraafricano. Como mencioné en la parte sobre colaboración del Capítulo 3, es vital que los gobiernos, las empresas locales y los consorcios continentales se unan. Y necesitamos absolutamente *traders* africanos de petróleo y gas, productores de energía e industriales que se unan.

Las empresas de *trading* compran futuros en el mercado de *commodities* y obtienen buenos precios para sus clientes, generalmente las refinerías, empresas públicas o los grandes conglomerados con mucho poder adquisitivo. Para obtener las mejores ofertas para estos clientes, los comerciantes deben estar atentos al mercado. Como resultado, los *traders* han construido redes sofisticadas. Hace mucho tiempo descubrieron la importancia de la cooperación transfronteriza, y tenemos que aprender de ellos y de su experiencia.

Desafortunadamente, estos *traders* ocasionalmente pueden hacerse con un dominio absoluto en el mercado. Necesitamos crear una plataforma que requiera cierto volumen de gas natural para los proyectos de energía africanos. Esta es una necesidad absoluta para la industrialización radical necesaria para obtener la ventaja competitiva del continente en la economía global.

En mi opinión, el GNL a pequeña escala es la solución.

La mala noticia es que esto significa romper el control de los *traders* de energía que controlan el comercio de GNL. De manera abrumadora, los comerciantes están en contra del GNL a pequeña escala porque eso reduciría sus ventas a compradores preferenciales en Europa, Asia y América. En cambio, tendrían que encontrar esquemas de financiación alternativos para pagar su participación en GNL u otros proyectos de gas.

La desfasada estrategia de exportación de energía de África, perpetuada por nuestros *traders* de energía, es quizás el mayor retraso en el desarrollo de gas a energía. Necesitamos políticas que promuevan el comercio dentro de África. Es cierto que se está progresando con el Continental Free Trade Area (CFTA), que aumentaría el comercio intraafricano en un 52 por ciento para 2022, eliminaría los aranceles sobre el 90 por ciento de los productos y eliminaría retrasos innecesarios en los puestos fronterizos y otros obstáculos para favorecer el comercio intraafricano. Hasta hace muy poco, la burocracia retrasaba la ratificación de este crítico acuerdo de libre comercio intraafricano: entró en vigencia con las firmas de 22 de los 55 miembros de la Unión Africana. La vacilación de algunas de nuestras naciones demuestra que exportar a mercados potencialmente mejor pagados es una prioridad mayor para algunos que construir nuestra base doméstica. En abril de 2019, Gambia se convirtió en el país número 22 en firmar el CFTA, lo que permitió que la iniciativa avanzara.

Guillaume Doane cree que el éxito del comercio de energía intraafricano también se ve frenado por la falta de infraestructura y capital de inversión: "África tiene menos infraestructura de exportación de petróleo y gas que cualquier otra región del mundo. El continente necesita más oleoductos y más instalaciones de exportación / importación que permitan el comercio", dijo.

Para los países más pequeños, la idea de desarrollar una infraestructura adecuada de gas a energía puede parecer prohibitiva. Debido a que las plantas a gas son tan eficientes, consumen volúmenes muy bajos de gas, lo que puede hacer que los proyectos relacionados de recolección y transporte terrestre no sean económicos. Crear una red de gas a energía no siempre tiene sentido país por país; simplemente no hay economías de escala que lo respalden, al menos en términos de construcción de la infraestructura necesaria de nivel superior y medio.

Pero el hecho es que, incluso entre las economías más pequeñas, abundan las oportunidades.

Las cooperativas regionales transfronterizas de generación de energía, con *hubs* de generación intrarregionales que serían capaces de atender la demanda de energía de los países vecinos, podrían ser la respuesta en todo el continente. Los países receptores ricos en gas natural podrían aumentar los ingresos por exportaciones y desarrollar una infraestructura crucial, mientras que sus vecinos importadores tendrían la electricidad que necesitan sin tener que construir sus propias instalaciones de generación. ¡Todos se benefician!

"Creemos que esta es una solución extremadamente viable para África: los países con acceso seguro a combustibles como el GNL o propano pueden instalar suficiente capacidad de generación para satisfacer sus necesidades nacionales, así como un exceso de capacidad que se puede transportar a través de la red a los países demandantes de energía," dijo el director regional de ventas de APR Energy, Colm Quinn, a *African Review*.[97]

Para ser justo, debo señalar que el consumo de gas natural de África sigue siendo pequeño en comparación con el resto del mundo: solo 109.8 miles de millones de metros cúbicos (bcm), aproximadamente 3.849 bscf, o 3.4 por ciento del total mundial en 2011. Poniéndolo en perspectiva, a los africanos les lleva un año usar tanta electricidad como los estadounidenses en solo tres días,[98] y el consumo medio de electricidad per cápita en las regiones subsaharianas no es suficiente para alimentar continuamente una sola bombilla de 50 vatios. Pero el volumen está creciendo. El consumo de gas en el continente aumenta aproximadamente un 6 por ciento anual, impulsado por una mayor actividad económica, inversiones en infraestructura y subsidios a los precios internos.

Un obstáculo principal que hay que superar para convertir las grandes reservas de gas natural en electricidad es la falta de una infraestructura de transporte de gas adecuada para vincular los campos con las plantas de gas a energía. Actualmente, aparte de en la costa de Nigeria, prácticamente no hay infraestructura de gasoductos en el África subsahariana.

Pero esto podría estar cambiara a medida que Nigeria negocia llevar sus recursos de gas a los países costeros del continente.

El proyecto del Gasoducto Transahariano, que discurrirá desde la frontera nigeriana a lo largo de 841 kilómetros (522 millas) hasta Argelia y luego otros 2.303 kilómetros (1.431 millas) dentro del gasoducto de Infraestructura de Gas de Argelia, finalmente se aprobó en enero de 2017, unos ocho años después de la firma del acuerdo original entre Argelia y Nigeria.[100] La Comisión Reguladora de Concesiones de Infraestructura de Nigeria (CICR en sus siglas en inglés) está trabajando para desarrollar un gasoducto en alta mar que unirá Nigeria con Marruecos y eventualmente beneficiará a 11 naciones del África subsahariana: Benín, Togo, Ghana, Costa de Marfil, Liberia, Sierra

Leona, Guinea, Guinea-Bissau, Gambia, Senegal y Mauritania. Se espera que el Gasoducto Transahariano tenga costes de transporte por unidad muy bajos y que transporte suficiente gas para generar 5.000 MW de electricidad. Como resultado de los nuevos recursos de gas en Nigeria y Ghana, la West African Gas Pipeline Company (WAPCo) dice que expandiría la capacidad de 170 mcf a 315 mcf por día.[101]

Remando juntos

No soy el único que desea la independencia energética de África, donde los recursos africanos se utilicen para el desarrollo de las naciones africanas y toda su gente, donde todos los africanos tengan acceso a la electricidad generada en su tierra natal, y donde todas las naciones africanas cooperen para estimular el desarrollo industrial y crear empleos.

De hecho, 18 países de todas las regiones del continente creen tanto en la importancia de unirse entre sí que crearon la Organización Africana de Productores de Petróleo (APPO en sus siglas en inglés). Lo que comenzó en 1987 como una colaboración entre unas pocas potencias africanas productoras de petróleo, se ha duplicado y se ha expandido para incluir también a productores más pequeños. El participante más reciente fue Níger en 2012, con una incipiente a la vez que prometedora industria.

Los esfuerzos para organizarse fueron liderados por Nigeria, con la colaboración de Argelia, Angola, Benín, Camerún, República del Congo, Gabón y Libia, para comenzar a avanzar hacia la independencia energética, el desarrollo sostenible y la diversificación económica en África a través de la cooperación en investigación de hidrocarburos y tecnología.

Para cumplir su misión, APPO estableció estos objetivos:

- Cooperación de los países miembros: aumentar la cooperación entre los países miembros y otras instituciones mundiales en diversos sectores de la industria de hidrocarburos.
- Desarrollo energético de África: desarrollar mercados regionales y coordinar estrategias de integración energética pan-continental.
- Estudios y asociaciones de alto nivel: proporcionar educación sobre los principales desafíos del sector energético africano.

- Desarrollo socioeconómico: promover el desarrollo económico y la diversidad del mercado enfocándose en compras a nivel local, el empleo y la reducción de la brecha de género en la industria energética.
- Protección del medio ambiente: involucrar políticas de protección y gestión del medio ambiente.
- Buenas prácticas internacionales: adoptar buenas prácticas internacionales.
- Visibilidad organizacional: Aumentar el liderazgo en asuntos de energía tanto dentro como fuera de África.

Del mismo modo, hace casi cinco años, entró en escena Africa Oil & Power (AOP) con el mismo enfoque. Guillaume Doane cofundó el grupo como una plataforma para reunir a "ministros de élite y funcionarios gubernamentales de alto nivel y altos ejecutivos de empresas del sector privado abarcando toda la cadena de valor de la energía, incluyendo *upstream, downstream,* ingeniería, construcción, servicios, consultoría, generación de energía, sector legal y finanzas". La organización celebra una serie de conferencias específicas país por país respaldadas por el gobierno, así como un evento anual para toda África, para promover la creación de redes y el debate de alto nivel sobre todos los temas relacionados con espacio energético africano.

Como firme defensor del movimiento "Africa First" para apoyar a los países africanos para que maximicen sus recursos naturales en beneficio y para el desarrollo de su pueblo, la misión de AOP es:

- Crear experiencias de contenido atractivas para los *traders* de energía más grandes de la industria.
- Fomentar la inversión en la industria energética africana, la región más inexplorada, subdesarrollada y olvidada del mundo.
- Empoderar a las empresas locales del continente mediante la promoción del liderazgo, contenido nacional, tecnología y emprendimiento.
- Ofrecer experiencias atractivas para los *brokers* más grandes de la industria.

Me encanta la misión de estas asociaciones. Pero hasta ahora, todavía no es suficiente: APPO solo representa un tercio de los países africanos, y AOP apunta a las élites del sector. Necesitamos ver más colaboración.

Todos los estados africanos tienen que poner la carne en el asador. Los grandes países como Nigeria tienen que dar un paso al frente y mostrar liderazgo, tal como lo hicieron para poner APPO en marcha. Las empresas energéticas necesitan contar con buenos abogados y asesores que entiendan el mercado. Y todos necesitamos hablar entre nosotros y aprender los unos de los otros.

Este es el tipo de colaboración y apoyo que tenía en mente cuando cofundé la African Energy Chamber (AEC) a principios de 2018.

La AEC promueve oportunidades para el crecimiento y la expansión de empresas africanas en todo el continente, desde capacitación de personal hasta partenariados y construcción de relaciones. En poco tiempo, nos hemos convertido en la voz del sector de petróleo y gas en África. Nuestro objetivo final es ver crecer a las empresas africanas y liderar el desarrollo de su continente.

La AEC es la voz del continente para el cambio que está en marcha y el progreso en la industria energética africana. Desde las importantes reformas regulatorias de Angola o el interés de la República del Congo en la OPEP hasta los impresionantes avances de contenido local tomados por Sudán del Sur, la AEC se mantiene firme con el resurgimiento de la industria energética africana.[102]

A día de hoy permanezco activo en la AEC y sigo ejerciendo como su presidente ejecutivo, hablando y escribiendo regularmente en su nombre. Además, varios colegas clave que ayudaron a formar el grupo aún participan activamente en nuestro trabajo. Todos estamos profundamente comprometidos y creemos firmemente en nuestra colaboración.

Sabemos que nuestros esfuerzos están marcando la diferencia.

En menos de un año de existencia, el grupo ayudó a Guinea Ecuatorial, uno de los mayores exportadores de GNL del continente, a ejecutar un memorando de entendimiento que facilitó un acuerdo de venta de GNL con Ghana y negoció el suministro y la construcción de infraestructura de transporte de GNL con Burkina Faso. Espero que estos ejemplos concretos sean solo el principio.

Otro esfuerzo cooperativo prometedor es LNG2Africa. Esta iniciativa negocia acuerdos en el sector privado, lo que lleva a acuerdos de compra y venta interafricanos y crea oportunidades para el desarrollo de esta industria en todo el continente.

Quizás lo más importante es que la iniciativa promueve la colaboración y el intercambio de conocimientos entre productores y consumidores para facilitar las buenas prácticas y fomentar el desarrollo de infraestructura. Como explica el sitio web de LNG2Africa, "a través de LNG2Africa, los beneficiarios de toda la cadena de valor de GNL intercambiarán conocimientos y datos y encargarán estudios técnicos para la construcción de terminales de regasificación y almacenamiento de GNL e infraestructura de transporte, ya sea por gaseoducto o por otros medios de transporte de GNL".

Iniciativas como APPO, Africa Oil & Power y LNG2Africa están ayudando a establecer una voz para nuestro continente. África aún tiene que responder afirmativamente a la pregunta retórica de la AIE y demostrar que estamos ante la Edad de Oro del Gas Natural, y que el gas natural estimulará nuestra propia Edad de Oro de prosperidad y logros.

Estoy seguro de que, si trabajamos juntos para priorizar el uso del gas africano en África, África saldrá ganando.

6

Monetizando los recursos naturales: éxitos, lecciones y riesgos

Nigeria es rica en recursos y pobre en energía.

El país ocupa el sexto lugar a nivel mundial en producción de petróleo, el décimo en reservas probadas de petróleo y el octavo en reservas probadas de gas natural. Sin embargo, no ha utilizado su potencial energético para proporcionar acceso a la electricidad, hacer que la gente se mueva o impulsar la economía.

En cambio, está exportando el petróleo y desperdiciando el gas. La electricidad llega de forma esporádica a muchas partes de Nigeria; en el mejor de los casos, un suministro continuado solo llega durante el 40 por ciento del día. ¿Qué se puede esperar cuando se produce solo 4 GW de energía para un país de casi 200 millones de habitantes? ¿Al presionar el interruptor, se encenderá la bombilla o el motor?

No hay garantía.

Los ciudadanos, 42 por ciento de ellos bajo el umbral de la pobreza, permanecen bloqueados con dificultades de acceso a combustible.

La base industrial es sedentaria, no solo porque carece de materia prima de producción, sino también porque es imposible hacer crecer un negocio a base de generadores cuando se corta la electricidad. ¿Cómo se puede esperar atraer inversión extranjera sin electricidad? Imagine que es un productor de chips de Silicon Valley, y está considerando aprovechar el capital humano del país para abrir una fábrica aquí. Cuando no hay electricidad durante la mayor parte del día, ¿qué hace? ¿Comprar combustible y revertir el coste a sus clientes? ¿Qué consumidor sensato compraría un producto caro cuando hay alternativas más baratas provenientes de países con suministro de electricidad las 24 horas, los 7 días de la semana?

La pregunta más importante es: ¿cómo puede una nación inteligente tener tanto, pero hacer tan poco?

El problema es que Nigeria apenas está aprovechando sus recursos de gas natural. Menos del 17 por ciento de las 193 tcf de reservas probadas del país se están extrayendo. Aproximadamente 184 tcf se consideran "varados", lo que significa que no son comercialmente viables. Pero aún peor, debido a que el país carece de una infraestructura adecuada, como gaseoductos e instalaciones de almacenamiento, más de la mitad del gas natural asociado a producción de crudo, alrededor del 63 por ciento, se pierde o se quema de forma rutinaria todos los días.

En un símil muy real, podríamos decir que riqueza que podría estar llegando a los bolsillos de la gente de Nigeria se está evaporando.

Quema de gas: una gran pérdida para África

Aunque durante mucho tiempo esta práctica ha sido una parte integrante de la producción de hidrocarburos, el quemado es derrochador, dañino para el medio ambiente, peligroso para las personas y los animales cercanos, y ha estado prohibido en Nigeria durante más de 30 años, aunque nunca lo adivinaría a la luz de los datos: se queman aproximadamente 700 mcf por día, y subiendo. Por cierto, esta no es una cantidad menor: es equivalente a aproximadamente una cuarta parte del consumo de energía actual de todo el continente.[103] ¿Prefiere una comparación económica? Nigeria pierde 868 millones de Nairas (USD18 millones) diarios por quema de gas. Aunque más del 65 por ciento de los ingresos del gobierno provienen del petróleo[104], se estima que anualmente se pierden alrededor de USD2.500 millones por esta práctica.

El gobierno federal toma de vez en cuando medidas enérgicas contra la quema de vez en cuando, pero con poco efecto. La multa por quema de gas de 10 Nairas (USD0.03) por mscf no es suficiente para desalentar a las compañías de petróleo y gas que consideran la quema una alternativa más barata que otros métodos de eliminación. Como prueba, considere que el gas quemado aumentó de 244.84 bscf en 2016 a 287.59 bscf en 2017, un aumento de alrededor del 18 por ciento. Se ha presentado un nuevo plan para terminar con la quema de gas en Nigeria para 2020, pero los expertos son pesimistas sobre su éxito. No hay incentivos para ello, dicen, y tampoco hay infraestructura, marco regulatorio o legislación para respaldarlo.[105]

Desafortunadamente, esta no es solo una historia de Nigeria. En todo el continente, el gas está inutilizado o quemado. Solo el 10 por ciento de las reservas de gas de África se monetizan.

Pero, ¿qué pasaría si, en lugar de dejar el gas natural bajo tierra o quemarlo, pudiéramos extraerlo, almacenarlo, transportarlo y usarlo? Imagínense: África podría producir gas seco para el consumo local o convertirlo en electricidad, como se describe en el Capítulo 5. Podríamos convertirlo en GNL exportable, un proceso que ha hecho que el gas sea comercializable en muchas otras naciones productoras. Tendríamos un suministro constante de materia prima para la fabricación y una fuente efectiva de electricidad para uso comercial y residencial. Se crearían empleos y se desarrollaría la capacidad local. Se reduciría la contaminación. Podríamos aprovechar nuestra experiencia energética global sobre el terreno para beneficiarnos a nosotros mismos, no solo añadir beneficios a los balances de una empresa occidental.

A medida que el mundo dependa cada vez más del gas natural (se espera que la demanda crezca hasta un 40 por ciento para 2030), las posibilidades económicas de monetizar nuestras reservas de gas son abrumadoras.

Para acelerar el ritmo de desarrollo y evitar que más dinero se evapore, tenemos que aprender de los países que ya transitaron por el mismo camino en el que ahora se encuentra Nigeria.

Las lecciones comienzan ahora. Y no debemos ir lejos para encontrarlas.

Guinea Ecuatorial capitaliza el GNL

Como he señalado, uno de los principales desafíos para monetizar el gas natural es que requiere una infraestructura extensa, algo que actualmente es escaso en muchas partes de África. Pero no tiene por qué ser así. Por un lado, el desarrollo del GNL ha hecho que sea más fácil comercializar el gas varado: el GNL ocupa menos espacio, es más económico de transportar a lo largo de grandes distancias y puede almacenarse en grandes cantidades.

En el continente, un país que se está aprovechando de este hecho es Guinea Ecuatorial.

Guinea Ecuatorial accedió al sector energético cuando se descubrieron grandes reservas de crudo en 1996. En 2016, era uno de los mayores productores de petróleo de África. Sin embargo, como todos los países en el negocio del petróleo, se ha visto muy afectado por la volatilidad del mercado, especialmente porque el petróleo representa el 90 por ciento de los ingresos del gobierno.[106]

Con 1.3 tcf de reservas probadas de gas natural, una mera fracción del total de Nigeria, Guinea Ecuatorial está usando la promesa de GNL y condensados para diversificarse y protegerse de la volatilidad de los ingresos del petróleo y traer prosperidad a su gente. El país ya ha logrado un progreso sustancial hacia estos objetivos, y su trabajo muestra lo que puede suceder cuando el gobierno y las principales empresas energéticas trabajan juntas por el bien de la población.

En 2018, por ejemplo, Guinea Ecuatorial firmó un acuerdo con Noble Energy, una compañía de la lista Fortune 1000 originaria de Texas, que se espera que convierta al país en el centro del gas del este del Golfo de Guinea. El contrato estableció el marco para el desarrollo de gas natural del campo *offshore* Alen y describió los términos comerciales de alto nivel para el suministro de gas natural de Alen al complejo de gas de Punta Europa, la planta de metanol AMPCO y la planta de GNL de Guinea Ecuatorial.[107] El acuerdo también incluye la construcción de un gasoducto que recorrerá 65 kilómetros desde el campo hasta las plantas de procesamiento.[108]

Al mismo tiempo, el gobierno anunció que construirá un megahub de gas natural en Punta Europa, ayudando al país a convertirse en un actor importante en el mercado global de exportaciones de GNL. Se espera que el proyecto genere USD2 mil millones en ingresos. Pero no se trata solo de un gran negocio, es una oportunidad sin precedentes para los ciudadanos del país. El Ministro de minas e Hidrocarburos, Excmo. S.E. Gabriel Mbaga Obiang Lima, cree que el proyecto creará 3.000 empleos directos e indirectos. También está decidido a que las empresas locales formen parte de la cadena de valor.

Como si eso no fuera suficiente, Guinea Ecuatorial también firmó un acuerdo con Togo para facilitar el comercio de GNL entre los dos países. El acuerdo es parte de la iniciativa LNG2Africa, que tiene como objetivo dar prioridad a la comercialización de gas africano en África. Según informes de prensa, Togo estudiará la importación y regasificación de GNL y su uso para la generación de energía.[109] Asimismo, podría estar en proceso un acuerdo similar entre Guinea Ecuatorial y Burkina Faso.

Y, debo decirlo, si miras al cielo, no verás mucho gas en llamas. En cambio, ahora la producción de gas no utilizado se reinyecta para ayudar a la producción de petróleo.

Esto es el progreso. ¿Pero qué pasa con el resto de planes en marcha? ¿Es probable que conduzcan a que Guinea Ecuatorial logre sus objetivos? Todas las señales apuntan al éxito. El país cuenta con estos factores esenciales:

- Acceso a financiación
- Infraestructura
- Capital intelectual
- Un marco legislativo sólido y el apoyo del gobierno a la industria para alentar la inversión.
- Cooperación

No es una coincidencia, estos son los mismos elementos que están funcionando en lugares como Qatar y Trinidad y Tobago, donde monetizar el gas natural se ha convertido en un arte.

La apuesta de Qatar por el domino mundial

Qatar es tan pequeño que un escritor dijo que era lo suficientemente pequeño como para caber en su bolsillo.[110] Sin embargo, la nación árabe tiene las mayores reservas de gas del mundo, 872 tcf, o aproximadamente cuatro veces el total de Nigeria, y el mayor PIB del planeta, gracias en gran parte a la producción de petróleo. Sin embargo, no contento con ello, no se duerme en los laureles y ya ha declarado su intención de ser la "Capital mundial del gas".

No parece que esté lejos de lograrlo.

Desde 1949, cuando lo que ahora es la ciudad industrial de Umm Said se estableció como una terminal de tanques, las principales empresas de petróleo y gas han echado raíces allí. La ciudad también ha sido la incubadora de negocios locales, incluido el usuario de materias primas de gas natural, Qatar

Fertilizer Company, que tiene la mayor planta mundial de amoníaco y urea, y Qatar Petrochemical Company. Las plantas de gas a líquido (GTL) más grandes del mundo se encuentran en Qatar, y con Qatargas operando 14 plantas de GNL, el país suministra más GNL que nadie.[111]

Como parte de la apuesta de Qatar por el dominio mundial del gas, está expandiendo su capacidad de GNL mediante el desarrollo del gas natural de North Field, que ya representa casi toda su producción de gas. Con una fecha de finalización prevista para 2024, se espera que el proyecto genere USD40 mil millones en ingresos de exportación adicionales, y se proyecta que los ingresos de las ventas de GNL dejen al gobierno con un superávit presupuestario de USD44 mil millones.[112] Ese efectivo adicional se destinará al fondo soberano de Qatar.

Aprender del mejor: Trinidad y Tobago

Si los abundantes recursos de gas natural de Qatar hacen que replicar su ejemplo parezca imposible, echar un vistazo a Trinidad y Tobago puede ser más instructivo.

La nación de islas gemelas en la costa de Venezuela contiene menos del 1 por ciento de las reservas mundiales conocidas de gas natural, alrededor de 16 tcf, o menos de una décima parte de lo que Nigeria posee. A pesar de esto, se ha convertido en el principal exportador mundial de dos productos a base de gas, amoníaco y metanol, y se encuentra entre los cinco principales países exportadores de GNL, lo que es particularmente impresionante teniendo en cuenta que la extracción de GNL no comenzó hasta 1991 y sus instalaciones LNG Train 4, que tiene capacidad para 5.2 millones de toneladas métricas por año, empezaron la producción en 2005.[113]

¿Cómo consiguió tanto con tan poco, y en tan poco tiempo?

Gran parte del crédito pertenece al gobierno, que impulsó el sector energético en la década de 1970 a través de la inversión de capital, aunque también tuvo un poco de suerte ya que esos esfuerzos se produjeron inmediatamente después del embargo petrolero árabe. Las restricciones de suministro hicieron que el precio del petróleo se disparara, al menos según los estándares de los años 70, de USD3 por barril en 1972 a USD12 por barril dos años después.

Con los nuevos descubrimientos en la costa este de Trinidad, el país tuvo un importante e inesperado flujo de ingresos, dinero que el gobierno invirtió sabiamente en iniciativas para mejorar el bienestar social y económico del país. Esto incluye la construcción del polígono industrial Point Lisas, que fue diseñado para acomodar industrias intensivas en el uso del gas natural de las islas.[114]

Sin embargo, la inversión fue solo una parte de la estrategia del gobierno.

A través de acciones políticas, promovió vigorosamente la E&P atrayendo a una importante variedad de inversores para desarrollar sus reservas de gas. Otras políticas fueron enfocadas a facilitar el desarrollo de la industria petroquímica, lo que llevó al desarrollo de su gigante negocio de exportación de metanol y amoníaco.

Además, el país nunca ha sido tímido a la hora de dirigir la explotación de sus recursos de hidrocarburos. Después de comprar las operaciones de Shell en 1974, el gobierno comenzó a administrar las reservas de la nación aún más activamente, casi hasta el punto de nacionalizar todo el sector. Si bien inicialmente no llegó a ese punto, ideó un plan para afianzar su control sobre la producción de petróleo y gas a través de sus políticas de "Tercera vía", una agenda centrista que posteriormente condujo a la creación de la Compañía Nacional de Gas y la monetización de los abundantes suministros de gas natural del país. Más tarde, el gobierno puso en marcha un plan para alejarse aún más de la dependencia del petróleo, poniendo en marcha medidas de fomento de la competitividad para atraer nuevos negocios (y mejorar la participación del Estado en las ganancias) y privatizar la industria local.

Más recientemente, el gobierno ha pasado de ser un inversor a ostentar más la posición de regulador. Por lo general, lo que ha hecho ha sido despojarse de inversiones cuando su participación ya no se consideraba estratégica, o en otras palabras, cuando los inversores extranjeros pudieron ocupar su lugar. Sin embargo, no hay duda de que la posición inversora inicial del gobierno y la participación práctica crearon el marco de cómo los recursos energéticos de Trinidad y Tobago crearían riqueza para su gente, una base que se mantiene firme hoy.

Con el gobierno decidido a alcanzar el estatus de país desarrollado para 2020, los ingresos de los hidrocarburos se están utilizando para apoyar cinco prioridades: desarrollo de ciudadanos innovadores, fomento de una sociedad solidaria, gobernanza efectiva, fomento de negocios competitivos e inversión en una infraestructura sólida y cuidado del medioambiente. Al igual que Guinea Ecuatorial y Togo, Trinidad está buscando ayuda de sus vecinos para lograr sus ambiciones. En 2018, Trinidad firmó un acuerdo con Venezuela para importar y procesar su gas natural, específicamente el que proviene del campo marino Dragón. Este acuerdo permite asegurar el suministro y eliminar cualquier brecha de oferta interna que Trinidad pueda experimentar, solo tenemos que mirar hacia atrás al período entre 2013 y 2016 para ver por qué esto es importante: la falta de disponibilidad obligó a la planta de GNL del Atlántico a reducir su producción, reduciendo los ingresos. El ritmo también asegurará que Venezuela pueda procesar y monetizar su campo de gas natural actualmente varado. En resumen, es un beneficio mutuo para ambos países.

¿Dónde está el Win-Win para África?

No es un sueño imposible pensar que África puede beneficiarse de sus recursos naturales de la misma manera que Qatar y Trinidad lo están haciendo, de hecho, la experiencia de Guinea Ecuatorial demuestra que es posible. África está llamada a ser la próxima punta de lanza de la industria del petróleo y el gas, y en gran parte es debido a la importancia de nuestras reservas de gas natural, que incluyen el descubrimiento de unas reservas estimadas de 100 tcf en Mozambique y Tanzania. Como dije a la revista Forbes a finales de 2018, los volúmenes de exportación de GNL de África están a punto de aumentar drásticamente con la entrada de Gazprom en Camerún, Fortuna en Guinea Ecuatorial, Anadarko y ExxonMobil en Mozambique, y Total en Tanzania. Incluso Nigeria avanza en la dirección correcta: está realizando esfuerzos para reducir la quema y pronto dispondrán de un nuevo tren de GNL.

Me complace decir que se están poniendo en marcha buenas políticas y que se están eliminando legislaciones opresivas. Esto ayudará a África a controlar mejor su propio futuro.

Pero esto es solo una parte de la ecuación. Para evitar que esta frontera se convierta en un páramo, se necesitará un liderazgo efectivo y transparente. El hombre o la mujer promedio no tienen información de si obtienen un trato justo de la exploración de los recursos naturales de su país. ¿O acaso la mayoría de los nigerianos saben que una de las razones por las que no tienen electricidad es porque la compañía petrolera estatal está quemando la fuente de generación? ¿Te imaginas la indignación si lo hicieran? Sus recursos, sus riquezas... desapareciendo ante sus ojos.

Lamentablemente, la falta de transparencia es solo parte del problema. La mala gestión, la corrupción, la falta de fuerza del Estado de derecho, la protección deficiente de la inversión, la falta de recursos humanos y la infraestructura deficiente también afectan a África, lo que nos impide convertir las oportunidades en prosperidad. No estamos haciendo todo lo posible para permitir la exploración: como expliqué en Forbes, no cabe la menor duda de que el proyecto de ley de la industria petrolera de Nigeria ha retrasado la exploración de áreas terrestres y marinas y, lo más importante, la monetización del gas.[115]

Como sugieren los ejemplos que cité, hay ciertas cosas en común entre los países que han monetizado con éxito sus recursos de gas natural. Realmente no es posible reducir todo a una simple lista de lo que se debe y no se debe hacer, pero algunos de los factores más productivos son:

- Adoptar un enfoque dirigido al mercado, centrado en la eficiencia de los flujos de capital, bienes e ideas.
- Maximizar la confianza de los inversores petroleros en el estado de derecho, el cumplimiento de los contratos y la protección de los derechos laborales.
- Fomentar asociaciones mutuamente beneficiosas entre compañías multinacionales y nacionales de petróleo y gas.
- Retener a nombre de la entidad estatal el derecho a ejercer los derechos mineros y la propiedad de todo el petróleo.
- Retener la producción para su uso en el mercado interno o para comerciar en el extranjero.
- Asumir un papel más importante en la toma de decisiones y una participación más activa en las operaciones.
- Diseñar un marco legislativo favorable.
- Desarrollar una estructura justa de impuestos, regalías, gravámenes y bonificaciones.[116]
- Vinculación de mercados, incluido el de consumo interno.
- Promover la seguridad y la estabilidad para proteger la inversión extranjera y nacional.

Podemos poner el gas a trabajar para generar un entorno más rentable para los negocios, satisfacer nuestras necesidades energéticas y capitalizar el potencial que representa para nuestro futuro. Podemos ser ricos en recursos y energía, y lo digo en términos de energía humana y de aprovechar las oportunidades que los recursos nos brindan.

No podemos reducir la velocidad ahora

Los últimos 20 años han sido una montaña rusa para la producción de petróleo y gas en África. En el 2000, el continente produjo casi 8 millones de bbl/d; en 2010, superó los 10 millones de bbl/d. Si bien muchos pensaron que esta tendencia al alza podría continuar, en 2017 la producción volvió a caer a la marca de los 8 millones.

Este ciclo ascendente y descendente de 20 años coincidió con los precios del petróleo. Los altos precios mundiales del petróleo, que superaron de media los USD100 por barril entre 2000 y 2014, crearon enormes ingresos para los productores de petróleo del continente. Las ganancias también impulsaron actividades de exploración en áreas hasta ahora inexploradas, lo que dificultó aún más que los productores se ajustasen cuando los precios cayeron a USD50 por barril. Acostumbrados a mayores ganancias y a la libertad resultante para experimentar con nuevos proyectos, reaccionaron recortando sus esfuerzos en exploración y enfocándose en los campos conocidos.

Es comprensible que los actores de la industria quieran detener el sangrado, pero reducir la exploración es exactamente lo contrario de lo que se necesita para mantener y hacer crecer un sector robusto.

Siempre hemos sabido que el mercado del petróleo y el gas es volátil. Es un sector de alto riesgo y alta recompensa. Pero parece que muchos de nosotros no lo vimos (o cerramos los ojos para no verlo) durante el exceso a principios de este siglo. Muchos de nuestros colegas optaron por reducir y salir corriendo con las ganancias que les quedaban, en lugar de perforar y buscar nuevos rendimientos.

Me preocupa que ahora no estemos viendo las señales de advertencia de una mayor caída por venir porque no estamos mirando los fundamentos.

¡La exploración es imprescindible!

En 2018, el número de plataformas de petróleo y gas en África alcanzó un máximo de tres años, según Baker Hughes.[117] Así que claramente la E&P todavía está viva y coleando mientras escribo este libro, pero odiaría ver caer estas cifras durante el próximo ciclo de bajada de los precios de petróleo.

Nuestro caso: la caída del precio del petróleo que vivimos en 2014 se convirtió en un elemento disuasorio para la exploración de petróleo y gas de alto costo y alto riesgo. En todo el continente, necesitamos un entorno propicio que fomente la continuación y la mejora de la E&P.

"Sin una mayor exploración y producción, las economías dependientes del petróleo de África Occidental, en particular, van camino de la disminución de la producción terminal", escribieron los analistas del Oxford Energy Forum James McCullagh y Virendra Chauhan, "los perfiles de producción serán más complicados para los futuros gobiernos dada la sempiterna falta de diversificación económica en muchos países."[118]

Actualmente, las compañías petroleras nacionales son el "eslabón más débil" a la hora de impulsar la E&P. Gabriel Mbaga Obiang Lima, de Guinea Ecuatorial, lo dijo sin rodeos: "Las compañías petroleras nacionales de África están en coma: sin recomendaciones, sin sugerencias, sin hablar y sin tratar de encontrar soluciones. Simplemente producen menos, tienen menos ingresos y se quejan más."

¡Es hora de despertarse!

Fomento de la inversión extranjera

El mercado petrolero africano sigue teniendo enormes oportunidades para los productores extranjeros.

Simplemente pregúntele a Nyonga Fofang, director de la firma de capital privado Bambili Group, que tiene inversiones y clientes panafricanos. Ex alumno de la Universidad de Harvard, la carrera de Fofang abarca más de 20 años, incluyendo Wall Street, los mercados internacionales de capital y el directorio de Standard Chartered Bank. Él habla de un significativo potencial de crecimiento del mercado petrolero de África a pesar de la probabilidad de volatilidad continua.

"Las áreas de exploración en África están generando mucha atención, y por una buena razón", dijo Fofang a Africa Oil & Power en 2018. "Países como Namibia y Uganda, que han tenido recientemente descubrimientos de petróleo y gas, están listos para los inversores. Además del atractivo potencial de exploración, los países ofrecen marcos regulatorios estables para los inversores. En la costa este, Tanzania y Mozambique están atrayendo mucha atención por los hallazgos de mega gas. El desarrollo de estos campos y sus implicaciones para las exportaciones de GNL y los programas de gas a energía en el sur de África están cambiando las reglas de juego. Estas y otras áreas brindarán oportunidades significativas."[119]

Fofang pide a los líderes y empresas africanas a que hagan más para alentar a los inversores a capitalizar estas oportunidades.

"Nos gustaría ver más inversiones en infraestructura, energía, agricultura y salud", dijo en 2017. "Dada la importancia estratégica de algunas de estas áreas, esto requeriría modelos de asociación público-privada".[120]

Estoy totalmente de acuerdo con mi amigo: deberíamos ser inversores atentos y con mejores incentivos para la exploración. Consideremos algunos aspectos que ayudan a impulsar la actividad de E&P sólida y consistente.

- **Liderazgo visionario.** Necesitamos líderes que hagan que sea atractivo para los productores africanos invertir en busca de nuevos recursos. Su capacidad para resolver disputas transfronterizas es clave. Nuestro liderazgo debe comenzar a ser más pragmático. Y esto significa tomar algunas decisiones difíciles que podrían no ser populares entre las ricas elites del poder, como verán a continuación.

- **Eliminar cuellos de botella legislativos.** No hay razón para tener que esperar durante años para obtener las aprobaciones pertinentes para comenzar la producción en un campo. Es algo inaceptable. Muchas empresas prefieren invertir en campos comercialmente viables en los Estados Unidos donde pueden obtener un buen retorno de la inversión antes que esperar durante décadas para obtener las aprobaciones regulatorias en África.

- **Proyectos más pequeños.** Necesitamos diseñar mapas de licencias más pequeños para atraer a empresas pequeñas. Romper los bloques en secciones más pequeñas dará a las empresas independientes una ventaja competitiva y, en última instancia, beneficiará a toda la industria. Se debe alentar (o exigir) a los grandes productores que cedan algunas de las áreas que no están explorando a los pequeños jugadores.

- **Régimen fiscal más fuerte.** Necesitamos cambiar el régimen fiscal para apoyar las necesidades de los campos marginales. *Necesitamos mejores regulaciones, no más regulaciones.* Y el aumento de los impuestos a las compañías petroleras y de servicios no ayuda. En cambio, necesitamos mejores regímenes fiscales, como descuentos en los impuestos al valor añadido y a los aranceles de importación.

- **Contenido local.** Los productores de petróleo y gas en África deben mirar hacia los africanos cuando buscan trabajo y liderazgo. Y los productores africanos deben continuar expandiendo las transacciones transfronterizas que mantengan los recursos africanos en el continente.

- **Contenido regional.** Hablando de transacciones transfronterizas y de mantener recursos en el continente, deberíamos pensar en ampliar nuestra definición de contenido local para tener en cuenta a otros países africanos. Ciertamente, tiene sentido que cada Estado africano trabaje hacia el objetivo de asegurarse de que los empresarios locales desempeñen un papel en el desarrollo del petróleo y el gas, ya sea directa o indirectamente. Pero ningún país puede hacer todo por sí solo. Cuando tenemos una necesidad que no podemos satisfacer por nuestra cuenta, debemos mirar a nuestro alrededor, a los países vecinos y cercanos, antes de recurrir a proveedores extranjeros. (Hablaré más sobre esto en el Capítulo 9).

Impulsando la producción

Dada su industria energética expansiva, las negociones sobre producción a menudo se centran en Nigeria. Su gran número de campos petrolíferos de éxito han producido hasta la fecha grandes cantidades de petróleo. Pero incluso aquí, en mitad de zonas estudiadas y por estudiar, aguardan oportunidades de exploración, con descubrimientos *offshore* a profundidades de 1.000 –1.500 m.[121] De hecho, la exploración reciente del campo *offshore* de Owowo de Nigeria reveló 1 bbo, animando a la Corporación Nacional de Petróleo de Nigeria (NNPC) a solicitar a los inversores que amplíen sus proyectos de exploración en este campo todavía no testeado por completo pero claramente interesante. La NNPC ve oportunidades de inversión de USD48 mil millones para proyectos de inversión dentro de la industria de petróleo y gas del país.[122]

Las perspectivas no se limitan a esta fuente de energía. Todo el continente está experimentando un aumento de la inversión en el sector: ya se han confirmado unos USD194 mil millones para E&P en 93 campos de petróleo y gas hasta 2025.

Otros países también han estado tomando medidas para mostrar su compromiso con los fundamentos de E&P, y espero que muchos más sigan su ejemplo.

Angola: Esta potencia petrolera es un gigante experimentado de la industria. La producción comercial comenzó a mediados de la década de 1950 y el petróleo superó al café como la principal exportación del país en 1973. Pero desde que alcanzó un alto nivel de producción de casi 2 millones de barriles por día en marzo de 2010, -casi compitiendo con Nigeria por el primer puesto-, la industria de Angola se ha hundido.[123] En 2018, los niveles de producción estuvieron en una media de 1,55 millones de bbl/d y, en marzo de 2019, la cifra fue aún más baja, con 1,37 millones de bbl/d[124], aunque todavía es lo suficientemente impresionante como para obtener el segundo lugar más alto en África subsahariana.

La disminución de la producción es resultado del envejecimiento de los campos y de los inversores reticentes. Ninguno de esos factores es sorprendente. Pero dado que el país se encuentra por encima de 9 bbo de reservas petrolíferas probadas y 11 tcf de reservas probadas de gas natural, el gobierno es consciente del potencial de crecimiento económico que el auge de un sector como el del petrolero podría, con buen gobierno, generar.

Desde que asumió el cargo en 2017, el presidente de Angola, João Lourenço, ha estado haciendo cambios importantes en el sector petrolero del país. En mayo de 2018, introdujo medidas de reforma para renovar el interés en las áreas de producción que se habían paralizado debido a los bajos rendimientos, con objetivos específicos para impulsar la producción abriendo campos marginales a las empresas independientes africanas. Para diciembre de 2018, se habían aprobado varias leyes nuevas para alentar la E&P.

Esto incluye un marco regulatorio para el Gas Natural, la primera ley del país que regula la exploración, producción, monetización y comercialización de gas natural, brindando orientación y ofreciendo tasas impositivas más atractivas para alentar a los inversores. También se simplificó la ley para facilitar la entrada de los inversores extranjeros al sector petrolero del país. Uno de los cambios regulatorios más importantes fue la creación de un regulador independiente, la Agencia Nacional de Petróleo, Gas y Biocombustibles, que se hizo cargo de la gestión de las concesiones de petróleo y gas de Angola. Anteriormente, la compañía petrolera estatal Sonangol tenía esa responsabilidad. Ahora Sonangol funcionará únicamente como una compañía de exploración y producción. El cambio fue una decisión inteligente: las empresas extranjeras probablemente aprecien la oportunidad de trabajar con una entidad neutral y el clima de negocios mejorado que se ha creado en Angola.[125]

En 2019, Angola continuó con sus esfuerzos para atraer al país a las empresas extranjeras de exploración y producción al anunciar planes para subastar nueve bloques en la cuenca de Namibe y vender partes de Sonangol.[126]

República del Congo: Ante la desaceleración mundial del sector del petróleo y el gas, el ministro de Hidrocarburos, Jean-Marc Thystère Tchicaya, reafirmó a finales de 2018 la determinación de su país de "desarrollar nuestro sector minero para garantizar la renovación de nuestras reservas de hidrocarburos líquidos y gaseosos."[127]

Como el tercer mayor productor de petróleo de África subsahariana, con una producción de 333.000 bbl/d en 2018, la República del Congo ha pasado los últimos años en una cruzada para facilitar y dar oportunidades de inversión en el sector de la energía de su país. En particular, en 2016 la nación reformó su legislación de hidrocarburos para alentar a los operadores a incrementar sus esfuerzos de E&P. El gobierno también redujo las regalías para las operaciones de gas natural en zonas inexploradas del 15 al 12 por ciento.

La nueva legislación también eliminó las transferencias de costes entre permisos y permitieron a las empresas internacionales de exploración importar ciertos bienes y equipos libres de impuestos.

Otro método para fomentar el desarrollo de la industria es alentar la exploración *offshore* en aguas poco profundas. Se espera que las licencias para 10 bloques *offshore* en la cuenca costera poco profunda se evalúen en septiembre de 2019. Las empresas que den su apoyo al proyecto sísmico 3D regional de la compañía petrolera nacional SNPC, que abarcará 5.000 kilómetros cuadrados del área Peu Profond de la plataforma del Congo, recibirán consideración preferente.

El gobierno también introdujo acertadamente una nueva política para garantizar la estabilidad. Incluso si los legisladores después modificaran el régimen fiscal del país, se mantendrían las condiciones de los contratos de producción compartida firmados. Esta política de estabilidad asegura que se mantendrá el equilibrio económico general del contrato.

Guinea Ecuatorial: Los campos en Guinea Ecuatorial se enfrentan a la disminución natural de la producción que viene aparejada a la edad. Pero aunque la inversión probablemente disminuirá cada año, la actividad de exploración y producción debería mostrar un ligero aumento. Esto se espera, en parte, debido a la confirmación a finales de 2018 de 11 nuevos pozos de petróleo y gas que se perforarán durante el próximo año, con una inversión total planificada de USD2.4 mil millones.

La baja inversión en exploración podría ser la norma, ya pasaron los días que uno de cada 6 o 7 dólares se dedicaba a exploración. A pesar de esta tendencia, estamos viendo un modesto aumento en la actividad de perforación ecuatoguineana. Lima dijo que el país ha aprovechado la desaceleración para emplear el tiempo en revisar y mejorar sus políticas.

"Hemos estado ocupados en la recesión, trabajando para mejorar nuestro entorno regulatorio y atraer nuevas inversiones al sector", dijo. "Ahora que el precio del petróleo está en un nivel sostenible, la actividad en el sector de petróleo y gas despegará a un ritmo sin precedentes."[128]

Lima explicó que la industria petrolera de su país no se mantuvo pasiva durante el colapso de los precios, sino que acudieron directamente a los actores de poder globales para comenzar el diálogo, crear alianzas y aprender lo más posible sobre los precios y las estrategias de mercado. Incluso se convirtieron en miembros de pleno derecho de la OPEP en mayo de 2017.

Lima cree que una diferencia clave con el sector energético de Guinea Ecuatorial, y el secreto de su éxito, es que toman las mejores prácticas de otros productores africanos y las adaptan al entorno local. El Ministerio de Minas e Hidrocarburos ha aceptado la idea de que la industria del petróleo y el gas se transforma a la velocidad de la luz, lo que significa que entienden la necesidad de flexibilidad con la regulación y la planificación.

De hecho, el Ministerio está tan comprometido con la mejora del sector que nombró a 2019 el "Año Energético". Esta campaña enfatiza la dedicación del país a su industria energética, desde fortalecer las asociaciones regionales de petróleo y gas hasta invertir en un crecimiento sostenible en el país.

Guinea Ecuatorial sigue comprometido con los esfuerzos de crecimiento local. En julio de 2018, el Ministerio ordenó a los operadores que cancelaran todos los contratos con los helicópteros CHC de Canadá debido al incumplimiento de la compañía con las regulaciones de contenido local. Como explicó Lima, "estas leyes están vigentes para proteger y promover la industria local, crear empleos para los ciudadanos, promover el desarrollo sostenible de nuestro país, y estamos monitoreando agresivamente su cumplimiento y, en su caso, haciendo cumplir con estos requisitos."[129]

Más adelante en ese mismo año, Lima emitió un mandato a los operadores para suspender las operaciones con algunas compañías multinacionales de servicios petroleros por su incapacidad "para trabajar dentro de los límites muy flexibles y pragmáticos de nuestra legislación de contenido local que están impulsadas por el mercado y aseguran que se beneficien tanto los inversores como nuestros ciudadanos". El Ministerio dejó claro que continuará monitoreando activamente el cumplimiento de todas las compañías de servicios y emitirá más suspensiones según se detecten incumplimientos.

Gabón: Gabón ha estado produciendo petróleo durante más de 50 años. Llegó a su pico de producción a principios de la década de 2000 y alcanzó los 370.000 bbl/d, y sigue siendo uno de los cinco principales productores del África subsahariana. Para contrarrestar el declive natural de sus campos maduros, el gobierno ha recurrido a los recursos *offshore*, donde se espera encontrar alrededor del 70 por ciento de las reservas del país.

El país también ha reelaborado su código de hidrocarburos. Un cambio clave ha sido eliminar el impuesto a las ganancias corporativas para las compañías petroleras productoras. Las regalías ahora se establecen en 5 por ciento para el petróleo y 2 por ciento para el gas, y la participación del Estado en las ganancias se redujo del 55 al 50 por ciento en zonas convencionales y del 50 al 45 en aguas profundas.[130] Además, los límites de recuperación de costos aumentaron del 65 al 70 por ciento para zonas petroleras convencionales y de 75 al 80 para petróleo de aguas profundas. Los límites para el gas natural aumentaron del 65 al 75 por ciento para los convencionales y del 75 al 90 para aguas profundas.

El Ministerio de Petróleo e Hidrocarburos espera que estas iniciativas revitalicen el interés de los operadores en su duodécima ronda de licencias *offshore* de 11 bloques poco profundos y 23 de aguas profundas, que se puso en marcha en noviembre de 2018.

Al mismo tiempo, Gabón también se ha centrado en apoyar a pequeñas empresas locales al tiempo que aumenta las oportunidades de empleo y de capacitación para los nacionales. El código revisado estableció una zona económica especial para garantizar que la infraestructura promueva el desarrollo interno del país.

"La existencia de esta zona económica especial es muy importante para apoyar a las industrias que se desarrollarán en torno a la exploración de petróleo y gas… De estas áreas surgirá una base económica sólida", dijo el ministro de Petróleo e Hidrocarburos Pascal Houangni Ambouroue en marzo de 2018. "Una parte de eso es garantizar que haya suficientes trabajadores cualificados, por lo que la capacitación juega ahora un papel clave en Gabón. Estamos haciendo todo lo posible para asegurarnos de contar con el proceso para garantizar que nuestros trabajadores estén al día con las tendencias de la industria del petróleo y el gas."[131]

Kenia: La exploración en Kenia se remonta hasta la década de 1950, pero no hubo descubrimientos comercialmente viables hasta 2012. Fue entonces cuando en la cuenca sur de Lokichar se descubrieron 750 millones de barriles de petróleo recuperable. Hoy en día, Kenia parece estar avanzando hacia el impulso de E&P.

Dando un gran salto adelante, el presidente Uhuru Kenyatta firmó el Proyecto de Ley de Desarrollo y Producción de Exploración de Petróleo de Kenia en marzo de 2019.[132] La efeméride marca un hito significativo. Además de fortalecer el marco integral de contratación, exploración, desarrollo y producción del país, una de las principales disposiciones del proyecto de ley es destinar el 25 por ciento de los ingresos de todo el petróleo y el gas producido en el país para los gobiernos locales y condados. Esto se logra a través de un fondo fiduciario administrado por una junta de fideicomisarios establecida bajo el liderazgo local.

Además, el gobierno de Kenia firmó un acuerdo denominado Kenya Joint Venture, cuyos participantes son Tullow Oil Kenya BV, Africa Oil Kenya BV y Total Oil, para construir un oleoducto que una los campos petroleros de Kenia con el mercado internacional. El oleoducto de crudo Lamu-Lokichar de 820 kilómetros entrará en funcionamiento en 2022. EL estudio ambiental concluyó a finales de 2018 y actualmente se están realizando estudios de viabilidad.

Desafortunadamente, a principios de 2019 se produjeron algunas noticias decepcionantes sobre multinacionales como Hunting Alpha, Africa Oil y Royal Dutch Shell que anunciaron que limitaban las operaciones en Kenia (o abandonaban Kenia por completo) debido a los "bajos" niveles de productividad percibidos y el "modesto pronóstico de actividad a medio plazo para África del Este".[133]

Esperemos que el proyecto de ley de marzo de 2019 ayude a revertir esta situación. Quizás un rayo de esperanza es que mientras Royal Dutch Shell renunció a dos bloques donde había estado explorando, en realidad adquirió nuevas licencias de exploración en otros mercados.

Camerún: La perspectiva de Camerún a principios de 2018 era desalentadora: solo una empresa había respondido a la última ronda de licencias de Camerún. Se habían abierto a licitación ocho bloques en las cuencas de Río del Rey y Douala / Kribi-Campo (DKC)[134], y Perenco fue la única compañía en responder. Pero incluso aquí, hemos visto algunos brotes verdes en el frente de la E&P.

La NOC de Camerún, la Société Nationale des Hydrocarbures (SNH) y la subsidiaria local de Perenco firmaron un acuerdo de producción compartida para la exploración de petróleo en el bloque Bomana en febrero de 2019. El campo cubre 22.75 kilómetros cuadrados en la cuenca del Río del Rey, una extensión oriental de la prolífica cuenca del Delta del Níger.[135]

Victoria Oil & Gas anunció en junio de 2018 que hay más gas natural en su campo de gas y condensado Logbaba de lo que se pensaba originalmente. La compañía dice ahora que las reservas probadas y probables suman allí un total de 309 mil millones de pies cúbicos estándar, que es un 52 por ciento más que su estimación anterior[136] y debería poder generar una producción de 90 mscf/d durante 10 años.

Además, una campaña de evaluación en el campo de Etinde en alta mar se consideró un éxito en octubre de 2018.[137] Otro proyecto *offshore* también está avanzando: en el momento de escribir este libro, Tower Resources se estaba preparando para comenzar a perforar en el proyecto Thali.[138]

Los legisladores de Camerún también están trabajando en nuevo código de petróleo y cabe la posibilidad de que se sea aprobado a lo largo de 2019.

Fusiones exitosas que fomentan la cooperación

La tasa de éxito de la exploración en África se redujo del 40% al 35% en la última década. La disminución ha resaltado la importancia de las adquisiciones como una forma alternativa, aunque generalmente más costosa, de generar recursos. Los actores del petróleo y el gas en el continente deberían considerar las fusiones con compañías de servicios para permitirles vincular mejor las adquisiciones rentables con un componente de exploración.

Algo que encuentro particularmente prometedor es que, entre 2017 y 2018, los acuerdos transfronterizos intrarregionales de todos los sectores se triplicaron (en términos de valor agregado) de USD418 millones a USD1.292 millones.[139]

Esta es una gran señal de la cooperación africana: el trabajo en equipo que seguramente necesitamos pero que aún nos falta en todos los ámbitos.

Necesitamos continuar con esfuerzos como este, y cualquier otra cosa que podamos hacer de manera realista, para seguir impulsando la E&P.

Como dijo el ministro Lima, la complacencia es nuestro enemigo.

"Durante muchos años, hemos estado disfrutando de estar en un "vagón en el tren" y de mirar el mundo desde nuestros cómodos asientos construidos con buenos precios y niveles de producción", dijo. "La crisis (de 2014) nos hizo darnos cuenta de que la geopolítica y la interacción con nuestro entorno son importantes. A partir de este momento, podemos elegir ser víctimas de las corrientes cambiantes, o podemos decidir cambiar y hacer algo al respecto."

Lima llega al extremo de alentar el concepto de una "cesta petrolera africana" donde todos los productores del continente agruparían su crudo para aumentar su valor general y dar a los productores africanos más influencia en el escenario mundial. Similar a la cesta de la OPEC, OPEC Reference Basket (ORB), esta unión establecería un precio de referencia del petróleo basado en el promedio de los precios de todas las mezclas producidas en África.

Lima afirma que todos los ministros de energía deben participar en eventos de la industria y aprender los unos de los otros.

"A más interrelación, mejor. Tenemos que conocernos mucho mejor, y hoy en día definitivamente estamos hablando más que antes", dijo. "Necesitamos alejarnos de nuestra preocupación de que no podemos hacerlo. Necesitamos perder el miedo y dejar de pensar que no podemos operar. Hay una curva de aprendizaje y necesitamos comenzar a aprender."

7

Creación de empleo: contruyendo nuestro propio efecto multiplicador

En 2017, el International Growth Centre (IGC) publicó un estudio[140] que muestra que Mozambique ha ganado mucho con el descubrimiento de Anadarko Petroleum de grandes depósitos de gas natural en la cuenca de Rovuma. Por ejemplo, el descubrimiento ha llevado a la creación de 10.000 nuevos empleos entre 2010 y 2013. También ha captado el interés de las compañías petroleras internacionales (IOCs en sus siglas en inglés), lo que a su vez ha atraído a compañías que trabajan en otros sectores. Como resultado, la cantidad total de inversión extranjera directa (IED) que ha entrado al país ha venido aumentando en miles de millones de dólares cada año, con USD9 mil millones en IED reportados solo en 2014.

Y los beneficios no terminan ahí: las entradas adicionales crearon aún más empleos, con datos del censo que indican que el número de puestos relacionados con la IED había aumentado a casi 131.500 a partir de 2014. Además, cada puesto relacionado con la IED genera, en promedio, otras 6.2 aperturas en el mismo sector y en la misma área.

¿La conclusión del estudio? Los descubrimientos de gas en la cuenca de Rovuma pueden haber dado lugar a casi 1 millón de empleos en Mozambique. ¡Estas son noticias maravillosas, dado que el número total de empleos en el país es de solo alrededor de 9.5 millones!

Pero hay una trampa.

Mozambique no ha generado exactamente ese millón de puestos de trabajo por sí mismo. Las IOCs trajeron personal expatriado. A su vez, los expatriados necesitaban bienes y servicios locales por lo que establecieron conexiones con empresas mozambiqueñas para poder obtenerlos, y sus acciones causaron que el efecto multiplicador se activara.

Entonces, ¿dónde está la lección en este caso? ¿Estos números demuestran que la IED es el objetivo principal de África y que todos los países del continente deberían aspirar a atraer inversores externos?

Espero que no. En cambio, creo que el ejemplo de Mozambique debería inspirar a los africanos a crear su propio efecto multiplicador. Creo que puede ayudarnos a comprender que los IOCs como Anadarko y Royal Dutch Shell no son las únicas entidades que pueden ayudar a repartir las ganancias obtenidas por la industria del petróleo y el gas en otros sectores de la economía.

Esto no quiere decir que los países africanos deban rechazar la idea de trabajar con las principales empresas extranjeras. ¡De ningún modo! No podemos tener éxito con cero entradas desde el exterior. Los gigantes corporativos pueden ayudarnos a adquirir las habilidades, la tecnología y la cultura corporativa que necesitamos para maximizar nuestro éxito. Pero no son la única fuente de valor.

Debería comenzar con nosotros.

Más específicamente, debería comenzar con las pequeñas y medianas empresas (PYME).

Empezando por lo pequeño (y mediano)

Actualmente, la mayor parte de los africanos de a pie trabajan para PYME. Trabajan para pequeñas tiendas familiares, para empresas medianas y todo tipo de operaciones intermedias. Estas empresas pueden ser pequeñas en comparación con, por ejemplo, Shell, pero tienen ciertas ventajas sobre los titanes multinacionales. Interactúan directamente con los clientes y tienen una mejor idea de lo que funcionará y lo que no funcionará en los mercados locales.

En muchos casos, las PYME tienen una comprensión aún mejor que las agencias gubernamentales y las empresas estatales de lo que sus clientes realmente quieren y necesitan. También son más ágiles que las instituciones administradas por el gobierno porque no tienen que sortear tantos obstáculos burocráticos cuando deciden que preferirían trabajar con un socio local, un contratista o completar un trabajo por su cuenta.

Esto es cierto en todos los ámbitos y en múltiples sectores de la economía. En las operaciones *upstream* de petróleo y gas, por ejemplo, una empresa angoleña de tamaño medio que está extrayendo 1.000 barriles de petróleo al día de un campo marginal puede contratar un equipo de limpieza de emergencia con relativa facilidad, sin tener que enfrentarse a las barreras burocráticas a diferentes niveles que rigen el acceso al departamento de recursos humanos de Sonangol. En la industria de servicios petroleros, es más probable que la subdirectora de una pequeña empresa de ingeniería marina de Nigeria sepa dónde puede alquilar botes adicionales de forma discontinua que su contraparte en un conglomerado europeo.

En el ámbito del transporte, el gerente de distrito de una compañía de camiones chadianos de tamaño mediano puede tener acceso a los mismos mapas y equipos de GPS que su contraparte en un operador internacional que sirve a la mitad del continente, y mucho más conocimiento sobre dónde encontrar un mecánico para trabajos de reparación de emergencia en carreteras secundarias cerca de la frontera con Sudán. En las ventas minoristas de alimentos, los propietarios de una tienda de abastos que sirve a campamentos de trabajo cerca de los campos petrolíferos de Lago Alberto en Uganda pueden usar redes familiares en la República Democrática del Congo para asegurar rápidamente suministros adicionales de un artículo codiciado, en lugar de esperar a que llegue el próximo convoy corporativo. En el área de servicios tecnológicos, los diseñadores web que trabajan para una empresa de reciente creación en Accra pueden saber más sobre la forma más económica de asegurar el servicio de internet inalámbrico que cualquier persona en la oficina ghanesa de una importante empresa de tecnología extranjera.

¿Más normas o mejores condiciones?

Entonces, ¿qué pueden hacer los gobiernos africanos para apoyar las capacidades de tales empresas? ¿Cómo pueden aprovechar al máximo el conocimiento detallado de estos empresarios africanos sobre los mercados locales y la capacidad de responder rápidamente a condiciones cambiantes? ¿Deberían aprobar leyes diseñadas para reforzar los requisitos de contenido local, en un intento por garantizar que las PYME africanas reciban una parte de las entradas de IED?

La respuesta corta: No, no deberían. Más bien, el objetivo debe ser hacer innecesarias las reglas de contenido local.

Una de las principales razones por las que existen leyes de contenido local en África es que los gobiernos africanos quieren que el sector local de petróleo y gas cree más empleos. Es decir, quieren obtener algún beneficio de su decisión de permitir que sus recursos subterráneos sean extraídos y comercializados.

Esto es lógico. Pero, francamente, las PYME africanas son mejores en la creación de empleo que las entidades más grandes. No dependen de trabajadores extranjeros, como con demasiada frecuencia lo hacen las IOCs. En cambio, generalmente contratan a locales. Por lo tanto, los gobiernos africanos deberían tomar medidas que fomenten el éxito de la mayor cantidad posible de PYMEs.

La legislación de contenido local puede ayudar a crear un campo de juego nivelado para las PYMEs locales en las fases iniciales del desarrollo de petróleo y gas, pero deben eliminarse gradualmente a largo plazo. Una vez que las empresas africanas adquieren las habilidades, la tecnología y el personal que necesitan para superar a los inversores extranjeros y crear nuevos empleos de manera consistente, ya no deberían necesitar normas de contenido local. En cambio, se beneficiarán más de la confianza de que están operando en un entorno donde el gobierno apoya el espíritu empresarial, hace cumplir las leyes de manera consistente, cumple los contratos, protege los derechos de propiedad, recauda impuestos y tarifas de manera transparente, desalienta la corrupción, apoya los programas de educación y capacitación, etc...

Prestatario, tenga cuidado

Otra cosa que los gobiernos pueden hacer para ayudar a las PYME es hacer suficientes inversiones en infraestructura. Después de todo, las pequeñas y medianas empresas también necesitan oleoductos, carreteras y conexiones de servicios públicos. Pero los programas de infraestructura son complicados y caros, y difíciles de financiar. El gobierno de China ha ofrecido asistencia en este frente, y muchos líderes africanos han aceptado gustosamente. Algunos de ellos pueden haberlo hecho por pura exuberancia ante la idea de obtener acceso a créditos por valor de miles de millones de dólares de un prestamista que no exige una reforma política como requisito previo para la entrega de efectivo.[141]

Sin embargo, vale la pena señalar que este tipo de inversión en infraestructura es contraproducente en algunos aspectos. Más específicamente, limita la capacidad de los países africanos para crear nuevos empleos. Hace que el desembolso de los fondos del préstamo dependa de los compromisos de adjudicar contratos de construcción y modernización a empresas chinas de propiedad estatal, a pesar de que estas firmas generalmente traen a sus propios trabajadores y evitan contratar locales. Además, estas inversiones a veces conllevan términos desfavorables, como el uso de *commodities* como garantía (o incluso pago).

Los estados productores de petróleo y gas de África no necesitan fondos que se ofrecen en tales condiciones. En cambio, necesitan oportunidades para asociarse con prestamistas comerciales con apetito por el riesgo, y no poca paciencia. Deben establecer relaciones con instituciones de crédito que estén dispuestas a darles a los prestatarios tiempo suficiente para desarrollar sus activos y llegar al punto de poder mantenerse y generar suficientes ingresos para pagar a sus acreedores sin ahogos excesivos.

Si los gobiernos africanos pueden cumplir con todos estos objetivos, las PYME africanas serán libres de seguir creciendo y evolucionando. Tendrán un incentivo para ampliar los límites del efecto multiplicador: extenderse a todos los sectores que pueden brindar apoyo al desarrollo del petróleo y el gas, incluidos (sin ningún orden en particular) ingeniería, servicios bancarios y financieros, comercio de *commodities*, logística y transporte, servicios legales, construcción, fabricación, comercio mayorista y minorista, servicios de tecnología de la información y generación de energía.

En muchos casos, la experiencia y los activos que las PYME obtienen a través del efecto multiplicador les servirán para prepararse para el momento en que los pozos de petróleo y gas comiencen a secarse, o los momentos en que disminuyan los flujos de ingresos debido a las fluctuaciones del mercado. Es decir, estas empresas pueden obtener habilidades transferibles y escalables. Las empresas que comercializan petróleo, gas o productos derivados del petróleo, como la gasolina, pueden familiarizarse con las tendencias del mercado mundial y expandirse al sector más amplio del comercio de productos básicos. Los bufetes de abogados podrán ofrecer una gama más amplia de servicios, ayudando a clientes fuera del sector del petróleo y gas a cumplir con la normativa, navegar por los procedimientos de concesión de licencias y permisos, o considerar sus opciones a la luz de nueva legislación.

Las empresas de construcción pueden aprovechar su familiaridad con las condiciones locales y sus lazos con otros operadores, utilizándolos como base para presentarse a licitaciones en países cercanos o vecinos. Los ingenieros de software pueden asociarse con las escuelas locales para ofrecer capacitación en escritura de códigos, diseño web y otras habilidades de alta demanda, y sus estudiantes podrán trabajar en cualquier industria que utilice computadoras.

Suerte, ubicación y trabajo

Por supuesto, será más fácil comenzar este proceso en las zonas de África que tienen petróleo y gas. Los estados productores no solo atraerán IED sino que también generarán demanda de muchos servicios adicionales, creando así oportunidades para empresarios locales dispuestos a aprovechar nuevas oportunidades.

Pero también hay espacio para que otros países africanos pasen a la acción. Podemos tomar como ejemplo a la isla-estado de Singapur.

Aunque produce muy poco por sí solo, Singapur desempeña un papel clave en el comercio mundial de petróleo y gas. Acoge el principal mercado de futuros de energía de Asia, el Intercontinental Exchange (ICE; www.theice.com), y es el tercer centro físico de comercio de petróleo más grande del mundo; como resultado, muchos *traders* de productos básicos se han instalado allí. Singapur también es un importante refinador y proveedor de productos derivados del petróleo, y alberga grandes depósitos de almacenamiento de petróleo, GNL y otros tipos de combustible.[142]

Además, el país se ha convertido en uno de los pilares del sector de servicios petroleros. Alberga las oficinas locales y regionales de gigantes multinacionales como TechnipFMC, Schlumberger y Baker Hughes. También ha fomentado el desarrollo de empresas locales como SembCorp Marine y Keppel FELS, que son los dos mayores constructores de plataformas en alta mar del mundo.

Y dado que es el hogar de más de 3.000 proveedores de servicios de todos los tamaños en el área de la ingeniería marina y *offshore*, Singapur también es fuente de innumerables variedades de equipos, embarcaciones y servicios para su uso en campos de petróleo y gas submarinos. Este es un negocio rentable. Actualmente aporta alrededor de 10.000 empleos locales y bombea cada año miles de millones de dólares a la economía de Singapur.[143]

Presumiblemente, también ha generado más empleos y más ingresos a través del efecto multiplicador, pero no tantos como para que la economía nacional esté completamente a merced de los mercados mundiales de petróleo y gas.

Es tentador pensar que Singapur llegó a esta próspera situación en virtud de su geografía. La antigua colonia británica se encuentra en un punto crucial a lo largo de las rutas marítimas internacionales, lo que la coloca en una buena posición para prestar servicio a los buques que se trasladan del Océano Índico al Océano Pacífico y viceversa. (De hecho, ha ocupado durante mucho tiempo el primer lugar en la lista de los puertos de *bunkering* más grandes del mundo).

Pero la fortuna del Estado insular no es simplemente fruto de la buena suerte y una ubicación favorable. Singapur ha trabajado arduamente para expandir sus capacidades, especialmente a partir de la década de 1980, cuando las empresas locales proporcionaron servicios y suministros por primera vez a buques involucrados en proyectos de petróleo y gas en Malasia e Indonesia. Durante las siguientes dos décadas, sus éxitos inspiraron a más empresarios singapurenses a expandirse a otras áreas del sector, aparte de la ingeniería marina y *offshore*.

Muchos de estos esfuerzos han prosperado. Los inversores singapurenses han combinado su propia determinación con las políticas del gobierno favorables a los negocios (así como con el continuo crecimiento del sector de hidrocarburos entre 2002 y 2014) para establecer lugares para ellos mismos. Muchas compañías también se han visto afectadas por la caída del precio del petróleo que comenzó a mediados de 2014, pero sus problemas no han desalojado al país de su posición como eje de los mercados petroleros asiáticos.[144]

Esta es una lección para África. Singapur, una antigua colonia, encontró la manera de convertirse en un peso pesado industrial y de ingeniería. A pesar de su propia falta de reservas de petróleo y gas, se convirtió en un jugador importante en el sector energético. Y lo hizo maximizando sus propias ventajas, no solo su geografía y su historia de participación en la construcción naval, sino también su gente, con sus habilidades, ambición y conocimiento de las condiciones locales. Su gobierno actuó deliberadamente para alentar la inversión siempre que fuera posible, dejando espacio para socios extranjeros y al mismo tiempo apoyando a los inversores locales.

Los países africanos deberían intentar algo similar. Produzcan o no petróleo y gas, también tienen grandes activos, especialmente capital humano. Pueden recurrir a un gran grupo de trabajadores que están ansiosos por encontrar trabajo, adquirir habilidades y poner en práctica su impulso emprendedor. Estos ambiciosos hombres y mujeres tienen lo necesario para construir y lanzar compañías capaces de proporcionar a los productores de petróleo y gas soluciones para sus problemas de ingeniería, marinos, de transporte, industriales, legales y de otro tipo. Es posible que tengan que comenzar poco a poco, pero si pueden encontrar sus propios nichos de mercado (y contar con el apoyo de gobiernos favorables a las empresas), eventualmente podrán crecer y perseguir proyectos importantes. Podrían, por ejemplo, trabajar para construir un servicio *offshore* y una base de reparación de buques frente a la costa de Nigeria, en un lugar que sea más conveniente para las empresas africanas y extranjeras que, por ejemplo, Stavanger en Noruega. O podrían utilizar el sector financiero bien desarrollado de Sudáfrica como trampolín para expandir el papel de los bancos africanos en la financiación del desarrollo del petróleo y gas y los contratos de servicios. Si emprenden este camino, podrán crear miles, quizás incluso millones, de nuevos empleos, tanto directos como a través del efecto multiplicador.

¡Y estos empleos beneficiarán a África de una forma que ni siquiera alcanzo todavía a imaginar!

8

Una "receta" para la diversificación económica

Los expertos económicos parecen estar de acuerdo en los siguientes dos puntos: primero, que la diversificación es preferible a la "maldición de los recursos", en la que la extracción de recursos naturales y su exportación son el factor más importante en el desempeño económico de un país; y segundo, que no hay un camino fácil hacia la diversificación.

La convergencia de opiniones es total, y los expertos usan un lenguaje sorprendentemente similar para describir el desafío:

En una publicación de blog de marzo de 2017, un gerente superior del Banco Mundial escribió: "No hay una receta mágica para la diversificación".[145] La Convención Marco de las Naciones Unidas sobre el Cambio Climático hizo una declaración casi idéntica en un documento técnico en octubre de 2016: "Debe quedar claro que no existe una receta milagrosa para lograr la diversificación de la noche a la mañana".[146] En septiembre de 2013, el Banco de la Reserva Federal de los Estados Unidos de St. Louis publicó un artículo con el título "¿Cuáles son los "ingredientes" para el crecimiento económico?"[147] Y finalmente, en abril de 2017, BizNis África informó que un representante de alto rango de la división de África de Deloitte había tratado de enumerar "algunos de los ingredientes para una diversificación económica exitosa", incluso cuando advirtió que "no había una receta simple para el éxito".[148]

Pero, ¿qué pasaría si el camino hacia la diversificación pudiera reducirse a una receta? Veríamos a políticos y empresarios africanos instando a sus colegas a combinar un conjunto de enmiendas para regulaciones de contenido local con dos campañas anticorrupción y cuatro proyectos de ley sobre reforma fiscal, ¿con solo un toque de consultoría de gestión para sazonar el producto final?

¿Seríamos testigos de algo similar al *reality show* estadounidense Chopped, con países africanos compitiendo para determinar qué combinaciones de los mismos ingredientes arrojaron los mejores resultados?

Este es, por supuesto, un escenario imaginario. Incluso con toda la charla sobre ingredientes y recetas, las discusiones sobre el futuro de África generalmente no se desarrollan como los concursos de cocina. Estoy de acuerdo con los expertos en este punto. No creo que haya una sola fórmula establecida para la diversificación económica.

Además, los productores africanos de petróleo y gas no tienen ejemplos que seguir en el continente. Ninguno de los países africanos que depende de la extracción de recursos ha completado el proceso de diversificación de su economía.

Botsuana, por ejemplo, ha sido aclamada por sus esfuerzos para cambiar el foco de atención de su economía de la minería de diamantes para que las finanzas, la agricultura, la logística, las comunicaciones y el sector de servicios puedan tomar protagonismo.[149] Estas medidas han tenido éxito en lograr que la porción del PIB generada por la extracción de diamantes caiga por debajo del nivel anterior del 50 por ciento,[150] por lo que el país ciertamente merece elogios. Aun así, el impulso hacia la diversificación sigue siendo un trabajo con muchos retos por delante. A finales de 2018, Botsuana aún dependía de los diamantes en aproximadamente un 25 por ciento de su PIB total y el 85 por ciento de sus ingresos de exportación.[151]

Mientras tanto, la agricultura es el medio de vida de más del 80 por ciento de la población del país y representa menos del 2 por ciento del PIB.

Pero esto no socava el caso de la diversificación económica. Y creo que existen formas lógicas de avanzar hacia este objetivo.

El petróleo y el gas como primer paso

Una forma de comenzar es abrazar la industria del petróleo y el gas, no solo por su propio beneficio, sino también por su capacidad de servir como puente hacia otros tipos de actividad económica.

Algunos países africanos han comenzado a tomar medidas en esta dirección mediante la construcción de refinerías de petróleo, a veces con el objetivo de asegurar inversiones adicionales de inversores extranjeros y otras con la esperanza de poder producir suficiente gasolina y diésel para satisfacer sus propias necesidades y también para exportación.

Nigeria, por ejemplo, está trabajando para revertir el hecho de que sus cuatro refinerías principales no pueden cubrir la demanda interna.[152] El país espera reducir su dependencia de las importaciones en los próximos años, cuando se complete la construcción de la gran refinería de Dangote en Lekki Free Zone. Esta planta, que el Grupo Dangote pretende terminar en 2020, procesará petróleo de los campos nigerianos. Tendrá una capacidad de producción de 650.000 barriles al día y producirá suficiente gasolina, combustible para aviones, diésel y petroquímicos tanto para exportación como para satisfacer la demanda interna en su totalidad.[153]

Los proyectos de este tipo pueden ayudar a generar ingresos que respalden la diversificación, pero solo representan una pieza del rompecabezas.

Descendiendo por la cadena: generación de energía

Para completar la ecuación, sugiero avanzar aún más por la cadena de valor y observar la forma en que se usan los hidrocarburos después de llegar al mercado. Tras el análisis, queda claro que el petróleo y el gas no son solo materiales que producen combustible para automóviles y aviones sino que también se pueden utilizar para producir electricidad. El gas natural es especialmente importante en esta actividad, ya que las centrales eléctricas pueden quemarlo de manera más limpia que los productos derivados del petróleo. Como tal, la generación de energía ofrece un camino hacia la diversificación económica y hacia la monetización de una parte mayor de la producción de gas en África.

Aquí hay mucho espacio para crecer. Nigeria, por ejemplo, no es solo el mayor productor de petróleo de África sino que también tiene más gas que cualquier otro estado africano. Con reservas estimadas en casi 5.3 trillones de metros cúbicos, fácilmente podría convertirse en un actor importante en el ámbito de los proyectos de gas a energía. Pero primero tendrá que superar décadas de apatía.

Los productores que trabajan en los campos nigerianos tienen una costumbre muy arraigada de concentrarse en el petróleo y considerar su gas como una molestia, solo apta para la quema. El gobierno ha tratado de cambiar de rumbo imponiendo multas nominales a las compañías que queman su gas y uniéndose a la Asociación Global para la Reducción de la Quema de Gas del Banco Mundial (GGFR en sus siglas en inglés) en 2015. Sin embargo, el país todavía está desperdiciando mucho de su potencial. Los datos de la Corporación Nacional de Petróleo de Nigeria (NNPC en sus siglas en inglés) muestran que solo en 2016, el mayor productor de petróleo de África quemaba casi 7 billones de metros cúbicos de gas por un valor de USD710 millones.[154]

Pero no se trata solo del dinero, estos volúmenes podrían haberse utilizado para abastecer 3.500 MW de capacidad de generación energía, casi el doble de la capacidad operativa actual.

La capacidad adicional podría haber ayudado al país a producir otros 750 TWh por año de electricidad, más que suficiente para acabar con la plaga de apagones incesantes e incapacitantes. Y a su vez, estos suministros de electricidad adicionales podrían haber ayudado a los consumidores comerciales y residenciales a contribuir de forma más notable a la economía nigeriana.[155]

El gobierno en cierta forma es consciente del coste de un enfoque laxo sobre la quema de gas. En 2017, la administración del presidente Muhammadu Buhari dio a conocer una nueva iniciativa nacional de utilización de gas, diciendo que estaba lista para ofrecer incentivos a las compañías que redujeran las tasas de quema y que se dispusieran a vender su gas a compradores que podrían usarlo para generar electricidad, ya fuese para impulsar instalaciones de generación eléctrica o para servir como combustible para cocinar. La agencia diseñada para implementar este plan, el Nigerian Gas Flare Commercialization Programme (NGFCP), lo promocionó como una "oportunidad única e histórica para atraer grandes inversiones en proyectos de captura de gas de quema económicamente viable mientras se aborda una solución permanentemente para el problema ambiental [que ya dura 60 años]". [156]

Hasta ahora, sin embargo, la administración Buhari no ha pasado de las palabras a los hechos. Aunque se ha publicado la expectativa de que NGFCP creará 36.000 nuevos empleos directos y otros 200.000 indirectos aún no ha dicho cuándo tiene la intención de comenzar a trabajar con los productores para poner el gas a disposición de los compradores locales. Tampoco ha revelado cuándo podrían comenzar las ventas de gas.

Hay múltiples lecciones que aprender de la experiencia de Nigeria en esta cuestión. Primero, enfocarse en el gas tiene el potencial de remunerar generosamente, ya que evita la pérdida de ingresos potenciales. Segundo, el gas no solo ofrece beneficios financieros sino que también se puede utilizar fuera del sector de petróleo y gas como combustible para las centrales eléctricas. Tercero, el uso de gas para generar electricidad ayuda a las personas y a las empresas al disminuir el riesgo de apagones. Cuarto, cuando las personas y las empresas pueden mantener sus actividades sin temor a un apagón, haciendo mayores contribuciones a la economía. En quinto y último lugar, los programas del sector público pueden ayudar a respaldar la expansión de la utilización del gas, siempre que el compromiso del gobierno sea práctico a la vez que teórico.

Descendiendo por la cadena de valor: fertilizantes y otras posibilidades

Estas lecciones no solo son aplicables a proyectos de gas a energía. También son relevantes para otros esfuerzos de diversificación económica que utilicen el petróleo y el gas como punto de partida.

Por supuesto, la generación de electricidad no es el único uso posible para el gas. Los estados productores que priorizan la agricultura, por ejemplo, tendrán razones de peso para construir plantas de fertilizantes y utilizar su gas como materia prima para estas instalaciones. A su vez, las nuevas fábricas producirán sustancias que los agricultores pueden usar para aumentar el rendimiento de los cultivos.

La República del Congo es probablemente un candidato principal para tal iniciativa, ya que se beneficiaría enormemente de la diversificación. El país depende en gran medida del petróleo, que representó no menos del 65 por ciento del PIB, el 85 por ciento de todos los ingresos del gobierno y el 92 por ciento de las exportaciones totales en 2017.[157]

La agricultura, por el contrario, aportó solo el 7,24 por ciento del PIB en el mismo año,[158] con un 4 por ciento (más de la mitad de esa cifra) proveniente de la agricultura de subsistencia, que ocupa alrededor del 40 por ciento de toda la población.[159]

Presumiblemente, estos agricultores de subsistencia podrían hacerlo mejor si tuvieran más acceso a fertilizantes, y ¿qué mejor manera de proporcionar ese acceso que usar gas producido localmente para fabricar este material? Esta es la lógica detrás del apoyo de Brazzaville a los planes para construir una planta de fertilizantes cerca del puerto de Pointe-Noire. Haldor Topsoe A / S de Dinamarca llegó a un acuerdo en el proyecto de 2.500 millones de dólares con MGI Energy, una compañía congoleña involucrada en la producción de gas, en 2018. Los socios esperan comenzar a trabajar a lo largo de 2019 y necesitarán unos tres años para terminar la construcción.

En septiembre de 2018, el ministro de Estado de Economía congoleño, Gilbert Ondongo, dijo que creía que el proyecto ayudaría a la economía del país de dos maneras, por un lado, dando un impulso al sector agrícola y por otro, alentando el comercio.

"Se han construido plantas similares en Bangladesh, India y Pakistán, y ayudaron a esos países a ser autosuficientes en agricultura", dijo a la agencia de noticias Bloomberg. "El lugar donde se construirá la planta facilitará que su fertilizante llegue a los mercados locales, regionales e internacionales".[160]

Si este proyecto se concreta, beneficiará a la República del Congo en múltiples niveles, como se describió anteriormente. Permitirá al país monetizar sus reservas de gas y generar impulso en el resto de la economía. Ayudará a los agricultores a obtener acceso a los suministros de fertilizantes, que pueden utilizar para aumentar la productividad y la producción en el sector agrícola. A su vez, la agricultura podrá hacer una mayor contribución a la economía congoleña en su conjunto.

Suponiendo, por supuesto, que el gobierno brinde el respaldo necesario para este desarrollo, tanto en teoría como en la práctica.

El tipo correcto de apoyo

Esto me lleva a otro punto: la necesidad de ofrecer apoyo estatal para proyectos de diversificación no solo por el bien de proyectos individuales, sino por el bien de la economía en su conjunto.

En otras palabras, este enfoque debería ser una cuestión de política y no una respuesta ad hoc a las propuestas de inversión individuales. Los países africanos deberían hacer esto para evitar que las áreas productoras de petróleo y gas se vean afectadas por las fluctuaciones en los precios de la energía, como ha sucedido en las ciudades fruto del boom petrolero en Dakota del Norte.[161] Deben hacerlo para crear más opciones para los africanos que estén listos para trabajar: después de todo, ¡no todos quieren trabajar en el sector de la extracción de recursos! Deberían hacerlo para que otros sectores de la economía puedan prosperar y crear empleos, no solo directa sino indirectamente, ya que cada nuevo negocio que se abra creará la necesidad de compañías adicionales que puedan mantener a los trabajadores, bienes y servicios en movimiento donde más se necesitan.

Y deberían hacerlo para crear capacidad en industrias que durarán más que el petróleo y el gas. Los hidrocarburos son recursos limitados; y es por todos conocido que en un momento dado los campos se secarán. Los productores africanos deberían alentar a las empresas a que ofrezcan a sus trabajadores oportunidades para desarrollar habilidades transferibles que sean útiles tanto dentro como fuera de la industria del petróleo y el gas: tecnología de la información, comunicaciones, logística, fabricación, finanzas y comercio. Deberían trabajar para aumentar la capacidad de producción de algodón, cacao y otros productos tradicionales que a veces se dejan de lado en la prisa por desarrollar recursos de combustible y energía.

Ciertamente, estos apoyos estatales deberían basarse en los vínculos entre el petróleo y el gas y los sectores relacionados de la economía. En otras palabras, deberían alentar a los productores de gas a realizar proyectos de conversión de gas a energía, construir nuevas plantas de fertilizantes, establecer redes municipales de distribución de gas y utilizar materias primas petroquímicas producidas localmente en la fabricación de plásticos de alta tecnología y otros bienes.

Pero también pueden ayudar a conectar otros sectores a la cadena de valor.

Más específicamente, los gobiernos africanos deberían invertir algunos de los ingresos que obtienen de la producción de petróleo y gas en la diversificación económica; deberían invertir en otros sectores prometedores que no tienen vínculos directos con la energía, como la pesca y el turismo. También deberían aprovechar la asistencia que el gobierno noruego y otras instituciones brindan a los países que buscan optimizar la gestión del dinero obtenido de la extracción de recursos.

Si adoptan este enfoque, es más probable que vean a las empresas locales crear empleos, tanto directos (en los sectores en cuestión) como indirectos (en áreas que facilitan el movimiento de bienes, servicios y trabajadores en esos sectores), y hacer mayores contribuciones al crecimiento económico. A su vez, estos nuevos empleos fomentarán el crecimiento en muchas partes de la economía.

Adelante y en ascenso

¿Cómo será este crecimiento? Desafortunadamente, todavía no puedo citar historias de éxito a largo plazo específicas de África.

Pero puedo señalar el ejemplo de un país que tiene el potencial de avanzar en esta dirección, utilizando petróleo y gas como punto de partida y luego buscando nuevas oportunidades a lo largo de la cadena de valor. Ese país es Guinea Ecuatorial, que realizó sus primeros descubrimientos en alta mar a mediados de la década de 1990 y luego se convirtió rápidamente en dependiente del petróleo y el gas. En 2015, esos productos representaron el 86 por ciento de las exportaciones totales, el 80 por ciento de los ingresos del gobierno y el 60 por ciento del PIB.[162]

Este grado de dependencia de los hidrocarburos es obviamente problemático. Ha dejado al país vulnerable a eventos como el *shock* del precio del petróleo que comenzó a mediados de 2014 y el pico de la producción nacional de petróleo y gas poco después. También ha planteado la cuestión de cómo aprovechar al máximo el capital humano y otros recursos naturales.

Considero que de forma notable, el gobierno de Guinea Ecuatorial ya ha comenzado a formular una respuesta a esta pregunta. Está trabajando dentro del sector, ampliando las oportunidades para la monetización del gas a través de proyectos tales como la construcción de plantas de GNL y GLP en un complejo de procesamiento en la isla de Bioko.[163] También está trabajando fuera del sector, organizando la producción de campos en alta mar que irá a la planta de metanol de AMPCO y a la central térmica de Malabo (TPP).[164] En mayo de 2018, anunció que quería expandir el complejo de gas de la isla de Bioko para que pudiera servir como un megahub regional capaz de procesar gas nacional y extranjero como GNL, para reembarcarlo y exportarlo a otros lugares, y para producir grandes cantidades de petroquímicos y energía eléctrica.[165]

Como resultado, el gas ya ha ayudado a generar un impulso positivo en más de un sector de la economía ecuatoguineana.

Y habrá espacio para mucho más crecimiento a medida que avance el trabajo en el megahub. El éxito del proyecto va a depender del comercio con otros países, es decir, con otros estados productores de gas que buscan acceso a la instalación. Como resultado, cada ciudadano ecuatoguineano que desempeñe un papel en las conversaciones con proveedores y compradores de terceros estará en condiciones de adquirir habilidades en el área de las negociaciones de comercio exterior.

A su vez, los trabajadores que adquieran estas habilidades podrán aplicarlas en otros lugares. Por ejemplo, si deciden tomar o crear un empleo en el sector turístico, que el gobierno ecuatoguineano identificó en 2014 como una posible vía hacia la diversificación,[166] ya tendrán experiencia en persuadir a los clientes extranjeros para que elijan su país sobre otras opciones.

¡Esperemos que los funcionarios en Malabo reconozcan su potencial y se esfuercen en maximizarlo! Tienen una gran oportunidad de alcanzar este objetivo si promulgan políticas que apoyen la inversión en diferentes industrias, y si utilizan los ingresos del petróleo y el gas para financiar tales esfuerzos.

Chile: no solamente cobre

Chile es ampliamente reconocido como un ejemplo de éxito en su diversificación económica. El país sudamericano, que posee el 38 por ciento de las reservas mundiales de cobre, tiene una larga historia de dependencia de la industria extractiva en general y de la minería del cobre en particular.[167]

Pero en los últimos 50 años, ha logrado reducir la participación del cobre y los productos relacionados en las exportaciones totales de casi un 80 por ciento a aproximadamente un 50 por ciento. Y lo ha hecho a pesar de que ha multiplicado por diez la producción, pasando de unas 500.000 toneladas por año a principios de la década de 1960 a alrededor de 5.5 millones de toneladas por año en 2005 y años posteriores.[168] En 2017, el Banco Mundial lo describió como "un ejemplo de economía diversificada, que exporta más de 2.800 productos distintos a más de 120 países diferentes".[169]

Entonces, ¿cómo logró Chile esta hazaña? Mediante una combinación de reformas económicas y políticas llevadas a cabo durante un período de más de 30 años.

El elemento político es importante, dado que los esfuerzos de Chile para fomentar la diversificación económica no tuvieron mucho éxito hasta principios de la década de 1970, después de que el general Augusto Pinochet tomó el poder de Salvador Allende, un socialista, y estableció un gobierno autoritario. El régimen de Pinochet comenzó trabajando para revertir el programa del presidente Allende, que incluía controles de precios, subsidios, aranceles de importación elevados y restricciones a la inversión extranjera. Luego procedió con su propia agenda, que enfatizó la importancia de los mercados libres y el libre comercio.

Este enfoque demostró ser lo suficientemente exitoso, a pesar de tener sus orígenes en la agitación política, que Chile en su mayoría ha seguido avanzando en la dirección de la liberalización económica. Incluso después de que el gobierno comenzó a reducir las restricciones a los derechos civiles en la década de 1980, e incluso después de que Pinochet dejará la presidencia en 1989, el país ha impulsado reformas orientadas al mercado.[170]

Y muchas de las reformas que ha promulgado son exactamente del tipo del que estoy hablando.

Adoptó la decisión de gastar fondos públicos en industrias no extractivas, por ejemplo. El gobierno dio incentivos a los inversores del sector forestal para plantar pinos de Monterrey, que crecen más rápidamente en Chile que en cualquier otra región. Estos árboles se han convertido en una fuente clave de ingresos por exportación, ya que se pueden usar para hacer pulpa y productos de madera aserrada que alcanzan un valor razonablemente alto en el mercado. Además, ha tratado de promover la pesca. Como resultado, se ha convertido en el segundo mayor exportador mundial de salmón.

Por supuesto, no se trata simplemente de decirles a las personas que planten árboles o que vayan a pescar. Chile también ha adoptado medidas para reforzar la credibilidad de su fondo soberano, reducir los aranceles con la esperanza de acelerar la integración en la economía global, establecer programas para ayudar a los empresarios a lanzar pequeñas y medianas empresas (PYME) y establecer Partenariados Público Privados (PPPs).

También ha identificado varios sectores prioritarios para futuras inversiones: servicios generales, turismo especializado, minería, alimentos funcionales y el cultivo de aves y cerdos.

Del ejemplo de Chile se puede extraer lecciones importantes para África:

- Las reformas políticas y económicas son importantes en un sentido general, como es evidente por el hecho de que los objetivos de la diversificación económica y la liberalización han permanecido en su lugar incluso cuando los gobiernos han cambiado de manos.
- Los gobiernos pueden ofrecer un valioso apoyo a los programas de reforma orientados al mercado, como el establecimiento de PPPs.
- La diversificación debe implicar el crecimiento en sectores dispares de la economía, incluidos aquellos que no tienen conexión directa con las industrias extractivas, como el énfasis de Chile en la producción alimentaria del sector agrícola.
- Los inversores también deben buscar oportunidades únicas que pueden no surgir en ningún otro lugar, como los proyectos de pino Monterrey de Chile.

Si los países africanos siguen estas lecciones, obtendrán valiosas herramientas que acortarán el camino hacia la diversificación económica.

9
¡Llamamiento a todos los líderes! Más sobre buena gobernanza

"Necesitamos líderes que entiendan que están administrando su país en beneficio de todos y cada uno de los ciudadanos. Cada niño en este país es su responsabilidad; necesitamos personas que realmente crean en esto, que no puedan dormir porque algunas personas no pueden comer o no pueden acceder a medicamentos."

No podría estar más de acuerdo con este hermosa reflexión de Mo Ibrahim, fundador de The Mo Ibrahim Foundation, una fundación africana creada en 2006 para apoyar el buen gobierno y el liderazgo en todo el continente.

Y creo que los líderes africanos están atendiendo a este llamamiento.

Bill Gates, posiblemente uno de los empresarios más exitosos del mundo, está de acuerdo.

"Aunque 2016 fue un año difícil para muchas economías africanas, casi todas las tendencias en el continente se han movido en la dirección correcta durante la última década. El ingreso per cápita, la inversión extranjera, la productividad agrícola, la banca móvil, el emprendimiento, las tasas de inmunización y la matrícula escolar están subiendo. La pobreza, los conflictos armados, el VIH, la malaria y la mortalidad infantil están en retroceso, en muchos lugares incluso de forma abrupta."

Durante la última década, el continente ha logrado avances asombrosos. La publicación del Banco Mundial "Doing Business in 2005"[171] ubicó a África en el último lugar en términos de su ritmo de reforma. Sí, era previsible, dado el clima político y socioeconómico del momento. Entonces comenzamos a presenciar un cambio: el índice de 2007 colocó al continente en el tercer lugar entre los reformadores más rápidos del mundo, citando al menos una reforma en dos tercios de las naciones africanas. Hoy, el impulso de los esfuerzos de reforma es notable en todo el continente. El informe de 2016 clasificó a cinco países africanos entre los diez primeros en mejora de sus naciones y un tercio de todas las reformas regulatorias orientadas a simplificar los negocios se produjo en África Subsahariana.

La acertadamente llamada "Encuesta sobre el atractivo de África"[172] anual de Ernst & Young, realizada internacionalmente en 2011, confirmó la perspectiva positiva:

- El 68 por ciento vio a África como un destino de inversión más atractivo que en 2008.
- El 75 por ciento se mostró optimista sobre las perspectivas de África para los siguientes tres años.
- El 43 por ciento estaba planeando la expandirse en África.

A partir de la encuesta de atractivo de 2015, Ernst & Young espera ver tasas de crecimiento anual compuesto superiores al 5 por ciento hasta 2030 en 24 países del África subsahariana.

Las iniciativas exitosas de reforma, apoyadas por los gobiernos locales y el sector privado, están ayudando a transformar las perspectivas del continente.

Gracias a grupos como el Investment Climate Facility for Africa (ICF), la reforma se acerca. La ICF y otras organizaciones independientes fomentan iniciativas que hacen posible que las empresas "se registren, paguen sus impuestos, resuelvan disputas comerciales, despachen mercancías a través de aduanas y mucho más, de manera rápida, simple y transparente. Esta simplificación y eficiencia está ayudando a acelerar el crecimiento económico, cambiando en última instancia la vida de millones de africanos."

¿Y qué hay de la última publicación de "Doing Business"? Las perspectivas continúan brillando intensamente en el sur, en particular: a partir de mayo de 2018, un tercio de todas las reformas regulatorias analizadas por el informe fueron en África subsahariana.

"África subsahariana ha sido la región con el mayor número de reformas anuales desde 2012. Este año, "Doing Business" recogió un récord de 107 reformas en 40 economías en África subsahariana, y el sector privado de la región está sintiendo el impacto de estas mejoras. El tiempo y coste medio de registrar un negocio, por ejemplo, ha disminuido de 59 días y 192 por ciento del ingreso per cápita en 2006 a 23 días y 40 por ciento del ingreso per cápita en la actualidad."[173]

Políticas fiscales sólidas para la gestión de ingresos

El continente africano ha visto algunos beneficios económicos serios en las últimas dos décadas. Después de un período de estancamiento, vimos altas tasas de crecimiento en economías pequeñas como Ghana, economías más grandes como Nigeria e incluso en "estados frágiles" como Angola.

Pero Christopher Adam, profesor de Economía del Desarrollo de Oxford, advierte que estos avances pasados podrían estar ahora en peligro.

"En última instancia, es la política fiscal la que desempeñará un papel decisivo para garantizar que el ajuste macroeconómico de África sea exitoso. Debe diseñarse de manera que no socave el crecimiento que producen las recientes inversiones en infraestructura. Además, puede preservar los avances en reducción de la pobreza y la mejora en servicios de salud y educación", escribió Adam en un artículo para The Conversation.[174]

Para mantener el progreso, Adam pide un equilibrio macroeconómico y advierte contra los impuestos excesivos o la restricción de acceso a divisas, estrategias que, según él, solo fomentan el mercado negro y agravan la escasez generalizada. "Se necesita una acción decidida para navegar por las turbulentas aguas económicas que se avecinan sin deshacer los logros de las últimas dos décadas", escribió. "El éxito requerirá decisiones políticas difíciles, especialmente en materia de impuestos y gasto público".

El Fondo Monetario Internacional nombra las siguientes "cinco claves para una política fiscal inteligente":[175]

1. Contra cíclica (suaviza el ciclo económico).
2. Favorable al crecimiento (apoya a los factores de crecimiento a largo plazo, el capital, el trabajo y la productividad).
3. Promueve la inclusión (asegura que el crecimiento se comparta entre las personas que participen plenamente en la economía).
4. Respaldada por una fuerte capacidad fiscal (tiene una estable fuente de ingresos a través de los impuestos).
5. Prudente (cautela y sensatez).

Y en todo el continente estamos viendo evidencias de que los líderes están poniendo en práctica estas claves. La caída de los precios del petróleo en el mercado mundial ha frenado significativamente el crecimiento económico de los petroestados, cuyas economías dependen de sus ingresos energéticos. A pesar de esto, Nigeria está resistiendo bastante bien la tormenta económica, recibiendo calificaciones positivas para sus cinco principales bancos, a pesar de la amenaza de una recesión por primera vez en 20 años.

¿Por qué?

En respuesta a la crisis financiera global de 2008, Nigeria introdujo requisitos de capitalización y reformas a la supervisión bancaria para mejorar la transparencia y consolidar las finanzas del gobierno. Y en 2017, un cambio en la regulación contable eliminó el período de espera de un año para que los bancos cancelen completamente los préstamos morosos, permitiéndoles liquidar sus balances de inmediato utilizando reservas de capital y manteniendo a los cinco bancos nacionales técnicamente solventes.

Esta es una gran noticia para Nigeria. Pero también es un faro de esperanza para el resto del continente: Sí, Nigeria ha sido bendecida con una gran cantidad de reservas de petróleo, pero hemos visto que, en el pasado, esta nación ha permitido que esta abundancia le nuble el juicio. En resumen, Nigeria fue el paradigma de la maldición de los recursos. Si Nigeria puede comenzar a revertirlo, otros países también pueden hacerlo.

Y no solo estoy hablando de petróleo y gas. Una política fiscal sólida ayuda a formar la columna vertebral de una estrategia sólida de gestión económica que promoverá el crecimiento y la prosperidad para todos. Por supuesto, un país no puede saber qué recursos naturales se descubrirán dentro de sus fronteras, pero los legisladores de ese país *sí deciden* qué políticas adoptar respecto de esos recursos.

Y sus decisiones impactan en su economía.

Como nos recuerda el Instituto Nacional de Gobernanza de Recursos, "cuando se gestionan con prudencia, las inversiones en petróleo, gas y minería y los enormes ingresos que generan pueden cimentar los esfuerzos de desarrollo y tener un impacto positivo duradero en la vida de los ciudadanos. Sin embargo, sin políticas, marcos y supervisión adecuados, estas mismas inversiones tienen el potencial de desestabilizar los sistemas de gestión financiera pública, generar impactos ambientales y sociales negativos y aumentar el riesgo de corrupción."[176]

Así como Nigeria tiene la esperanza de que sus nuevas regulaciones contables continúen empujándola hacia adelante positivamente, Tanzania también introdujo nuevas leyes para sus industrias extractivas. Esta república de África oriental es rica en minerales, incluido el oro y otros metales preciosos, y un elemento importante de la nueva legislación fue aumentar los impuestos en la industria minera. El resultado: una elevada tasa impositiva del 74 por ciento que le dio a Tanzania los impuestos mineros más altos del planeta.[177]

Si bien este impuesto exorbitante podría haber sido una buena manera de llenar las arcas del gobierno, lo que realmente logró fue enfadar a la ciudadanía y crear un clima de negocios poco acogedor. Sin embargo, después de un año, el presidente de Tanzania, John Magufuli, anunció el plan del gobierno para reevaluar el régimen fiscal. La preocupación es que la nueva estrategia fiscal no ha alcanzado el equilibrio correcto entre ser demasiado bajo para que el gobierno realmente capitalice los recursos versus ser demasiado alto y desincentivar la inversión. Una preocupación secundaria es que los impuestos altos podrían estar causando una mayor evasión fiscal, reduciendo aún más el flujo de ingresos del gobierno.

¡El presidente Magufuli debería haber leído el trabajo del profesor Adam! Si bien la legislación puede no haber sido un éxito, esta decisión, al menos, muestra la comprensión del gobierno de Tanzania de esta compleja situación y su voluntad de mejorar la legislación.

Tanzania podría mirar hacia el sur para ver cómo se puede hacer.

Un ejemplo de un gobierno que ha desarrollado una política económica efectiva es Botsuana. La mayor parte de esta nación sin litoral está cubierta por el desierto de Kalahari, lo que deja pocas oportunidades para inversiones agrícolas. Antes de 1970, era considerado uno de los países más pobres del mundo... pero esto cambió con el descubrimiento de los diamantes, lo que provocó un crecimiento acelerado del PIB, el ingreso per cápita y un superávit en la balanza de pagos. Pero la bonanza del diamante hizo bastante más que sacar a la nación de la pobreza extrema: el gobierno también era lo suficientemente progresista como para instituir una política de reinversión continua de los ingresos de su industria del diamante para el beneficio socioeconómico de su gente, financiando servicios sociales como un sistema de salud, educación e inversiones en infraestructura viaria.

Tanzania también podría considerar los éxitos cosechados más hacia el oeste.

La innovadora Ley de Administración de Ingresos Petroleros de Ghana (analizada en profundidad más adelante) describe los mecanismos para recaudar y distribuir los ingresos del petróleo, con especificaciones claras sobre los porcentajes que se deben utilizar para financiar el presupuesto anual, reservar para las generaciones futuras y reinvertir en la industria y en infraestructura. La legislación creó un régimen fiscal que garantiza que todos los ingresos del petróleo se contabilicen abiertamente, se depositen en su "canasta" apropiada y se utilicen para los fines previstos.[178] La legislación de Ghana ofrece un sistema fiscal bien diseñado que atiende a la naturaleza de la industria petrolera y las incertidumbres intrínsecas de la E&P, así como las capacidades del gobierno para promover la industria mientras genera ingresos para apoyar el desarrollo socioeconómico de la nación.

Combatir la corrupción con solo decir "No"

Por supuesto, podemos hablar hasta el hartazgo sobre climas de negocios positivos y la importancia de políticas gubernamentales bien diseñadas para administrar los ingresos del petróleo y el gas, y no servirá para nada si los sobornos continúan siendo parte de los negocios.

Hemos hablado sobre los peligros de la "ayuda" extranjera. Pero además de la posibilidad de que los países se vuelvan dependientes, aquí hay otra razón: la "ayuda" financiera evita el buen gobierno al distanciar al gobierno y sus ciudadanos. En lugar de centrarse en mejorar las necesidades de los ciudadanos, como vivienda, educación, atención médica o acceso a la energía, los gobiernos pueden acabar complaciendo a los donantes.

Escribiendo para The Spectator, Harriet Sergeant lo expresa de manera más contundente: "Cuando los donantes extranjeros cubren el 40 por ciento de los presupuestos operativos de países como Kenia y Uganda, ¿por qué deberían los líderes atender a las demandas de sus ciudadanos? Congraciarse con los donantes extranjeros es lo primero."[179]

Si bien mi perspectiva puede no ser tan pesimista, sí estoy de acuerdo en que el "congraciarse" a menudo equivale al soborno. Y el soborno, cualquiera que sea la forma, se está produciendo a todos los niveles. Las empresas pagan sobornos para que sus propuestas sean aprobadas. Los tribunales gubernamentales aceptan sobornos para influir en la sentencia de los juicios. E incluso a nivel individual, las personas entregan sobornos para tener acceso a mejores servicios públicos, servicios que deberían estar disponibles gratuitamente para todos.

Este no es un modelo de negocio inteligente. Lo he visto una y otra vez: una vez que comienzan los pagos, nunca se detienen. Las empresas que se lanzan al mercado a través de sobornos pagan para acceder al mercado, luego siguen pagando para quedarse y luego tienen que hacer frente a grandes multas que pagan para salir.

Cuando se trata de sobornos, mi consejo es simple: simplemente no pague.

Y sí, realmente puede ser así de simple, pero todos tenemos que rechazarlo. Depende de cada uno de nosotros levantarnos y denunciarlo. Debemos ser una voz combinada y coherente en favor de la ética, la moral y la equidad para sacar a África de este círculo de corrupción de una vez por todas. Cuando entramos en comunidades donde vemos corrupción o somos testigos de un gobierno que no trata a las personas con respeto, debemos afirmar firmemente que no podemos trabajar allí.

Las empresas de petróleo y gas deberían liderar este cambio. Tiene sentido: su influencia es poderosa, y ya son pioneros en muchos aspectos.

La industria ya está en ello, gracias a iniciativas como la UK Bribery Act, la U.S. Foreign Corrupt Practices Act (FCPA) y la Canadian Corruption of Foreign Public Officials Act (CFPOA). Estas leyes articulan la respuesta a delitos como ofrecer, dar o aceptar un soborno, y llevan aparejadas severas sanciones por su infracción. Las sanciones por incumplimiento pueden incluir la prohibición de licitar contratos gubernamentales, multas significativas e incluso penas de cárcel. Además, han surgido muchas organizaciones anticorrupción para respaldar a los gobiernos en su campaña hacia una práctica justa universal.

"La aplicación de la legislación estadounidense sobre sobornos extraterritoriales se ha intensificado drásticamente en la última década y muestra pocas señales de disminuir", dijo Reagan Demas, socio de Baker & McKenzie LLP en Washington DC, a Financier Worldwide en 2012. "Otros países han aprobado una legislación similar y están comenzando a hacerlas cumplir. A raíz de condenas a empresas que operan en África en sectores como el petróleo y el gas, la minería, las telecomunicaciones, el transporte de mercancías y otras industrias, las empresas están reconociendo la importancia de un programa de cumplimiento bien desarrollado cuando operan en estos países de mayor riesgo / mayor recompensa."[180]

Empuje por la transparencia

La Extractive Industries Transparency Initiative (EITI; www. eiti.org) establece un estándar global para la transparencia en el petróleo, el gas y la minería. EITI promueve un entorno empresarial más transparente al informar sobre lo que hacen las empresas con el petróleo, el gas y los minerales que producen, a dónde van sus ingresos y qué empleos se crearon en el proceso. Al mismo tiempo, la EITI requiere que los gobiernos informen de los ingresos que reciben de las industrias extractivas. El cumplimiento de la EITI crea un entorno nivelado para las empresas, y la transparencia resultante contribuye a mejorar la estabilidad política y la reputación de los países. Y eso, a su vez, mejora el clima de inversión del país que cumple con la iniciativa.

Mientras tanto, Publish What You Pay (www.publishwhatyoupay. org) es un grupo mundial proveniente de la sociedad civil que ayuda a los ciudadanos de los países en desarrollo ricos en recursos a responsabilizar a sus gobiernos por la gestión de los ingresos de las industrias del petróleo, el gas y la minería.

Otros grupos con mayor ámbito de actuación amplían su alcance más allá del sector energético. El UN Goblal Compact (www. unglobalcompact.org) solicita a las empresas que adopten, dentro de su esfera de influencia, un conjunto de valores fundamentales en las áreas de derechos humanos, normas laborales, medio ambiente y anticorrupción. Del mismo modo, el Foro Global de Gobierno Corporativo apoya las iniciativas regionales y locales para mejorar el gobierno corporativo en países de ingresos medios y bajos, y Transparencia Internacional es una organización global de la sociedad civil que lucha contra la corrupción.

Y en el continente mismo, África cuenta con grupos que luchan por prácticas justas:

- El Africa Governance, Monitoring and Advocacy Project (AfriMAP) aspira a conseguir el cumplimiento por parte de los estados africanos de los requisitos de buen gobierno, democracia, derechos humanos y el Estado de Derecho.
- EL African Parliamentarians Network Against Corruption (APNAC; www.apnacafrica.org) trabaja para fortalecer la capacidad parlamentaria para combatir la corrupción y promover el buen gobierno.
- El African Peer Review Mechanism (APRM; aprm-au.org) es un sistema introducido por la Unión Africana para ayudar a los países a mejorar su gobernanza.
- La Business Coalition Against Corruption (BCAC) de Camerún, originalmente creada para formar a las compañías para abordar la corrupción, ha ampliado su actividad para representar a compañías británicas, canadienses, francesas, italianas y estadounidenses que operan allí.
- Business Ethics Network of Africa (BEN-Africa; www.benafrica.org) facilita la interacción entre académicos y profesionales que comparten un interés en la ética empresarial.
- Eastern, Central and Southern Africa Federation of Accountants (ECSAFA; www.ecsafa.org) se esfuerza por desarrollar y promover la profesión contable en las regiones del este, centro y sur de África.
- Information Portal on Corruption and Governance in Africa (IPOC; www.ipocafrica.org) es un portal que sirve como un punto de referencia principal para aquellos interesados en combatir la corrupción y promover la gobernanza democrática en África.
- Open Society Initiative for Southern Africa (www.osisa.org) colabora en derechos humanos, educación, construcción de la democracia, desarrollo económico, medios de comunicación y acceso a tecnología e información.
- Southern Africa Forum Against Corruption (SAFAC) pretende desarrollar la capacidad de las agencias anticorrupción de la

> Southern African Development Community (SADC) para desarrollar estrategias efectivas anticorrupción y crear sinergias con otras partes interesadas anticorrupción.

Las organizaciones anticorrupción no son las únicas que se esfuerzan por erradicar la corrupción en África. Muchos gobiernos africanos también están tomando medidas para erradicarlo. Transparencia Internacional recientemente agregó estas naciones a su lista de "menos corruptos":

- Cabo Verde
- Lesoto
- Mauricio
- Namibia
- Ruanda
- Sudáfrica
- Senegal
- Seychelles

Pero la "superestrella" anticorrupción de África podría ser Botsuana, que siempre ha encabezado la lista de Transparencia Internacional de los países menos corruptos de África. El gobierno federal de Botsuana creó la Dirección de Corrupción y Delitos Económicos (DCEC en sus siglas en inglés) en 1994, en respuesta a una serie de escándalos de corrupción. La dirección combate la corrupción a través de esfuerzos de investigación, prevención y educación. Desde su creación, se ha ganado elogios internacionales por sus programas innovadores, que incluyen la divulgación a los jóvenes y las comunidades rurales.

A día de hoy, el gobierno castiga la corrupción con penas de prisión de hasta 10 años, una multa de 500.000 Pula (USD64.000) o ambas. El Departamento de Estado de EE. UU. informa de que el gobierno de Botsuana impone entre 16 y 20 condenas al año por delitos relacionados con la corrupción y no ha evitado enjuiciar a funcionarios de alto nivel.

Botsuana nos muestra que uno de los efectos más dañinos de la maldición de los recursos, la corrupción, puede ser derrotado. El país tomo el control de sus recursos naturales y creó una cultura positiva para administrar su mercado de diamantes, que ahora es la envidia del mundo. Al alejarse de los males del pasado, reducir la burocracia y la corrupción, e invertir sus ingresos en recursos humanos, el país ha logrado mejores clasificaciones comerciales, mayores ingresos y mejorar la vida para los ciudadanos de Botsuana.

Iniciativas de transparencia: verlo todo claramente

Una pieza vital del puzle anticorrupción es la transparencia absoluta. Y cuando se trata de transparencia, podemos aprender una o dos cosas de Ghana.

El país es nuevo en la industria del petróleo y el gas, muy nuevo. Su hallazgo principal, el campo Jubilee, se descubrió en 2007. En ese momento, el país no tenía experiencia en tecnologías de extracción.

Quizás debido a esta completa falta de experiencia, y a que el país tuvo que trabajar rápidamente para ponerse al día, Ghana tomó medidas deliberadas y calculadas para garantizar que su abundancia de recursos naturales se convirtiera en algo beneficioso. Lo que es más importante, el país estableció disposiciones para garantizar la sostenibilidad del sector y salvaguardar los intereses de las generaciones futuras.

El gobierno de Ghana trabajó incansablemente para redactar la Ley de Gestión de Ingresos Petroleros (PRMA en sus siglas en inglés). Cuando finalmente se introdujo en 2011, estableció una estructura reguladora integral de veracidad y rendición de cuentas que incluye algunos mecanismos de transparencia sin precedentes:

- Las noticias y novedades de la industria se publican cada mes en periódicos nacionales y en Internet.
- Existe una división clara entre el presupuesto estatal y los ingresos petroleros y un límite sobre cómo el gobierno puede usar una parte en su presupuesto.
- El Annual Budget Funding Amount controla la participación del gobierno en los ingresos de petróleo y gas; cada trimestre, hasta el 70 por ciento del capital debe pagarse al fondo para el desarrollo estratégico.
- El Petroleum Holding Fund, que forma parte del Bank of Ghana, regula la asignación de ingresos por petróleo y gas, y todos los detalles de ingresos están disponibles para el público.
- Se anima a las personas a evaluar y debatir si el gasto se ajusta a las prioridades de desarrollo.

- El Public Interest Accountability Committee (PIAC) supervisa el cumplimiento y proporciona una evaluación independiente sobre la gestión de ingresos.
- La Comisión del Petróleo asumió el papel de supervisión de la estatal Ghana National Petroleum Company (GNPC), que fue reformada para permitirle enfocarse en el sector *upstream*.

¿Cómo logró este gobierno inexperto redactar la que considero la legislación más efectiva y transparente para administrar los recursos de hidrocarburos en todo el continente?

Todo comenzó con la educación.

En vez de abalanzarse ciegamente sobre el dinero, Ghana aprendió to lo posible sobre el sector energético. Buscó asesoramiento internacional de socios exitosos. Al aplicar las buenas prácticas de aquellos que habían tenido éxito antes evitó sus errores, y se ahorró el tener que transitar por un camino ya andado.

Además, el país se centró en fomentar sus capacidades domésticas de formación. Por ejemplo, en 2015, la Universidad de Ciencia y Tecnología Kwame Nkrumah presentó su nuevo Complejo de Laboratorios y Edificio de Petróleo.

Y por último, pero no menos importante, los líderes de Ghana entendieron la importancia de la aprobación pública. Ghana ya cumplía con la EITI con sus requisitos de la industria minera y cumplió fácilmente con los de su industria petrolera antes del inicio de la producción de petróleo en 2010. En el transcurso de ese año, grupos de varios sectores celebraron foros abiertos para evaluar la comprensión del público sobre la industria y para mantener el mayor grado posible de participación pública y transparencia del proceso. Estos encuentros reunieron a miembros de la sociedad de todos los ámbitos, desde empresarios hasta agricultores y escolares, para tener una idea real de lo que los ghaneses opinaban sobre el desarrollo del sector del petróleo en su tierra natal.

"A pequeña escala, surgió un contrato social entre los ciudadanos y el gobierno", escribió Joe Amoako-Tuffour, que trabajó como asesor técnico de política fiscal del Ministerio de Finanzas y Planificación Económica de Ghana.[181]

Me atrevo a decir que, por el contrario, no fue una cuestión baladí, sino un paso muy grande e impactante. A través de una transparencia sin precedentes, el gobierno estaba demostrando su compromiso con la gente.

Las políticas firmes y justas de contenido local logran un equilibrio

Veo demasiado como para hablar sobre contenido local, pero los resultados y el enfoque en los resultados deben ser una prioridad. A veces, con el contenido local, tienes la sensación de estar en un campo abarrotado de predicadores luchando febrilmente por la atención del mismo foro. Demasiadas personas hablan sobre contenido local con poco conocimiento de cómo funciona la industria petrolera o entendiendo que necesitamos encontrar el equilibrio correcto.

Las políticas de contenido local se derivan de una filosofía simple: los recursos naturales de un país pertenecen a los ciudadanos, por lo que los ciudadanos deberían beneficiarse de su desarrollo. Aunque la definición exacta sigue siendo un poco esquiva y etérea, el concepto de oportunidades justas para las comunidades locales sigue siendo el quid de la cuestión para muchos países africanos.

El objetivo es conseguir más empleados locales en el sector de la energía y hacer que más empresas locales sean proveedores de la industria. Pero, ¿qué significa "local"? ¿Y cuán locales estamos hablando? ¿Incluimos también contenido regional de estados cercanos y vecinos (o de países africanos más distantes)? Además, ¿cómo podemos asegurarnos de que el contenido local y regional se convierta en parte del enfoque diario de un país o de una región para hacer negocios?

Estas preguntas resaltan la complejidad del problema. Tome como ejemplo el Delta del Níger de Nigeria. Los operadores de petróleo y gas están siendo presionados de forma creciente para contratar a sus trabajadores y comprar todos los productos específicamente del estado de Rivers. O quizás observe a Tanzania, donde los investigadores han descubierto que, si bien los residentes aprecian los esfuerzos de contenido local, siguen sospechando de los motivos y los resultados finales. Esta desconfianza proviene de la falta de consulta del gobierno con los ciudadanos locales durante el proceso de desarrollo de estas políticas.

Otra complicación podría ser la percepción de inacción. Con eso quiero decir que las políticas de contenido local no provocan cambios inmediatos, *ni pueden hacerlo*. Como con cualquier política de nueva creación, lleva tiempo redactar, implementar y publicar. Todos los interesados deben reconocer que las regulaciones de contenido local se basan en el principio de mejora a largo plazo y que la falta de un aumento inmediato en la contratación local, por ejemplo, no indica que la reforma se haya estancado.

La política de contenido local para la industria energética —o, en realidad, cualquier industria de recursos naturales— debe ser dinámica. El mercado de petróleo y gas fluctúa drásticamente, y la legislación debe ser capaz de acomodarse a esto. Las políticas deben diseñarse para manejar estos cambios.

Además, las tecnologías de extracción cambian rápidamente, y la capacitación y educación necesarias pueden superar fácilmente las capacidades locales. Simplemente no es realista, por ejemplo, exigir que el 100 por cien de la mano de obra provenga de trabajadores locales. Esto solo serviría para ahuyentar a los posibles inversores. No podemos permitir que nuestros legisladores establezcan requisitos tan onerosos que las empresas no quieran venir a África. En resumen, queremos que las empresas traigan financiación.

Queremos que traigan tecnología. Queremos que traigan oportunidades de trabajo.

Sin embargo, en gran medida, los trabajadores locales y las industrias de suministro históricamente no han obtenido las recompensas económicas y sociales que uno esperaría, y esto se ha dado incluso en países africanos con abundantes reservas de petróleo y gas natural.

Las grandes compañías, y tal vez las compañías de petróleo y gas en particular, todavía tienen mucho camino que recorrer para superar la desconfianza que se ha creado a lo largo de los años, fruto de las experiencias pasadas de los ciudadanos con empresarios deshonestos. El mejor y más ético enfoque para mantener la confianza es establecer una comunicación abierta desde el principio y respetar las necesidades de la comunidad tanto como sea posible.

Sí, todas las empresas piensan en conseguir ganancias. Pero se puede ganar mucho más ayudando al entorno local a progresar y desarrollarse. Preparar a la gente para el éxito contribuirá en última instancia al crecimiento y la rentabilidad de una empresa.

No subestime el conocimiento y la determinación de los ciudadanos locales. Pasar por alto a la gente local cualificada es una oportunidad perdida. De hecho, la contratación de expatriados podría ser uno de los mayores errores que cometen las empresas en África. Es un gasto innecesario, costoso en términos de condiciones laborales y con amplias repercusiones en la comunidad.

Comencemos por la presunción de personal nacional. Haga que la contratación local, siempre que sea posible, sea el estándar en lugar de la excepción. Pongámonos en la posición de apoyar a futuros líderes que puedan poner su considerable conocimiento del área a trabajar por el bien de un país y por el bien del continente.

Dos ejemplos brillantes de contenido local bien hecho están en Angola y Nigeria.

Animo a los líderes africanos a estudiar el impacto socioeconómico de Angola LNG en Soyo, una empresa conjunta entre Sonangol, Chevron, BP, Eni y Total. Angola LNG se ha comprometido a proporcionar beneficios sociales para la comunidad, como renovar el hospital municipal de Soyo, renovar y ampliar la escuela del Bairro da Marinha, mejorar las carreteras de la ciudad, desarrollar una nueva carretera y puente que conecte la isla de Kwanda con la zona industrial de Soyo, y construir un planta de energía alimentada por gas para la comunidad.

Mientras tanto, el Ministerio de Administración Pública, Empleo y Seguridad Social de Angola (MAPESS) ha estado proporcionando formación profesional que mejore la capacidad de la planta para beneficiar a la comunidad. El Centro de Formación Profesional MAPESS en Soyo fue construido con la planta de GNL en mente por el gobierno angoleño con el apoyo de la fundación noruega de educación RKK y el gobierno noruego.

Otro caso que también vale la pena estudiar es el de Nigeria LNG Limited (NLNG). Registrada como una compañía de responsabilidad limitada en 1989 para producir GNL y líquidos de gas natural (LGN) para exportación, la compañía es propiedad del Gobierno Federal de Nigeria, representado por la Corporación Nacional de Petróleo de Nigeria, Shell, Total LNG Nigeria Ltd y Eni.

NLNG estima que se crearon más de 2.000 empleos con la construcción de cada uno de sus seis trenes, y podría crear hasta 18.000 empleos adicionales con la propuesta de expansión de siete trenes. La compañía también brindó oportunidades de formación para los nigerianos y creó 400 nuevos empleos (capitanes, ingenieros, marineros y trabajadores auxiliares) cuando adquirió seis nuevos buques en 2015.

Debo señalar que es importante distinguir entre contenido local y responsabilidad social corporativa. Las personas no necesitan limosnas. Necesitan ser apreciados por su contribución.

Aplicación efectiva

Por supuesto, la política de contenido local es mucho más que redactar a una ley.

Los gobiernos locales deben compartir la visión y tener mecanismos prácticos para garantizar el cumplimiento. Sin supervisión, las regulaciones de contenido local pueden ser fácilmente "olvidadas". Son igual de perjudiciales los borradores de leyes de contenido local tan flexibles como para que el cumplimiento esté prácticamente garantizado como los que son completamente imposibles de cumplir.

Caso en cuestión: el Acuerdo de Producción Compartida de Tanzania requiere que los operadores "maximicen su utilización de bienes, servicios y materiales de Tanzania" sin sugerir los niveles requeridos de utilización o los mecanismos para lograr esto. La legislación angoleña, por otro lado, está claramente delineada pero establece diferentes leyes para diferentes regiones y carece de una sola institución supervisora. Mientras tanto, la Ley de Petróleo de Mozambique establece que todas las compañías de petróleo y gas deben estar registradas en la Bolsa de Valores de Mozambique, pero no define "compañías de petróleo y gas". También estipula que solo las compañías extranjeras registradas en la citada bolsa de valores pueden llevar a cabo operaciones petroleras sin describir claramente lo que constituye "operaciones petroleras".

Por otro lado, a aquellos con políticas altamente reguladas les está yendo mucho mejor en atención a los éxitos que han logrado. En el artículo de dimensión regional "Marcos de contenido local en el sector africano de petróleo y gas: lecciones de Angola y Chad", ACODE, un *think tank* de investigación y promoción de políticas públicas de Uganda, determinó que cuanto más estrechamente elaborado esté el marco de contenido local, mejor.

Ninguna política de contenido local puede ser efectiva sin el establecimiento de una agencia reguladora gubernamental totalmente capacitada para dirigir la divulgación pública, la comunicación y la educación, y para tomar medidas firmes contra los defraudadores.

Y la aplicación es, por supuesto, esencial para este éxito.

Nigeria es ampliamente considerada como un ejemplo para el África subsahariana. En las leyes nigerianas de contenido local, por ejemplo, están claramente explicados los hitos, porcentajes y plazos. Se podría decir que están grabados en piedra.

La Nigeria's National Content Development and Monitoring Board (NCDMB) es un gran ejemplo de un enfoque exitoso de supervisión. De hecho, la NCDMB ya ha enseñado los dientes y no ha dudado en garantizar el cumplimiento de las políticas nacionales de contenido local. Hizo de Hyundai Heavy Industries un ejemplo al prohibir su participación en la industria petrolera de Nigeria hasta que demostrase su cumplimiento con los requisitos de empleo local.

Hacer una mayor contribución: medir el impacto del contenido nacional nigeriano

	Antes de Contenido Local	Después de Contenido Local
Media de gasto de la industria	USD* Miles de millones	USD20 Miles de millones (USD4 Miles de millones localmente)
Contribución a las ingresos nacionales (impuestos)	71%	80%
Contribución a los ingresos por exportación	90%	97%
Contribución al PIB	12%	25%
Valor añadido local	10-15%	40%
Uso de fuerza laboral	Más expatriados	Más nigerianos

Fuente: Energy Synergy Partners, 2015 [182]
Buenas prácticas para la estrategia de desarrollo de contenido local: la experiencia nigeriana

Los objetivos realistas también son importantes para dar forma a las políticas y promover el éxito. Obviamente, las políticas de contenido local que sean injustas o poco razonables no retendrán el agua y, de hecho, pueden simplemente servir para retrasar el progreso de la industria en todo el continente.

Por ejemplo, la principal fortaleza de la política de contenido local de Guinea Ecuatorial es su equilibrio: si bien su gobierno entiende que la sostenibilidad del país y la industria coincide con el éxito de las empresas locales, también reconoce que la industria del petróleo y el gas es un segmento altamente técnico que exige tanto personal altamente capacitado como empresas que cumplan con las pautas más estrictas sobre salud, seguridad y protección del medio ambiente.

El gobierno estableció requisitos para que las compañías internacionales contraten a ecuatoguineanos, contribuyan a programas de formación y trabajen con subcontratistas locales. Sin embargo, tuvieron cuidado de equilibrar la necesidad de impulsar la industria local con las limitaciones de la industria local actual. Entendieron que era poco realista requerir contenido local al 100 por cien hasta que se hubiese disponibilidad de formación, educación y capacidad local en ese campo.

La creación de contenido local lleva tiempo, y hasta que se haya creado capacidad local en los muchos subsectores necesarios para prestar servicios a la industria del petróleo y el gas, existe la necesidad de empresas internacionales. Guinea Ecuatorial alcanzó este equilibrio, de modo que las empresas internacionales pueden confiar en los servicios prestados por las empresas ecuatoguineanas, y las empresas locales tienen la capacidad de crecer.

La necesidad de apoyo continuado

Las iniciativas exitosas de reforma, apoyadas por los gobiernos locales y el sector privado, están ayudando a transformar las perspectivas del continente. Pero, como advierte Ernst & Young, "el crecimiento rápido y continuo de África no es inevitable, y no se mantendrá por sí solo… No debemos dar por sentado el ascenso de África".

O como aconsejó el expresidente de Tanzania, Benjamin Mkapa: "Hemos demostrado que es posible. Ahora corresponde a los países africanos seguir el ejemplo establecido por ICF y buscar mayores reformas en el clima de inversión que estimulen el desarrollo de África y alienten el espíritu emprendedor de su pueblo."

En otras palabras, no podemos sentarnos deleitándonos por nuestros éxitos iniciales.

Los recursos naturales solo se convierten en una maldición cuando se manejan mal y cuando su extracción se realiza sin la supervisión adecuada. La gobernanza es el factor decisivo para hacer que los recursos naturales de un país se conviertan en una maldición o una bendición.

10

Industrialización: la respuesta a la promesa de prosperidad

Cada 20 de noviembre desde 1990, las Naciones Unidas celebran el Día de la Industrialización de África. La ONU espera que este recordatorio anual ayude a crear conciencia y motive al continente hacia la diversificación económica y reduzca su exposición a los choques externos, entre los cuales se encuentra la volatilidad del mercado de petróleo y gas.

El objetivo último, por supuesto, es erradicar la pobreza a través del empleo y la creación de riqueza.

Pero en los casi 30 años desde que comenzó la tradición, poco ha cambiado.

Considere esto: el valor agregado de la manufactura (MVA en sus siglas en inglés) de África como parte del PIB es el más bajo del mundo.[183] El promedio del África subsahariana, un mero 11 por ciento, es el mismo que en la década de 1970. Solo tiene que comparar esa cifra con Europa y Asia Central (16 por ciento), Asia del Sur (16 por ciento) y América Latina y el Caribe (14 por ciento) para ver lo lejos que está África. De acuerdo, el MVA como parte del PIB ha estado disminuyendo en todo el mundo durante más de dos décadas, lo que corresponde al aumento de la economía de servicios. Pero en el caso de África, no existe tal efecto de oscilación. El MVA de África no ha perdido terreno debido a las ganancias en otros sectores. En la mayoría de las regiones del continente, nunca ha sido muy bueno.

¿Qué ocurre si miramos los datos de una manera diferente? ¿El criterio de MVA per cápita mejorará nuestra perspectiva? Lamentablemente, eso solo hace que las cosas parezcan aún más sombrías: en 2015, el MVA por persona fue de solo

USD144 en África subsahariana en comparación con USD3.114 por persona en Europa y Asia Central, y USD1.123 en América Latina y el Caribe.[184]

Es cierto que a algunos países del África subsahariana les está yendo mejor que a otros. Por ejemplo, el MVA per cápita alcanzó USD2.124 en Guinea Ecuatorial en 2015; Mauricio y Suazilandia no se quedaron muy atrás con USD1.209 y USD1.188, respectivamente, lo que los ubica en la misma clase que América Latina y el Caribe.

¿Pero por qué no hemos experimentado un mayor progreso? Después de todo, mucho antes de que la ONU lo hiciera oficial, la comunidad internacional ya estaba centrada en la industrialización de África. Más concretamente, cabe preguntarse, ¿cómo puede África utilizar sus recursos energéticos para industrializarse y qué papel deben jugar el gobierno y las empresas?

Un camino para superar viejos patrones

Con todos sus ricos recursos agrícolas y extractivos, África debería disfrutar de una industrialización basada en sus recursos y la riqueza que conlleva. Pero hay dos factores entrelazados que se interponen en el camino. Por un lado, el continente exporta materias primas en lugar de usarlas en casa. Y lo hace no tanto porque quiera, sino porque no tiene otra opción: la falta de infraestructura hace que la producción en África sea demasiado cara.

Por supuesto, no soy la primera persona en mencionar esto. En 2014, cuando la entonces ministra de Minas de Sudáfrica, Susan Shabangu, lo abordó en la conferencia de Mining Indaba, dijo que África necesita "cambiar de la exportación de materias primas a gran escala a garantizar que esos minerales sirvan como catalizadores para la industrialización acelerada a través del valor añadido al mineral."

Creo que su afirmación no es menos cierta hoy de lo que era entonces, y ciertamente se aplica a la extracción de petróleo y gas. En lugar de ser utilizado para el transporte y para llevar electricidad a comunidades en la oscuridad, África exporta gran parte de su abundancia en hidrocarburos. De hecho, de todos los productos básicos que África exporta, el petróleo crudo es el cuarto en la lista, solo por detrás del aceite de palma, el oro y los diamantes.

Para empeorar las cosas, los productos terminados a base de petróleo, como los fertilizantes agrícolas y los productos electrónicos, se están importando de regreso a África, ¡con precios superiores!

Lamentablemente, este patrón de comercio no es nada nuevo: el modelo extractivo de exportación de productos primarios para agregar valor a lo largo de las cadenas de valor mundiales se remonta al colonialismo. Y afecta a una amplia gama de industrias, no solo al petróleo y al gas.

Un Informe Económico de la ONU sobre África ilustra un escenario similar con el algodón. En 2012, por ejemplo, países como Benín, Burkina Faso y Malí representaron alrededor del 16 por ciento de las exportaciones mundiales de algodón. Sin embargo, solo el 1 por ciento de la participación total de África, que representa alrededor de USD400 millones, se había transformado en tela en el continente. En cambio, África gastó USD4 mil millones importando telas de algodón,[185] lo que significa que los ingresos que África genera de la producción de algodón es solo una fracción de lo que gasta en productos manufacturados.

Sin embargo, no podemos culpar a los paradigmas históricos por todo: tenemos que ir más allá de las viejas formas de ver las cosas y seguir adelante. Y si bien nos hacemos responsables de los problemas del continente, no podemos negar el daño que nuestro déficit de infraestructura causa a nuestro progreso.

Echemos un vistazo a los campos de cacao de Ghana y Costa de Marfil. Juntos, estos países producen el 60 por ciento del cacao del mundo. ¿Pero cosechan el 60 por ciento de los ingresos mundiales de las tabletas de chocolate y los bombones? Apenas. Históricamente, han generado menos de USD5 mil millones en exportaciones a pesar de que la cadena de suministro global asciende a más de USD100 mil millones. Con una inyección de efectivo, Costa de Marfil pudo aumentar su capacidad de procesamiento de cacao, pero sigue siendo el segundo país detrás de los Países Bajos en volumen de procesamiento, y los holandeses no cultivan ni un solo grano de cacao. Debido a las limitaciones en infraestructuras, Costa de Marfil no puede llegar muy lejos en la cadena de valor: convierte su cosecha en cacao industrial que luego se envía a Europa, Asia o los Estados Unidos para su transformación.

El problema no es simple ni barato de solucionar: es imposible agitar una varita mágica y convertir el aceite en fertilizante, el algodón en ropa o el cacao en chocolate. Pero no es imposible. Algunos países africanos han roto las barreras de la infraestructura y están cosechando las recompensas de la industrialización basada en recursos.

Uno de los mejores ejemplos es Botsuana.

Como informa la Brookings Institution, donde antes los diamantes de Namibia se enviaban sin cortar y sin pulir al comerciante de diamantes DeBeers en Londres, ahora se transportan a Botsuana, donde se procesan antes de integrarse en la cadena de valor global. Este es un poderoso ejemplo de comercio intraafricano, algo que falta en el continente.

Todavía mejor, después de que Botsuana renegociase su contrato con DeBeers, la compañía trasladó muchas de sus operaciones a su capital, Gaborone. Este acuerdo ha aumentado empleos, ingresos y servicios; en otras palabras, el país ha utilizado su riqueza en recursos en beneficio de todos. Y esta es solo una de las razones por las que Botsuana se encuentra entre los líderes mundiales en libertad económica personal y por qué su gente tiene acceso a educación gratuita y atención médica de calidad.

Sin embargo, desafortunadamente, Botsuana es una especie de rareza, y no debería sorprender a nadie cuando el cacao marfileño o el algodón maliense se envían al extranjero en lugar de ser procesados *in situ*.

Simplemente carecemos de la logística y el poder para mantener las cosas en movimiento, literal y figurativamente, y eso aumenta considerablemente las desventajas de hacer negocios en África. Los estudios del Banco Mundial muestran que la infraestructura pobre en carreteras, ferrocarriles y puertos agrega un coste adicional de entre un 30 y un 40 por ciento a los bienes comercializados entre los países africanos. En el África subsahariana, la falta de electricidad, agua, carreteras y tecnología de la información y las comunicaciones (TIC) redujo la productividad empresarial hasta un 40 por ciento.

A menos que podamos construir carreteras y ferrocarriles, y convertir los combustibles fósiles en ese elemento fundamental llamado electricidad, la situación que el presidente del Grupo del Banco Mundial, Jim Yong Kim, describió como "apartheid energético" [186], la industrialización permanecerá estancada.

Adoptar nuevos paradigmas

Por bien intencionadas que sean, campañas como el Día de la Industrialización de África de la ONU no pueden superar los déficits de infraestructura que impiden que el continente alcance su potencial. Para que se produzca un cambio real, este debe ser logrado los africanos en África y las compañías que trabajan aquí y se benefician de la riqueza de recursos africanos.

Los nuevos descubrimientos de petróleo y gas están agregando potencial a la economía de África. Y el reciente repunte en los precios mundiales de las *commodities* se ha traducido en un renovado optimismo e inversión en toda la cadena de valor energética del continente.

Pero piense en la última vez que los precios de los productos básicos fueron altos, aproximadamente el período de 2000 a 2011. Oxfam, una confederación de organizaciones caritativas, dice que a pesar del notable crecimiento económico de África, gran parte de la riqueza nunca llegó a la población en general. En cambio, fue desviado por las élites políticas "a través de compañías fantasmas establecidas para tener la propiedad o hacer negocios con operaciones de petróleo, gas y minería". De hecho, Oxfam sugiere que alrededor del 56 por ciento de todos los flujos financieros ilícitos que abandonaron África entre 2000 y 2010 provenían de los sectores del petróleo, metales, minerales y piedras preciosas.

La corrupción de esta magnitud se suma al abismo entre ricos y pobres en un continente que es líder mundial en la distribución desigual de la riqueza.

No sabemos con certeza a dónde se desvió el dinero, aunque probablemente las innegables ventajas de las cuentas bancarias en el extranjero, la evasión fiscal y otros refugios tengan algo que decir. Los legisladores están trabajando para evitar que este tipo de cosas sucedan nuevamente. Como ejemplo, podemos mirar al acuerdo marco llamado Africa Mining Vision (AMV).

Formulado por naciones africanas y adoptado en 2009 por la Unión Africana, el objetivo de AMV es trasladar al continente desde su posición histórica como exportador de materias primas baratas hasta fabricante y proveedor de servicios basados en el conocimiento.

En esencia, el AMV busca ser el catalizador para el desarrollo basado en los recursos y la industrialización. Su compendio incluye un acuerdo entre los gobiernos y la comunidad empresarial para obtener el máximo valor de la extracción de minerales, al tiempo que garantiza que todas las partes sean responsables, compartan la responsabilidad de los resultados y cumplan con sus obligaciones recíprocas.

En su nivel más básico, el AMV exige una serie de acciones gubernamentales, incluido el desarrollo de capital humano y la mejora de la calidad del entorno empresarial, ambos objetivos encomiables.

Más específicamente, el AMV apremia a los gobiernos a proporcionar infraestructura de apoyo, incluidas carreteras, estaciones ferroviarios, energía y agua, y telecomunicaciones, y establecer una base industrial integrada verticalmente, y unida a varios niveles, incluyendo a las relaciones con proveedores, distribuidores y servicios comerciales, entre otros.[187]

Nigeria, un cambio en la dirección correcta

Aunque AMV es la primera iniciativa panafricana de este tipo, los países han emprendido estrategias sistemáticas similares, con diversos grados de éxito.

En Nigeria, por ejemplo, la industrialización ha sido un objetivo desde la década de 1960, cuando los grandes hallazgos de petróleo y gas natural comenzaron a alejar a la economía de su base agrícola. Desafortunadamente, la historia de sus esfuerzos está llena de contratiempos.

El Primer Plan Nacional de Desarrollo tenía la intención de reemplazar la fuerte dependencia del país de las importaciones con el crecimiento industrial. Durante este período, 1962-1968, la construcción de la presa Kainji en el Níger dio crédito a la promesa de la energía hidroeléctrica, pero hasta ahora, ese sueño no se ha cumplido. En 2017, la presa generó solo 500 megavatios de electricidad, lo que no es suficiente para suministrar energía eléctrica a un país de 170 millones de personas.[188] Ahora, casi 50 años después de su construcción, la presa finalmente está siendo ampliada para aumentar su capacidad hasta los 922 MW, pero solo el tiempo dirá si puede cumplir esa predicción.

El Segundo Plan, en vigor entre 1970 y 1974, se basó en el impulso económico que se produjo con el descubrimiento de vastas reservas de hidrocarburos, que rápidamente impulsaron a Nigeria al rango de gran productor de petróleo y gas. El gobierno utilizó sus ingresos recién descubiertos para poner en marcha una gran variedad de proyectos que abarcaron una serie de industrias, desde el hierro, el azúcar y la pulpa, hasta el papel.

Sin embargo, debido a que el país carecía de los conocimientos tecnológicos para acelerar esta oleada industrial, la mayoría ha desaparecido u operada a baja capacidad.

Esto nos lleva, por supuesto, al Tercer Plan, que coincidió con el auge petrolero de fines de la década de 1970 y preveía la inversión del sector público en la industria pesada. Desafortunadamente, el sector privado tenía una visión diferente y prefirió invertir en industrias de consumo que requerían maquinaria importada y materias primas importadas.

Como señaló la Brookings Institution, "esto tuvo un efecto debilitador en el crecimiento industrial real."[189]

Es justo decir que Nigeria ha progresado poco en el camino de la industrialización desde entonces, y su dependencia de la maquinaria importada es tan grande como lo fue hace 40 años.

Sin embargo, la corriente puede estar cambiando con el desarrollo de la Lagos Free Trade Zone (LFTZ). Diseñada para servir como un centro comercial y logístico para toda África occidental, con enlaces activos por carretera, ferrocarril y mar, la LFTZ se enfoca en sectores específicos: refinería de petróleo, petroquímicos y agro procesamiento. Con una inversión de al menos USD1 millón, las empresas se convierten en accionistas con acceso a exenciones de impuestos y facilidad para la obtención de licencias de importación / exportación. Ubicado a 65 kilómetros de Lagos, ocupa más de 800 hectáreas, las instalaciones incluyen carreteras internas y aducción de aguas, servicios públicos, alumbrado, edificios comerciales y un complejo de viviendas para trabajadores.

El formato está resultando efectivo. El primer inquilino fue una empresa ligada al aceite, y no asociada con los hidrocarburos: la refinería de aceite de palma Raffles Oil ha invertido USD30 millones en la LFTZ desde 2012.[190] Otros inquilinos adicionales, incluidos los fabricantes de aceite vegetal, envases de cereales y leche, han elevado la inversión total por encima de los USD150 millones.[191]En este momento, sin embargo, todavía no hay inversores del sector del petróleo en el grupo.

Creando entornos propicios en Kenia

Si bien Nigeria finalmente está comenzando a avanzar hacia la industrialización, es posible que Kenia la supere, gracias a un plan federal que fomenta la industrialización mediante la planificación de infraestructura.

Se estima que Kenia posee alrededor de 10 bbo, de los cuales 766 millones están probados, lo que no es una cantidad trivial, pero nada que comparar con las reservas probadas de Nigeria de 40 mil millones de bbl y 5 tcm de gas natural. Actualmente, Kenia produce solo alrededor de 2.000 bbl/d, aunque a plena capacidad ese número podría llegar a 80.000 bbl/d.

A pesar de ser significativamente más pequeño que Nigeria en reservas, Kenia está igualmente ansiosa por aprovechar sus riquezas de recursos para crear una mayor riqueza industrial. Al igual que muchas otras naciones africanas, Kenia ha atravesado un período de desindustrialización: aunque su base de fabricación se considera bastante sofisticada, especialmente en comparación con sus vecinos de África Oriental, ha estado creciendo a un ritmo más lento que la economía, que creció un 5.6 por ciento en 2015.[192]

Para cambiar las cosas, el gobierno del presidente Uhuru Kenyatta ha desarrollado un plan de industrialización que toma prestadas ideas de las ciudades industriales de Arabia Saudita, el esfuerzo de Lagos y la plantilla AMV.

Para crear un entorno propicio para la fabricación, los negocios y el comercio, el plan propone establecer Zonas Económicas Especiales (SEZ en sus siglas en inglés) en ocho ciudades estratégicamente ubicadas en todo el país, muy probablemente en Mombasa, Kisumu, Athi River, Nakuru, Narok, Isiolo, Lamu y Machakos. El programa pondrá en marcha proyectos emblemáticos específicos para cada sector, que incluirán infraestructura y servicios públicos apropiados, en sectores como el agro procesamiento, textiles, cuero, servicios y materiales de construcción, servicios de petróleo y gas, minería, y TI.[193]

El hecho de que Kenia incluya infraestructura en su planificación de SEZ parece un buen indicativo de éxito futuro, con intenciones s más allá de atraer nuevos negocios y construir una base industrial. Después de todo, cuando se incorpora el suministro de agua, saneamiento, eliminación de aguas residuales, electricidad y otros servicios sostenibles en un proyecto, también proporciona acceso a esas cosas a las personas que viven cerca, mejorando su calidad de vida.

Estableciendo hoy el rumbo futuro

Tengo muchas esperanzas de que estas políticas, planes y acciones produzcan resultados rentables. Al mismo tiempo, no hay duda de que para que África aproveche al máximo sus recursos, se requiere una infraestructura suficiente. La cantidad es asombrosa: las estimaciones preliminares y parciales del Banco Africano de Desarrollo sugieren que las necesidades anuales de inversión en infraestructura de África ascienden a al menos USD100 mil millones.

Tenemos la oportunidad de hacer los movimientos correctos en este momento.

Para aprovechar el crecimiento económico proyectado de los recientes descubrimientos de gas natural, África necesitará instalaciones de almacenamiento, gaseoductos y redes de distribución, oportunidades para la ingeniería y la fabricación. Para mantener el gas y el producto asociado en movimiento entre los países africanos, en lugar de a otras partes del mundo, se requerirán mejores redes de transporte.

África es una tierra de oportunidades con recursos naturales más que suficientes para reducir la pobreza y vincular la promesa de la prosperidad a la industrialización.

Como dijo el presidente del Grupo del Banco Africano de Desarrollo, Akinwumi Adesina, "África debe dejar de estar en la parte inferior de las cadenas de valor mundiales y avanzar para industrializarse rápidamente, con valor agregado a todo lo que produce. África debe trabajar para sí misma, para su gente, no exportar riqueza a otros."[194]

Puerto de Point Lisas

Para el mundo en desarrollo, quizás no haya un mejor ejemplo de cómo los recursos naturales pueden impulsar la industrialización que el Polígono Industrial del Port of Point Lisas de Trinidad y Tobago, ubicado a medio camino entre Puerto España y San Fernando.

Fruto de la cooperación entre el gobierno, las empresas y empresarios visionarios, Port of Point Lisas es un complejo petroquímico y de industria pesada de alto nivel construido alrededor de instalaciones portuarias de aguas profundas, y creado alrededor de los recursos de gas natural de la isla, generando una fuente de ingresos recurrentes.

Durante décadas, las grandes reservas de gas natural de Trinidad no se habían considerado nada más que como una forma barata de mantener su producción de petróleo y sus instalaciones de refinado en marcha y en la década de 1950 su uso se expandió a la generación de energía.

Sin embargo, en la década de 1960, los ciudadanos comenzaron a ver el recurso abundante menos por lo que era y más por lo que podría ser: la base de una revolución industrial que cambiaría la suerte de Trinidad.

Se preguntaron: ¿qué pasaría si pudiéramos atraer a los grandes consumidores de gas natural para producir materias primas de exportación y del sector *downstream*? ¿No crearía eso muchos empleos e inyectaría efectivo a la economía nacional?

Para cumplir ese sueño se requerían instalaciones portuarias capaces de albergar grandes embarcaciones, pero eso fue solo el comienzo. Las empresas ubicadas en el lugar también necesitarían servicios públicos, lo que requeriría el desarrollo de infraestructura. Las instalaciones tendrían que ser una zona de libre comercio.

Cuando hablé con Eric Williams, geólogo que ejerció como ministro de Energía e Industrias Energéticas a principios de la década de los 2000, me explicó el razonamiento en el momento en que se concibió la zona industrial: si Trinidad y Tobago desarrollara su propio sector *downstream* de gas natural, necesitaría la capacidad de proporcionar servicios de agua y electricidad generalizados y seguros.

Para ello, la principal entidad para fomentar y promover el polígono industrial y puerto, Point Lisas Industrial Port Development Company Limited (PLIPDECO) comenzó a vender acciones a particulares e inversores institucionales para financiar esos esfuerzos. El gobierno, que originalmente había querido mantenerse más o menos al margen, se hizo cargo de PLIPDECO poco después y comenzó a inyectar capital para ayudar con la infraestructura e influenciar durante las negociaciones internacionales. También invirtió y comenzó a operar el gaseoducto que alimentaría la zona industrial con gas natural *offshore.*

Los primeros proyectos incluyeron una planta de amoníaco, una acerera, una planta de cemento y una instalación que fabricaba furfural, un disolvente producido a partir de caña de azúcar, que era un guiño a la función original del sitio industrial como plantación de azúcar. Hoy, las instalaciones albergan a 103 empresas, incluidas siete plantas de metanol, nueve plantas de amoníaco, una planta de urea, tres acereras, una planta de energía y pequeñas empresas manufactureras y de servicios.

Aunque Point Lisas logró diversificar la economía de Trinidad, PLIPDECO no se duerme en sus laureles.

En una entrevista con Oxford Business Group, el presidente de PLIPDECO, Ashley Taylor, dijo que están trabajando para posicionar el polígono como un centro logístico para la consolidación, re-empaquetado y re-etiquetado de carga. Ya se ha identificado el espacio de tierra para los sistemas de almacenamiento.[195]

11

Soluciones tecnológicas para petróleo y gas

El estereotipo de África como un agujero negro tecnológico se está viniendo abajo, y con razón. De hecho, tengo un viejo amigo que dice: "Si quieres crear una *app*, ve a África".

Sabe de lo que habla. Los consumidores africanos han abrazado las comunicaciones móviles, los teléfonos inteligentes e Internet inalámbrico, y este entusiasmo ha generado un impulso por todo el continente. Ahora no es extraño encontrarse con una mujer africana mayor, una abuela que creció en una comunidad agrícola sin aprender a leer ni escribir, que tiene dos teléfonos móviles y usa Internet para vender sus productos.

Los emprendedores locales van un paso más allá, utilizando estos nuevos recursos para desarrollar soluciones que satisfagan las necesidades locales. Por ejemplo, África ha liderado el desarrollo de aplicaciones de banca móvil, que ayudan a los consumidores que tienen acceso limitado a servicios bancarios. Estas tecnologías nacieron en África oriental y ahora se están extendiendo rápidamente por África occidental.[196] El primer gran actor fue M-Pesa, lanzado por el operador de red móvil de Kenia Safaricom en 2007. M-Pesa allanó el camino para la entrada de competidores como M-kopa y Sportpesa en Kenia y ahora se ha instalado fuera de África, operando en países como Afganistán e India.[197]

Y los inversores extranjeros se han dado cuenta. Ahora ven a África como un mercado objetivo esencial, con mil millones de personas ansiosas por comprar bienes y servicios de alta tecnología: ordenadores, dispositivos inteligentes, equipos de telecomunicaciones, medios de transmisión y aplicaciones móviles. Como dijo Erik Hersman, fundador de iHub en Nairobi, en 2013, "[las grandes] compañías tecnológicas [están] viendo a África como el último océano azul de la demanda de tecnología de consumo."[198]

Subestimar al petróleo y gas

El comentario de Hersman es revelador. Toma nota de la aceptación que se ha producido en África de la Tercera y Cuarta Revolución Industrial, pero no abarca todo el alcance del potencial del continente, en cambio, resalta un problema.

Es un recordatorio de que los innovadores tecnológicos africanos han llamado la atención sobre todo por sus contribuciones al dinero móvil, el comercio minorista, el entretenimiento, la atención médica y las telecomunicaciones, y no al petróleo y el gas. No han progresado tanto con respecto a la industria energética, por lo que los productores de petróleo y gas y las empresas de servicios que trabajan en África han seguido confiando en la tecnología importada a gran coste de Europa y los Estados Unidos.

Por ejemplo, fue la empresa con sede en EE. UU. Baker Hughes, quien desarrolló y desplegó una solución de inteligencia artificial (IA) de aprendizaje profundo para plataformas *offshore* en aguas africanas. Mientras tanto, las compañías de servicios locales como Lagos Deep Offshore Logistics Ltd. (LADOL) de Nigeria aún no han logrado nada comparable. Tampoco han dado los pasos necesarios para lanzar iniciativas de ciberseguridad que puedan garantizar el funcionamiento seguro de estas nuevas tecnologías. Si quieren llegar a ello, tendrán que trabajar más para desarrollar sus propias capacidades.

Esto es desafortunado. El petróleo y el gas juegan un papel crucial en muchas economías africanas, y con el impulso de las nuevas tecnologías, podrían convertirse en una fuente aún mayor de ingresos y buenos empleos. Las innovaciones como el desarrollo de nuevas formas de perforar pozos y manejar equipos, el diseño de nuevos programas de recolección de datos sísmicos, la gestión de sistemas de datos petroleros y el monitoreo y protección de equipos conectados a Internet tienen el potencial de redefinir la forma en que se hacen los negocios en este sector. También pueden ayudar a los operadores de petróleo y gas a atraer a jóvenes empleados con talento que buscan formas de usar sus habilidades de alta tecnología en el trabajo.

Si estos inversores pudieran ahorrar recurriendo a proveedores locales o regionales, seguramente lo harían, y África se beneficiaría si lo hicieran, ya que el dinero en cuestión permanecería dentro del continente.

Pero para llegar a este objetivo, las empresas africanas no deberían perder el tiempo esperando llamar la atención de un socio extranjero comprensivo. Tampoco deberían esperar que las agencias gubernamentales allanen el camino adoptando regulaciones de contenido local. En cambio, deben encontrar sus propios nichos, buscar nuevas formas de satisfacer las necesidades de los inversores y demostrar que realmente pueden trabajar a alto nivel. También deben tomar medidas preventivas para identificar los posibles riesgos de seguridad de los sistemas de tecnología de la información existentes.

Además, deberían trabajar activamente para negociar acuerdos con inversores extranjeros que ya tengan tecnologías testadas y reales, así como la capacidad de ofrecerlas. Este tipo de inversores externos pueden ser buenos socios, siempre que estén dispuestos a comprometerse a transferir tecnologías avanzadas a África y capacitar a los trabajadores locales en su uso.

Sin embargo, hasta ahora, las empresas africanas no han perseguido tales acuerdos. Tampoco han desarrollado sus capacidades por su cuenta. En cambio, las empresas extranjeras han seguido ocupando un lugar central.

Los beneficios de la tecnología

Las empresas africanas que se fijen en el sector del petróleo y el gas tienen la oportunidad de marcar la diferencia. Un mejor equipo y un software más sofisticado beneficiarían a los campos africanos mucho más que a sus contrapartes en el oeste, por ejemplo, los campos en *offshore* en el Mar del Norte o las reservas en tierra en la cuenca Pérmica. Los emprendedores tecnológicos africanos pueden, y deben, hacer más para explotar estos nichos, especialmente en áreas donde las empresas extranjeras no han estado activas.

Según C. Derek Campbell, CEO de Energy & Natural Resource Security, Inc., las empresas africanas deben adoptar medidas concretas que demuestren su disposición a protegerse contra las brechas de ciberseguridad en sus sistemas más nuevos y sofisticados. "Los productores africanos deben comprender primero las amenazas que existen en el dominio cibernético, determinar cuáles de esas amenazas representan el mayor peligro para sus operaciones y establecer la identidad de sus potenciales 'enemigos', aquellos que estarían dispuestos a usar esas amenazas contra ellos", me dijo. "Tener esta comprensión puede mejorar la selección de medidas de mitigación de riesgos que pueden prevenir una violación catastrófica de ciberseguridad".

Las empresas africanas no son las únicas que se beneficiarán de ser proactivas en este frente: las tecnologías avanzadas como la inteligencia artificial (IA), la analítica avanzada y la robótica pueden contribuir enormemente para hacer que los proyectos de petróleo y gas en todo el mundo sean más rentables, lo que beneficiará al sector energético en su conjunto.

Como ha señalado McKinsey & Company, las empresas de petróleo y gas que utilizan análisis avanzados para dirigir sus programas de mantenimiento predictivo pueden reducir los gastos de mantenimiento hasta en un 13 por ciento. (También pueden asegurar precios más bajos para nuevos equipos). Del mismo modo, el análisis geoespacial puede reducir el coste de mantener una red de suministro en funcionamiento en un 10 por ciento. Aún más impresionante, agregar un componente 4D a un estudio sísmico 3D puede mejorar las tasas de recuperación de los yacimientos de hidrocarburos hasta en un 40 por ciento.[199]

Las compañías de petróleo y gas, particularmente aquellas que están en África, también deberían buscar nuevas formas de hacer uso de los hidrocarburos, como el apoyo a proyectos de gas a energía. En el lado de la producción, podrían desarrollar equipos y software para optimizar los niveles de producción en los campos de gas natural y conservar el gas de petróleo asociado que de otro modo acabaría quemado. Podrían usar impresoras 3D para producir piezas de repuesto pequeñas, eliminando la necesidad de esperar una entrega desde el extranjero. En el ámbito del transporte, podrían centrarse en los sistemas de seguridad y monitoreo para redes de oleoductos, ferrocarriles y carreteras. Cuando las infraestructuras viarias sean inadecuadas, podrían usar drones para entregar equipos o piezas a ubicaciones remotas. En cuanto a la producción de electricidad, podrían proporcionar estaciones de energía y redes de transmisión con controles avanzados, medidores y tecnologías de monitoreo para garantizar entregas estables, fiables y seguras.

También deberían diseñar versiones nuevas y mejoradas de las instalaciones existentes, como lo ha hecho la sudafricana MOGS Oil & Gas Services para las instalaciones de tanques de almacenamiento mediante la creación de una empresa conjunta al 50 por ciento con Oiltanking GmbH, con sede en Hamburgo. Esta empresa, conocida como Oiltanking MOGS Saldanha (OTMS), está construyendo un enorme depósito de almacenamiento de petróleo crudo en la bahía de Saldanha, en el extremo sur del continente.[200] La instalación contará con 12 tanques interconectados capaces de contener hasta 13.2 millones de bbl, suficiente para cubrir la demanda interna durante aproximadamente tres semanas. El diseño será similar al de una instalación de tanques cercana que el gobierno de Sudáfrica construyó en la década de 1970 con el objetivo de garantizar que el país nunca se quedara sin combustible, sin importar cuántos proveedores se mostraran reacios a violar las sanciones de la ONU por hacer negocios con el régimen del *apartheid*. Pero tendrá tecnología mucho más avanzada que el depósito existente. Por ejemplo, estará equipado con sofisticados equipos de seguridad y sistemas de monitoreo y utilizará materiales especialmente diseñados para minimizar la pérdida por evaporación.[201] Además, incluirá una red de tuberías que unirán todos los tanques para que el depósito pueda combinar diferentes variedades de petróleo, desde crudos pesados hasta refinados livianos, pasando por mezclas personalizadas según necesidades.

Este sistema pondrá a OTMS en posición de proporcionar a los clientes exactamente el tipo de crudo que necesitan. También permitirá que la empresa aproveche casi instantáneamente las fluctuaciones en el precio de diferentes variedades de petróleo, sin la necesidad de esperar a que los barcos petroleros traigan nuevas cargas.

Si los emprendedores africanos se unen a MOGS para inventar nuevas formas de dar servicio a los operadores de petróleo y gas, agregarán un enorme valor a las economías de sus países de origen. Crearán muchos empleos nuevos y generarán miles de millones de dólares en ingresos, todos los cuales irán al mercado local o regional. Harán que la industria energética sea más eficiente, más fiable y más rentable. También pondrán a las empresas africanas en condiciones de comenzar a ofrecer sus servicios en todo el mundo.

Ya estamos viendo algunos pasos en la dirección correcta. Estoy entusiasmado con la Federal University of Petroleum Resources, Effurun (FUPRE), un *hub* de capacitación e investigación petrolera en Nigeria.

Desde su creación en 2007, FUPRE ha recibido elogios por su esfuerzo en innovación y sus logros tecnológicos, como la elaboración de planes de bajo costo para mini refinerías de petróleo y plantas petroquímicas y la creación de un generador neumático de energía alimentado por aire comprimido. Un equipo de FUPRE visitó recientemente el Ministerio de Minas e Hidrocarburos de Guinea Ecuatorial para abordar una posible asociación. Si los dos países avanzan con esta iniciativa, podrán establecer un centro internacional de innovación petrolera muy necesario para África.

Mientras tanto, FUPRE también ha trabajado con otras empresas para desempeñar un papel en proyectos de colaboración como el diseño y la construcción de una embarcación marina de 20 asientos, la refabricación de nuevos componentes automotrices a partir de piezas al final de su vida útil y la investigación y desarrollo de una tecnología que generaría energía eléctrica de corriente de agua. Este último proyecto "hará posible impulsar barcos mediante la energía de las olas sin necesidad de combustible diésel", dijo el vicecanciller de FUPRE, Akaehomen Okonigbon Akii Ibhadode, a *The Guardian* en abril de 2019. "Actualmente se está probando en Mudi Beach Resort en el río Ehiope en Abraka para iluminar áreas del resort."[202]

Las empresas locales también deberían considerar el ejemplo de Friburge Oil & Gas, un proveedor panafricano de servicios de petróleo y gas y minería con sede en Angola que se ha asociado con proveedores de tecnología internacional para impulsar la eficiencia energética y métodos de producción respetuosos con el medio ambiente. Esos esfuerzos incluyen una asociación con una empresa noruega de tratamiento de residuos para proporcionar servicios de tratamiento de lodos y desperdicios en África central y occidental.

"Están dispuestos a enseñarnos y abiertos a la transferencia de habilidades", dijo la gerente de desarrollo de negocio Dalila Iddrissu a OrientEnergy Review en 2017. "Nuestro plan incluye la compra directa de todos los equipos y maquinaria necesarios para las operaciones, y estos serían operados por Angoleños."[203]

Necesitamos ver muchos más ejemplos como estos.

Y para llegar allí, debemos comenzar a abordar los desafíos a los que se enfrentan las compañías africanas de petróleo y gas en el frente tecnológico.

Tecnología, infraestructura y educación

Algunas de las dificultades más evidentes a las que se enfrentan las empresas locales son el enfoque tradicional en la exportación de materias primas, la naturaleza subdesarrollada del sector industrial y manufacturero, la insuficiencia de infraestructura y las disparidades en el acceso a las oportunidades educativas.

En el futuro, la inversión en infraestructura será crucial. África necesita desarrollar redes que puedan apoyar la innovación tecnológica, especialmente las redes de fibra óptica que ofrecen las opciones más actualizadas de conectividad y acceso a internet. Hay inversores que ya están trabajando para construir estos sistemas en todo el continente, pero deberían funcionar más rápido. También deberían mejorar las redes de transmisión de energía para garantizar suministros de electricidad fiables a instalaciones como servidores y redes inalámbricas, al tiempo que mejoran la infraestructura tradicional como carreteras y servicios públicos.

Por supuesto, si bien la infraestructura es importante, creo que la educación debería ser una prioridad aún mayor. Cuanto más invierta África en educación, más preparada estará para el futuro. El continente no tiene tiempo para esperar a que un tercero o una agencia gubernamental lo haga. Por el contrario, debe aceptar el desafío y aceptar que el problema de la educación no tiene una solución rápida. Los estudiantes de todas partes tienen que pasar años aprendiendo antes de estar listos para poner en práctica sus habilidades, por lo que los africanos deben hacer lo mismo y comprometerse a dedicar tiempo.

Pero, ¿qué tipo de educación necesitarán los africanos para llevar el sector del petróleo y el gas a un nivel tecnológico más alto? ¿Deberían los inversores del sector privado desarrollar programas que se centren específicamente en las habilidades que se pueden utilizar en la industria del petróleo y el gas?

La respuesta: No. En su lugar, deberían trabajar para mejorar la educación en general.

Estoy hablando por experiencia personal. Una de las mejores cosas que me han sucedido es haber obtenido una educación estadounidense. Si hubiera estudiado en Europa o en muchos países africanos, podría haber tomado la ruta tradicional de especialización en un tema, sin emplear tiempo en desarrollar otras habilidades. Pero en los Estados Unidos, tuve que mirar más allá de mis propios intereses. Tuve asignaturas de música, ciencias sociales y artes liberales, mientras también aprendía sobre ciencias, matemáticas y ordenadores. Cuando me gradué, era una persona más completa. Había desarrollado la habilidad de usar mis aptitudes dadas por Dios, pero también había ganado la habilidad de comunicar mis ideas e interactuar en el lugar de trabajo.

Así que estoy a favor de darles a los estudiantes africanos la oportunidad de obtener una educación de base amplia. Los inversores y las escuelas del sector privado deben desarrollar programas que tengan tecnología en el centro pero que no descuiden las artes liberales y las ciencias sociales. Después de todo, se beneficiará en algo el continente si sus jóvenes profesionales más brillantes y ambiciosos resultan ser los mejores desarrolladores de aplicaciones o los mejores escritores de código fuente, pero carecen de la capacidad de hacer una presentación a las personas que pueden financiar sus proyectos?

Al mismo tiempo, asegurarse de que la tecnología tiene un rol protagonista en la formación asegurará que nuestros estudiantes tengan habilidades que puedan usar en cualquier sector de la economía, en petróleo y gas, pero también en generación de energía, procesos industriales, fabricación, finanzas, comunicaciones, y comercio. Estas habilidades seguirán siendo relevantes a largo plazo, después de que los campos de petróleo y gas se agoten, especialmente para los miembros de las generaciones Millennial y Centennial, que pasarán su vida laboral en un mundo dominado por la tecnología.

¿Qué pueden hacer los gobiernos?

No es malo que los gobiernos africanos presten atención a la educación y traten de apoyar y financiar nuevos programas. Pero el sector privado debe tomar medidas y hacer que las cosas sucedan, en lugar de contar con que las autoridades tomen la iniciativa.

Un excelente ejemplo de iniciativa del sector privado es India, un país que ha pasado de ser pobre y subdesarrollado a convertirse en un centro de innovación tecnológica, hogar de miles de personas que ahora trabajan con las principales empresas tecnológicas occidentales para desarrollar software y otros productos y servicios. Este cambio se produjo gracias a que los inversores indios vieron los nichos tecnológicos del subcontinente como una oportunidad. Fueron en busca de jóvenes con habilidades, y dedicaron tiempo, energía y mucho dinero a desarrollar la fuerza laboral que necesitaban para aprovechar esa oportunidad. Su apuesta valió la pena, y ahora estos trabajadores están atrayendo inversiones y ganando más dinero para fortalecer la economía india.

Es posible que África no pueda replicar exactamente estos resultados. No tiene los mismos recursos económicos y políticos que la India, y está dividida en muchos países, lo que significa que los inversores deben atravesar más fronteras y negociar con múltiples gobiernos. Pero podemos aprender algo importante del ejemplo de la India: los países deseos de avanzar tecnológicamente no necesitan esperar a que el gobierno dé el primer paso.

Esto no quiere decir que los gobiernos africanos no tengan un papel importante: de hecho, tienen una gran responsabilidad. Deben desarrollar, adoptar y seguir políticas que generen confianza para los inversores nacionales y extranjeros. Deben respetar el Estado de derecho, proteger los derechos de propiedad, desalentar y castigar la corrupción y garantizar la transparencia y la rendición de cuentas tanto en el sector público como en el privado. Deben tomar medidas para alentar la adopción y el desarrollo de nuevas tecnologías.

Y deben trabajar para evitar la duplicidad de funciones entre las agencias estatales o que trabajen con propósitos cruzados.

Los gobiernos también deben proteger los intereses de sus electores, especialmente los empresarios y trabajadores locales. Pueden hacerlo ofreciendo subsidios o exenciones fiscales cuando sea apropiado e invirtiendo en educación a todos los niveles. Además, pueden establecer partenariados público-privados (PPP) para promover la educación y el espíritu empresarial y ampliar los lazos con otros estados africanos. También pueden buscar en el extranjero, recurriendo a instituciones como el fondo de riqueza soberana de Noruega para obtener asesoramiento sobre el desarrollo de normas viables o unirse a iniciativas internacionales como la Extractive Industries Transparency Initiative (EITI).

Pero los cambios deben ir más allá de las reformas y las declaraciones retóricas a favor del buen gobierno. Deben incluir un cambio de perspectiva. A los gobiernos africanos no les faltan políticas, ¡todo lo contrario! Están inundados de programas legislativos y reglamentarios elaborados por el Banco

Mundial, la Agencia de los Estados Unidos para el Desarrollo Internacional (USAID en sus siglas en inglés) y otras agencias. Pero no están desarrollando ninguno de los planes elaborados por los bien intencionados y bien educados especialistas de estas instituciones. Este no es un problema que se pueda resolver consultando con más estudiantes doctorados. África no necesita más doctorados. Necesita personas que estén dispuestas a pasar a la acción. Quedarse atrapado en la parálisis del análisis no va a llevar al continente en la buena dirección. ¡Tenemos que hacer que suceda!

Los gobiernos africanos también deben tener mucho cuidado de no politizar la tecnología o tratarla como un enemigo del progreso o un impedimento para la seguridad. En Camerún, por ejemplo, el gobierno comenzó a restringir el acceso a Internet en las regiones de habla inglesa del país a principios de 2017. Mantuvo estas dos regiones, conocidas como las provincias Suroeste y Noroeste, desconectadas durante 230 días entre el 1 de enero de 2017 y 31 de marzo de 2018, o con velocidades de transferencia de datos limitadas artificialmente durante el mismo período.[204]

El cierre de Internet fue un fenómeno puramente político. Sucedió porque el gobierno camerunés, dominado por funcionarios de las regiones francófonas del país, esperaba sofocar las manifestaciones políticas en las provincias angloparlantes del Suroeste y Noroeste. Pero esta represión afectó severamente la actividad comercial en Buea, una ciudad en la provincia Suroeste conocida como Silicon Mountain. Buea había sido el principal centro tecnológico de Camerún antes del cierre. Hoy, muchos de los innovadores, diseñadores, desarrolladores de aplicaciones y empresarios que se instalaron allí han huido del país.[205]

Este es exactamente el camino equivocado. Los gobiernos africanos deben actuar con cuidado y evitar tomar medidas que puedan agotar los fondos de talento locales, especialmente si albergan a un gran número de trabajadores jóvenes e inteligentes que ya están acostumbrados a usar la tecnología maximizando sus ventajas y generar ganancias.

Historias de éxito de la tecnología africana

Dar todos estos pasos para introducir y desplegar nuevas tecnologías podría resultar muy cuesta arriba, dados los obstáculos a los que se enfrenta África. Pero el continente tiene una gran ventaja: el capital humano. Muchos de sus habitantes son personas ambiciosas, inteligentes y están ansiosas por comenzar sus propios negocios, y hay ejemplos de la vida real que muestran hasta qué punto pueden crecer los empresarios africanos.

Por ejemplo, estoy impresionado con la camerunesa Rebecca Enonchong, fundadora y directora ejecutiva de AppsTech y la incubadora I/O Spaces para miembros de la diáspora africana en los Estados Unidos. También es la presidenta de ActivSpaces (el African Center for Technology Innovation and Ventures), y apoya el desarrollo de la tecnología africana desde la presidencia de la junta directiva de AfriLabs, una organización que gestiona una red de más de 80 centros de innovación en 27 países africanos. También es miembro fundador de African Business Angel Network.[206]

En 2017, Enonchong fue incluida en la lista de los 100 africanos más influyentes en ciencia, tecnología e innovación de la revista *New African* y entre los 50 africanos más influyentes por *Jeune Afrique.*

En una entrevista de 2018 con Africa.com, Enonchong dijo que su amor por los ordenadores comenzó mientras trabajaba en el departamento financiero y contable de un hotel. "Me asignaron un ordenador potente porque tenía que hacer mucho análisis financiero y modelos. Desde que empecé a trabajar con él, y no solo usarlo para jugar o escribir un artículo, sino para entregar algo, pensé: "Esto es muy poderoso"."

Posteriormente comenzó a trabajar en una tienda de informática a tiempo parcial, pero rápidamente se dio cuenta de que no iba a ganar dinero: "Lo iba a gastar todo comprando cosas en la tienda", dijo. "Desmontaría mi ordenador y lo volvería a montar. Yo era una de esas personas que estaba conectada y a la espera cuando salía una nueva versión de software. Así fue como comenzó todo. Y nunca he dejado de amar las nuevas tecnologías. Las adoro."

Enonchong aprendió todavía más sobre tecnología ejerciendo como escritora *freelance*, blogger y publicando contenidos sobre tecnología africana en Twitter. De hecho, aprendió prácticamente todo desde cero a partir de 1999, cuando lanzó su propia empresa, AppsTech, para proporcionar soluciones de software empresarial. "Comencé literalmente sin dinero y, a pesar de mis grandes esfuerzos, nunca reuní fondos", escribió en una publicación de blog sobre su carrera. "Yo era una *mujer* emprendedora en tecnología. Yo era una *mujer negra* emprendedora en tecnología. Yo era una *mujer negra africana,* emprendedora en tecnología."

Al principio, sin embargo, Enonchong no pensó en los obstáculos. "Como no era consciente de lo difícil que era, podía ser valiente. Y fui valiente", dijo. "Con muy pocos ahorros y sin respaldo financiero, me propuse construir un negocio global multimillonario."

Después de preparar su plan de negocios, creó un sitio web de la compañía en inglés y francés. "Pasé días estudiando los sitios web de compañías como Arthur Andersen, PwC [PriceWaterhouseCoopers] y Capgemini e imité su aspecto y estilo. La web no era muy agradable, pero en aquellos días, tampoco lo eran las webs de mis competidores. Todavía no podía pagar una oficina, pero obtuve una dirección virtual profesional que podía usar en la web y en las tarjetas de visita. No incluí un título en la tarjeta. Quería la flexibilidad de ser el CEO cuando quería o solo uno de los ingenieros si la situación lo justificaba. Podría haber sido un negocio de una sola persona, pero me presenté como una corporación global."

Enonchong consiguió su primer cliente en una conferencia de la industria e invirtió los ingresos de ese trabajo en su negocio. "Alquilé una oficina real y contraté a un asistente a tiempo parcial. Nunca utilicé nada de ese dinero para pagarme. De hecho, no tenía casa y dormí en sofás de amigos durante dos años antes de que finalmente obtuviera mi propia casa."

Desde el principio, una de sus estrategias fue la de buscar a las mentes más brillantes de su industria. "Con la mayor frecuencia posible, traté de encontrar a las personas más brillantes de la comunidad africana. Congo, Nigeria, Costa de Marfil, República Centroafricana, Sudán, Camerún y más países tenían representación de AppsTech. Esto además de China, Corea, India, Francia y el Reino Unido. La mayoría de ellos eran mucho más inteligentes que yo. Aunque algunos eran obviamente inteligentes, no necesariamente tenían experiencia específica en la industria."

Cada decisión de compra se basaba en la idea de que la compañía era una corporación global. Y debido a que Enonchong desprecia la burocracia, hizo de la simplificación y racionalización de los procesos una de sus principales prioridades.

En cuatro años, AppsTech había establecido siete oficinas en tres continentes y prestaba servicios a clientes en más de 50 países. "Generábamos decenas de millones de dólares en ingresos", escribió Enonchong. "Con el tiempo nuestro modelo quedo establecido, y ya nos habíamos convertido en el líder del mercado. Habíamos resistido la burbuja tecnológica y habíamos visto desaparecer a muchos de nuestros competidores, algunos de hasta de unas cien veces nuestro tamaño".[207]

Se podría decir que Enonchong y yo tenemos algo en común: a los dos nos apasiona transformar África. Ella ve en la tecnología un rol de liderazgo. "Es una de las formas más fáciles y sencillas de construir nuestra economía a través de la innovación digital", dijo a el Banco Mundial. "Realmente creo que es una de las áreas que puede tener el mayor impacto y que requiere una menor inversión."

Otra estrella emprendedora en África es Njeri Rionge de Kenia. Esta empresaria incansable, que ahora tiene poco más de 50 años, comenzó a la edad de 20 años, vendiendo yogurt a estudiantes de secundaria en la parte trasera del automóvil de un amigo mientras también trabajaba como peluquera. Luego pasó al comercio de artículos de lujo, cogiendo vuelos baratos desde Nairobi a Londres y Dubai para poder traer genero a Kenia para su reventa.[208] Después de lanzar varias empresas más, entró en el sector de la tecnología, utilizando USD500.000 de capital inicial para lanzar una empresa proveedora de servicios de Internet (Internet Service Provider – ISP) en Kenia.[209] Lo hizo en 1999, cuando proyectos como este implicaban grandes riesgos. En ese momento, el acceso a internet era visto en África como un lujo, un accesorio de moda para las figuras más ricas e influyentes del continente.

Rionge no solo estaba tratando de cambiar la concepción popular de Internet como un juguete para ricos, algo fuera del alcance del consumidor medio. También tuvo que lidiar con la resistencia activa de las autoridades, ya que los funcionarios del gobierno, las agencias reguladoras en Nairobi y el operador estatal de telecomunicaciones plantearon objeciones a sus planes. Pero ella perseveró, y su ISP, conocido como Wananchi Online, se convirtió en el primer proveedor de conexión a internet de Kenia. La compañía ayudó a dar por primera vez acceso a Internet a los kenianos de todos los orígenes y ahora se ha expandido a otros países, convirtiéndose en el ISP más grande de África Oriental.

Desde que creo Wananchi Online, Rionge ha comenzado otros proyectos. En los últimos 15 años, ha seguido con su pasión por las nuevas empresas, creando Ignite Consulting, una consultoría de negocios; Ignite Lifestyle, una consultoría de salud; Insite, uno de los conjuntos de marketing digital más importantes de Kenia; y Business Lounge, la incubadora líder de empresas emergentes de Kenia.

Estos ejemplos muestran que los africanos tienen la habilidad y el impulso necesarios para tener éxito, y, quizás lo más importante, la capacidad de discernir y abordar las necesidades insatisfechas de una manera que cree un mercado completamente nuevo, prácticamente desde cero. Pero también demuestran que los emprendedores africanos que se dirigen a un nicho específico dentro de la economía en general pueden tener un gran impacto en múltiples sectores. Y en esto puede incluirse al petróleo y gas.

Los países africanos que apoyan a estos emprendedores podrían crear una nueva cohorte de empresarios. Este grupo tendría habilidades que no solo serían demandadas por los productores de petróleo y gas. También podrán crear software, diseñar equipos y crear nuevas soluciones para muchas otras empresas que trabajan en los mercados locales y regionales: proveedores de servicios petroleros, operadores de transporte marítimo y terrestre, empresas de logística, especialistas en robótica, servicios de entrega, empresas de construcción, supervisores de obra, reclutadores, banqueros, *traders* de acciones y de materias primas, y consultorías financieras.

Si los emprendedores pueden satisfacer estas necesidades, avanzarán por cada eslabón de la cadena de valor de la industria del petróleo y el gas, y el dinero que ganen permanecerá dentro de África, beneficiando a las economías locales y fortaleciendo los lazos comerciales entre países cercanos y vecinos. A largo plazo, también podrían aplicar su experiencia en otros lugares, quizás expandiéndose a los mercados extranjeros y, con suerte, añadiendo valor a otros sectores de la economía, como la agricultura o la manufactura.

Esto no es un sueño imposible. Enonchong y Rionge ya han demostrado que se puede hacer. Identificaron nichos de mercado, los explotaron, hicieron crecer sus empresas y siguieron aplicando las lecciones que habían aprendido en otros sectores. Me encantaría conocer a las personas que seguirán sus ejemplos y encontrarán nuevas formas de apoyar a la industria del petróleo y el gas a través de la tecnología.

12

Las compañías de petróleo y gas pueden ayudar a remodelar las economías africanas

Hasta hace relativamente poco, las IOCs tenían que ofrecer "regalos" para apaciguar a las empresas anfitrionas africanas.

Afortunadamente, esto está cambiando. Las IOCs se están dando cuenta de que las sociedades africanas están mucho más interesadas en los esfuerzos de responsabilidad social corporativa (RSC) que les ayudan a construir un mejor futuro para sí mismas que en las dádivas con beneficios insignificantes o a corto plazo.

Como resultado, estamos viendo un aumento en los proyectos comunitarios con el potencial de aportar mejoras significativas a la vida cotidiana de los africanos. Los ejemplos incluyen la capacitación especializada en la industria del petróleo y el gas que Aker Solutions de Noruega está brindando en Angola, los programas de creación de capacidad e infraestructura que la multinacional Tullow Oil opera en Ghana, y la gran inversión de Chevron en escuelas públicas en el estado del Delta en Nigeria.

Esos ejemplos son solo el comienzo. Hay compañías de petróleo y gas que se esfuerzan por apoyar a las comunidades locales y tal vez solo necesitan publicitar mejor sus actividades.

La industria también está dando más prioridad que nunca a una mayor transparencia y finalmente se ha puesto al día con la legislación e iniciativas internacionales existentes para cumplir con las políticas anticorrupción (ver Capítulo 9).

Por lo tanto, no se trata de *si* los actores de la industria del petróleo y el gas desempeñarán un papel importante en ayudar a los países, economías y personas africanas. De hecho, ya lo hacen.

La realidad de su impacto más positivo se dará con el tiempo.

¿Estará este impacto positivo relacionado con la forma con la que los gobiernos africanos creen un entorno propicio para las IOCs? ¿O las empresas locales de la industria del petróleo y el gas que estén buscando relaciones comerciales y transferencias de tecnología con las IOCs? ¿O compañías petroleras independientes y nacionales siguiendo ejemplos positivos de las IOCs?

Por el bien del futuro de África, espero que sean los tres.

Africanos ayudando a africanos: compartiendo oportunidades y conocimiento

Si bien las empresas pueden realizar cambios importantes a través de proyectos de RSC, desde el desarrollo de capacidades hasta la protección del medio ambiente, no deben pasar por alto la importancia de apoyar a las comunidades empresariales locales, ya sea a través de asociarse y comprar a las PYME locales o compartir conocimientos y tecnología. Todos estos esfuerzos contribuyen en gran medida a impulsar la actividad económica sostenible y el crecimiento.

Me gustaría ver más esfuerzos concentrados en apoyar a las empresas locales, especialmente compañías africanas ya establecidas. No me malinterpreten, necesitamos empresas extranjeras. Pero las compañías locales, compañías con un profundo conocimiento de la cultura, los desafíos y la dinámica dentro de sus comunidades, tienen un tremendo poder para generar un impacto positivo.

Se puede hacer.

Dovewell Oilfield Services es un buen ejemplo. Después de asociarse con Peerless Pump Company en el estado estadounidense de Indiana para fabricar y suministrar bombas a Nigeria, Dovewell se marcó como prioridad encontrar ingenieros locales para ayudarlos a instalar, conectar y mantener esas bombas. Dovewell también creó una compañía de mantenimiento de válvulas, que le permitió a la compañía emplear y compartir tecnología con un número significativo de personas y compañías locales.

"Dovewell Oilfield Services Limited tiene como objetivo ser una fuerza y un actor importante en toda la cadena de valor de la industria del petróleo y el gas en Nigeria específicamente y en África occidental en general", dijo Tunde Ajala, director ejecutivo de la compañía, a principios de 2019.[210]

Por supuesto, otras compañías autóctonas y líderes empresariales también están fortaleciendo las comunidades donde hacen negocios.

Veamos a Atlas Petroleum International y Oranto Petroleum, fundadas por el Príncipe Arthur Eze en 1991 y 1993, respectivamente. (A Eze generalmente se le conoce como el Príncipe Arthur Eze porque desciende de la realeza tribal). Estas empresas con sede en Abuja, Nigeria, constituyen el mayor grupo privado de exploración y producción centrado en África, y operan en varios países de todo el continente.

Ambas compañías han desarrollado una estrategia de exploración agresiva en áreas inexploradas, capitalizando las altas recompensas de la exploración en nuevas fronteras. La diversidad de las empresas, con Oranto enfocada en la exploración y Atlas enfocada en la producción, es una estrategia de inversión estratégica que Eze conceptualizó e implementó.

Su modelo de negocio invierte el patrón de grandes bloques de exploración que van a las multinacionales, dejando a los jugadores domésticos con lo que queda. Eze, que es el presidente ejecutivo de Oranto Petroleum, ha convertido en una prioridad obtener una valiosa superficie de petróleo y vender porciones a las IOC a medida que aumenta el valor.

Eze también es conocido por su compromiso con la filantropía, desde su donación de USD12 millones para ayudar a financiar la construcción de un Centro de Desarrollo Juvenil de la Iglesia Anglicana en Otuoke, Nigeria, hasta su donación de USD6.3 millones para los esfuerzos de socorro en las inundaciones de Nigeria hace varios años.[211]

Sus negocios también están marcando una diferencia positiva. Después de que el Ministerio de Petróleo de Sudán del Sur otorgó un acuerdo de intercambio de exploración y producción para el Bloque B3 a Oranto Petroleum en 2017, la compañía comenzó a construir dos escuelas primarias en el centro de Sudán del Sur.

"La construcción de estas dos escuelas es un reflejo del compromiso de Oranto de invertir en infraestructura social en todas las áreas donde operamos en

África", dijo Eze. "El petróleo tiene que beneficiar a todos los ciudadanos, y la educación es clave para el desarrollo."[212]

Oranto también está financiando un programa educativo, en conjunto con el Ministerio de Petróleo de Sudán del Sur, para capacitar a 25 maestros en las partes más desfavorecidas del país.[213]

Luego está Sahara Group, un conglomerado nigeriano de energía e infraestructura cofundado por Tope Shonubi y Tonye Cole que ha demostrado un compromiso para empoderar a las comunidades donde trabaja. A través de la Fundación Sahara, la compañía apoya iniciativas de salud, educación y desarrollo de capacidades, cuidado del medio ambiente y de desarrollo sostenible.

Otras muestras del compromiso de la empresa son:

- Food Africa, una iniciativa de colaboración entre el Grupo Sahara, el Fondo de Objetivos de Desarrollo Sostenible de las Naciones Unidas (SDG-F en sus siglas en inglés), los hermanos Roca (embajadores de buena voluntad SDG-F y chefs españoles) y el Gobierno del Estado de Kaduna para aliviar la pobreza y brindar oportunidades a granjeros indigentes dando acceso a préstamos y subvenciones a través del establecimiento de cooperativas.[214]
- La reciente renovación del Centro de Informática de la Universidad de Juba en Sudán del Sur.
- La nueva iniciativa #LookToTheBook de la compañía, que se esfuerza por fomentar la cultura de la lectura entre los jóvenes africanos. Los voluntarios de Sahara organizarán eventos de lectura en las comunidades de acogida y trabajarán para proporcionar a los niños menos privilegiados un acceso más fácil a los libros.

Sahara Group también ha demostrado su compromiso por apoyar la economía de sus comunidades de acogida. Además de contratar trabajadores locales y asociarse con empresas y proveedores locales, la compañía está desarrollando proyectos de infraestructura en petróleo y gas, concesiones de servicios públicos, parques industriales y comerciales, bienes raíces, hotelería, agricultura, atención médica y proyectos especializados respaldados por el gobierno. [215]

Shoreline Power Company Limited, una compañía de soluciones energéticas con sede en Nigeria que opera en todo África subsahariana bajo el liderazgo del CEO Kola Karim, también está marcándo la diferencia positivamente.

Durante los últimos 20 años, Karim ha hecho crecer la empresa hasta convertirla en una compañía energética integrada con operaciones *upstream*, *midstream* y *downstream*. Karim, por cierto, también es una historia de éxito: ganador del Premio Joven Líder Global en 2008 es miembro de la junta asesora para África de la Bolsa de Londres y del Consejo de la Agenda Global sobre Multinacionales Emergentes del Foro Económico Mundial. Es jugador de polo y mecenas del arte africano, y co-administra el Proyecto HALO, que significa *Help and Aid for Less Opportuned* y es la organización benéfica que él y su esposa, Funke, fundaron para ayudar a niños desfavorecidos en Nigeria y Reino Unido.[216]

Otro líder africano de petróleo y gas que marca una diferencia positiva es Kase Lawal, nacido en Nigeria, presidente de la compañía de energía con sede en Houston, CAMAC (Camerunesa-Americana), que opera en África y Sudamérica.[217] CAMAC en un momento dado fue la única compañía de energía en bolsa controlada por afroamericanos. Hoy, CAMAC es una de las empresas de propiedad afroamericana más grandes de los EE. UU., y genera más de USD2 mil millones al año.[218]

Desde su fundación, CAMAC ha apoyado becas, donaciones, prácticas, programas de educación artística y otros programas educativos en los EE. UU., Nigeria y Sudáfrica. El brazo caritativo de la compañía, la Fundación CAMAC, promueve iniciativas de salud, educación y artes culturales en las zonas donde opera CAMAC.

También podemos ver el ejemplo de Tradex, una subsidiaria de la compañía nacional de petróleo y gas de Camerún, especializada en el comercio, almacenamiento y distribución de productos derivados del petróleo. En un excelente ejemplo de empresas africanas que se apoyan entre sí, Tradex ha estado almacenando producto en la Luba Oil Terminal Equatorial Guinea (LOTEG), durante los últimos años.[219] En diciembre de 2018, la compañía recibió autorización para comercializar productos petrolíferos y derivados en Guinea Ecuatorial. Los líderes de ambos países elogian este paso como una oportunidad para un mayor crecimiento económico y creación de empleo.

Este tipo de esfuerzos, desde iniciativas de RSC hasta la creación de oportunidades de empleo y negocios locales, son de gran importancia. Creo que un elemento clave para crear un entorno empresarial propicio es aumentar la participación de los africanos en el sector del petróleo y el gas. Necesitamos abrir las puertas de la industria para asegurar que los africanos formen parte de la cadena de valor completa creando oportunidades comerciales en todos los segmentos, servicios de campos petroleros, *upstream, midstream* y *downstream.*

Las empresas locales y la batalla contra la corrupción.

Como he dicho muchas veces anteriormente, la legislación juega un papel importante en el establecimiento de la cooperación y el intercambio de información entre todas las partes interesadas. Necesitamos tener el tipo correcto de políticas, y eso viene desde arriba. Los líderes africanos necesitan demostrar, a través de palabras *y* acciones, que la *"antigua forma"* de hacer negocios ya no es apropiada.

No podemos olvidar el papel que las empresas deben desempeñar individualmente para reducir la corrupción. Aparte de la razón obvia, que la corrupción está mal, es malo para los negocios. Impide el crecimiento económico, impide la productividad de los trabajadores, desalienta la inversión y la financiación, y reduce inversiones gubernamentales muy necesarias en materias como educación y formación. Las empresas deben tener un departamento de *compliance* sólido que garantice que publican de manera consistente y honesta lo que pagan. No hay duda al respecto, se trata de una información clave.

A veces puede que no sean solo los líderes los que se ven afectados. Recuerde esto: las personas representan a la empresa y sus errores pueden costar mucho. Lo que veo es que la mayoría de los empleados públicos en África están mal pagados. Por lo tanto, no es de extrañar que un servidor público que vive al día acepte fácilmente un soborno del empresario que le ofrece cuatro meses de salario para "ayudarlo". Cuando en su trabajo no le están pagando lo suficiente como para permitirse una vida digna, es difícil que lo rechace.

Ofrecer un salario digno debería ser la primera línea defensiva contra el comportamiento poco ético.

Asimismo, redactar contratos de trabajo que incluyan cláusulas contra el soborno ayuda a garantizar que todas las relaciones comerciales se lleven a cabo de manera equitativa, justa y adecuada, siempre que existan y se apliquen las mismas políticas en todas las regiones donde opera la empresa.

Las empresas también pueden luchar contra las conductas deshonestas a través de políticas internas y formación. Este tipo de esfuerzo podría incluir extensas evaluaciones de riesgo de corrupción y educar al personal, subcontratistas, consultores y socios sobre cómo enfrentarse a las ofertas de soborno, junto con el establecimiento de consecuencias claras para quienes cedan ante las mismas.

Las empresas deben establecer su propio manual anticorrupción que detalle sus políticas corporativas y brinde capacitación al personal. Es imperativo que todo el personal esté bien capacitado en medidas anticorrupción y que se realicen constantes controles para garantizar el cumplimiento. Esto tiene un doble propósito: mantiene a todo el personal en la misma línea y muestra a las autoridades compromiso por frenar la corrupción. En el caso de una investigación, una política corporativa establecida (y bien enseñada) es la mejor defensa y tiene mucho más peso que simplemente afirmar: "No estamos haciendo nada malo."

¿Las buenas noticias? Estamos ante un cambio global contra la corrupción.

Ayuda que la mayoría de las organizaciones (no solo el sector del petróleo y gas) se unan a grupos anti soborno y desarrollen programas de buenas prácticas, ayudando así a establecer unas reglas de juego. Cada vez más empresas se niegan a formar parte de ella, creando una red de modelos éticos a seguir para que otros las imiten.

He visto muchas compañías que se han negado a pagar y han hecho buenos negocios. Claro, al principio, es difícil… pero esa resistencia les hace ganarse el respeto tanto de las autoridades locales como del resto de compañías de su industria.

El papel de las compañías petroleras nacionales: ¿Tienen una deuda con la comunidad?

También deberíamos poder contar con las NOC y las compañías nacionales de gas para apoyar a las PYME locales. De hecho, creo que esa debería ser una de sus principales responsabilidades.

Piense en todos los aspectos de llevar a cabo una gran operación de petróleo o gas. Necesita tener vehículos y suministros de oficina y servicios de catering, y una amplia gama de otras cosas. Las empresas nacionales pueden desempeñar un papel importante para garantizar que los proveedores de servicios locales legítimos tengan preferencia. En lugar de, por ejemplo, importar todos los alimentos para la venta en las cafeterías de sus empleados de Europa o América, debe convertirse en una práctica estándar trabajar con proveedores de servicios locales para comprar productos cultivados en la comunidad. Este simple paso de comprar localmente productos agrícolas empodera a todos, y todos se benefician de ello.

Pero el potencial de las NOC para beneficiar a los países africanos no termina aquí. Un analista de Ernst & Young describió a las NOC como "custodias del desarrollo de los recursos y la seguridad energética de la nación."[220] Me gusta. Las NOC desempeñan un papel vital generando ingresos para sus países: ingresos que, de forma ideal, se deberían usar estratégicamente para construir infraestructuras muy necesarias y para promover la estabilidad, crear oportunidades de empleo sostenibles y diversificación. Para hacer eso, las NOC deben ser estratégicas por sí mismas para adaptarse a la volatilidad del mercado, los avances tecnológicos y los desafíos que plantea la competencia.

En África, las NOC pueden desempeñar un papel importante apoyando una vibrante economía de petróleo y gas, pero el alcance de la ayuda varía de un país a otro. El impacto de la NOC depende de su capacidad para movilizar recursos, ya sea por sí mismas o mediante empresas conjuntas estratégicas con socios de su elección.

Desafortunadamente, tener un gobierno central fuerte no nos ha ayudado mucho en este aspecto. ¿Pero no debería ser bueno para la estabilidad contar con un gobierno fuerte? ¿No facilita el poder realizar negocios? Bueno, la triste realidad es que esta fortaleza realmente ha frenado el desarrollo, especialmente en la creación de valor y la construcción de infraestructura a nivel local.

Por supuesto, entiendo que ser propiedad del gobierno puede ser un desafío.

Por un lado, el gobierno ve a las NOC como parte de su principal flujo de ingresos en el país. Eso dificulta que estas compañías retengan sus propios recursos de efectivo para hacer las inversiones necesarias para seguir siendo competitivas y contribuir a economías nacionales fuertes. Otro desafío al que se enfrentan las NOC es mantener bajos los costes. En la economía global, las cadenas de suministro multinacionales extremadamente sofisticadas pueden dejar a las NOC en desventaja. Los actores internacionales pueden recurrir a recursos financieros y logísticos que las NOC no tienen porque están restringidas al entorno nacional.

Pero las NOC exitosas encuentran fórmulas para superar las citadas restricciones.

La agrupación económica, que reúne a grupos de empresas vinculadas a una industria en particular, es una estrategia exitosa en muchas industrias y en muchas partes del mundo. Las compañías nacionales que trabajan con sus gobiernos para alentar esta agrupación hacen un mejor trabajo estimulando todos los sectores de la economía. Piense, por ejemplo, en la industria del turismo: un hermoso y nuevo hotel de lujo no atraerá a muchos huéspedes si no hay restaurantes apetitosos con fuentes de alimentos listas, opciones de transporte fáciles con personal disponible para organizar los trayectos, zonas de compras con suficiente personal, o incluso instalaciones médicas para ayudar al desafortunado viajero. Los países africanos con petróleo y gas se beneficiarían del mismo tipo de enfoque.

Otra vía para mejorar la rentabilidad y la competitividad es asociarse con las IOC, lo que ayuda a las NOC a adquirir habilidades especializadas, experiencia, tecnologías y acceso a la infraestructura, y compartir riesgos con sus socios. Los IOC, mientras tanto, tienen acceso a las reservas de petróleo de las NOC.

Victor Eromosele, ex gerente general de finanzas de Nigeria LNG y ahora presidente del Centro de Información Petrolera, dijo en 2012 que las asociaciones NOC-IOC tienen sentido donde haya una agenda común y respeto mutuo.

"Las IOC aportan tecnología y financiación a la mesa. Las NOC tienen las reservas de hidrocarburos... Si la historia ha dejado algo claro, es que la relación *push-pull* entre las NOC y las IOC probablemente continuará en el futuro".[221]

Espero que la asociación recientemente anunciada entre la Corporación Nacional de Petróleo de Kenia (NOCK sus siglas en inglés) y la compañía global de servicios de petróleo y gas Schlumberger sea un buen ejemplo del tipo de cooperación y respeto que describió Eromosele. NOCK contrató a Schlumberger en abril de 2018 para apoyar el desarrollo de capacidades nacionales en la planificación del desarrollo de campo y la optimización de la producción.

Aún más fascinante es que el acuerdo de estas empresas incluye una transferencia integral de habilidades, una oportunidad de aprendizaje basada en proyectos para 25 jóvenes miembros del personal de NOCK y del Ministerio de Petróleo y Minería de Kenia. Además del aprendizaje en el aula y sobre el terreno, el proyecto incluye tutoría individual con miembros del personal de la empresa nacional y expertos de Schlumberger.

Otra nueva y prometedora asociación NOC-IOC, es el acuerdo entre Sonangol, de propiedad estatal de Angola, y la multinacional francesa Total, que se centrará en la distribución de combustible y las ventas de lubricantes en Angola. Si va bien, dice Total, le gustaría ampliar la asociación a la logística y el suministro de productos derivados del petróleo, incluidas las importaciones y el almacenamiento primario de productos refinados. Por supuesto, este no es el primer acuerdo entre Sonangol y Total sino que es el resultado de una larga y exitosa historia de alianzas en actividades *upstream*.[222] El resultado final de este nuevo acuerdo, con suerte, creará oportunidades laborales y comerciales sostenibles para los angoleños.

Las NOC africanas también pueden hacerse eco de otras partes del mundo donde las compañías estatales de petróleo y gas han madurado con bastante éxito y se han convertido en competidores en el mercado energético mundial. Con su creciente fuerza, esas compañías han comenzado a impulsar sus mercados nacionales mediante la contratación de más operadores locales, la contratación de más proveedores locales y el fomento del emprendimiento. No solo eso, han comenzado a influir en los esfuerzos en el extranjero.

En este sentido, vemos una acción impresionante desde Brasil, Malasia y Noruega. Los NOC de estos países han subido el listón.

- Petrobras, la compañía más grande de Brasil, es una de las compañías de energía más importantes del mundo. Ha desarrollado tecnologías innovadoras para la exploración, el desarrollo y la producción en campos de petróleo de aguas ultra profundas que los operadores de otros países están tratando desesperadamente de emular.

- A pesar de la disminución de la producción, la NOC Statoil noruega ha alcanzado un nivel competitivo a nivel mundial gracias a sus asociaciones con universidades e institutos de investigación. De hecho, las empresas que se asociaron más estrechamente con investigadores noruegos en instituciones noruegas recibieron acceso preferencial a nuevos bloques de concesión e incrementaron las inversiones de Statoil para mejorar sus capacidades de I+D.
- La empresa PETRONAS de Malasia se ha expandido mucho más allá de su misión original de administrar y regular el sector petrolero local. En cambio, ha conseguido a través de asociaciones con ExxonMobil y Shell expandir sus actividades más allá de sus fronteras y ahora opera en más de 30 países.

No hay razón por la que las NOC africanas no puedan seguir su ejemplo.

El ministro de Minas e Hidrocarburos de Guinea Ecuatorial, Gabriel Mbaga Obiang Lima, acordó recientemente participar en una breve entrevista conmigo sobre las NOC. Lima dijo que espera que las NOC en África no sigan el camino de aquellas en países de Asia y Oriente Medio que se han convertido en algo parecido en empresas nacionales de energía (NEC en sus siglas en inglés).

"Las NEC son un error porque el papel de las NOC es el petróleo y el gas, no la energía eólica o solar u otras fuentes de energía", dijo. "Las NOC africanas han perdido esa parte en la que deberían concentrarse. Mi punto de vista es que se suponía que eran ellos los que traían una solución con respecto a la gestión de nuestros recursos, y no lo han hecho. Sus Ministerios han tenido que acudir ellos mismos a las IOC y negociar nuevos acuerdos y tratar de mantener las cosas en movimiento. El problema ha sido que esas NOC han terminado ejerciendo como ministerios y funcionarios públicos con trabajos seguros. Pase lo que pase, no serán culpados y aún recibirán su paga. Mientras tanto, se culpa a los ministros de todo lo que ha sucedido. Los Ministerios no son responsables de comerciar o entrar en activos, pero han estado desperdiciando sus recursos en esto porque las NOC no estaban cumpliendo con sus responsabilidades operativas."

Lima también abordó los secretos del éxito de su país, y sobre la importancia de que los países africanos se apoyen mutuamente.

"Guinea Ecuatorial ha mantenido conversaciones con todos los productores africanos, escuchando ideas de Nigeria y Ghana sobre la estructuración de la industria y el contenido local, y luego implementándolas en casa. No somos estrictos en la planificación, porque la industria cambia cada año. La industria se está transformando ágil y rápidamente. Las naciones africanas (y las NOC) deben aprender a hablar entre ellas y compartir lecciones, y luego implementarlas."

13

Siguiendo el liderazgo de Nigeria en campos marginales

La mayoría de las noticias sobre el sector del petróleo y gas de África se centran en los grandes eventos: el inicio de la producción en los campos petroleros de aguas ultra profundas de Angola, el anuncio de Royal Dutch Shell de paros en la terminal de exportación de Bonny tras disturbios civiles en el Delta del Río Níger, el plan de Tanzania plan para invertir USD30 mil millones en una enorme nueva planta de GNL, o protestas contra los planes de fractura hidráulica en la cuenca de esquisto Karoo en Sudáfrica.

Esto es desafortunado. Refuerza el hábito periodístico de destacar los temas más espectaculares e ignorar historias de éxito a menor escala.

En este capítulo, voy a centrar el enfoque para poder contarles sobre una de esas pequeñas historias de éxito: el esfuerzo deliberado del gobierno nigeriano para desarrollar campos marginales de petróleo y gas.

Primero, un poco de historia: Nigeria comenzó a investigar el desarrollo de campos marginales en la década de 1990, después de que una serie de grandes empresas internacionales se negaran a desarrollar algunas de las ubicaciones que les habían sido adjudicados, diciendo que las reservas en cuestión eran demasiado pequeñas para merecer su atención. En 1996, el gobierno modificó la legislación existente para identificar estos sitios como campos marginales y alentar su desarrollo por parte de las empresas nigerianas. Durante los siguientes años trazó nuevas pautas para la concesión de licencias y, a continuación, lanzó la primera ronda de licitación para 24 campos en 2003. Desde entonces, ha adjudicado algunos campos más a inversores locales, lo que eleva el número total de campos marginales en desarrollo a 30.[223]

El programa ha generado algunas críticas, en parte porque se ha desarrollado de forma terriblemente lenta. A finales de 2018, menos de la mitad de las ubicaciones adjudicadas a los inversores habían comenzado la producción, y el gobierno de Nigeria todavía no había anunciado cuándo preveía realizar la segunda ronda de licitación, originalmente programada para 2013.[224] Las adjudicaciones de la primera ronda han planteado preguntas sobre presunta corrupción, dado que muchos de los adjudicatarios parecen haber sido elegidos por sus vínculos con funcionarios gubernamentales poderosos y no por su capacidad para desarrollar el proyecto.[225] También jugaron un papel en la crisis de gestión de riesgo y gobierno corporativo que llevó al Banco Central de Nigeria a tomar el control de Skye Bank, uno de los bancos comerciales más grandes del país.[226]

Aun así, la iniciativa de Nigeria sobre campos marginales debería considerarse un éxito. Le ha brindado a más de 30 empresas locales la oportunidad de establecerse y desarrollar sus capacidades como operadores *upstream*. Además, les ha permitido hacerlo sin asumir los riesgos (o los costes) de la exploración, ya que todos los campos designados como marginales fueron descubrimientos confirmados, inspeccionados y probados por compañías extranjeras y se sabía sin lugar a dudas que contenían hidrocarburos.

Peldaños

Los campos petroleros marginales pueden servir de base para cosas más grandes. Pueden ayudar a las empresas africanas a ganarse una reputación y conseguir el prestigio suficiente como para ser tenidas en cuenta para proyectos más grandes y trabajar con socios más grandes, especialmente si encuentran la manera de demostrar que pueden usar tecnologías modernas para rentabilizar campos marginales.

Esto no siempre ha sido fácil de hacer. De hecho, algunas de las empresas nigerianas que obtuvieron los derechos de los campos marginales en la primera ronda de licitación tropezaron al principio porque no tenían suficiente experiencia técnica para desarrollar el proyecto correctamente. Sin embargo, otros tuvieron éxito porque contrataron a jóvenes ambiciosos con habilidades útiles, como nigerianos que ya habían adquirido experiencia trabajando en proyectos de alta tecnología para grandes empresas extranjeras como Royal Dutch Shell. También se apoyaron en los empresarios nigerianos que podían usar las redes locales para optimizar su acceso a bienes y servicios.

En algunos casos, esto incluía servicios financieros de bancos nigerianos. Por supuesto, el malogrado Skye Bank fue uno de estos, pero no fue el único prestamista local que ayudó a financiar el trabajo de desarrollo en campos marginales de petróleo y gas. Por ejemplo, el Banco Intercontinental prestó USD6 millones a Niger Delta Petroleum para financiar el coste de perforar un pozo de reacondicionamiento, Ogbele-1, que puso en producción el campo Ogbele. Mientras tanto, Union Bank prestó un total de USD50 millones a Britannia-U para trabajar en Ajapa, empezando con un crédito de USD23 millones que le permitió comenzar la producción de petróleo.[227]

En otros casos, estas conexiones facilitaron las asociaciones con empresas nigerianas que estaban en una mejor posición para financiar operaciones *upstream*. Platform Petroleum, por ejemplo, se asoció con un socio con más acceso a financiación, Newcross, para cubrir sus costes en los campos Asuokpu / Umutu. Esta alianza permitió a Platform convertirse en la primera compañía en comenzar la producción en un área de licencia marginal.

La imitación es la mejor forma de adulación

Los éxitos de Nigeria en este frente han sido lo suficientemente importantes como para inspirar a otros estados africanos a fomentar el desarrollo de pozos marginales como parte de un esfuerzo más amplio para reformar el sector de petróleo y gas. En junio de 2018, por ejemplo, Thierry Moungalla, ministro de Comunicaciones de la República del Congo, dijo que esperaba que la decisión del país de unirse a la OPEP condujera a avances en esta cuestión.

La participación en la OPEP "nos ayudará a liberalizar mejor el sector y atraer nuevos jugadores dispuestos a invertir incluso en campos marginales", dijo a la agencia de noticias Bloomberg.[228]

Los campos marginales también han llamado la atención de Angola, una de las estrellas del sector africano de petróleo y gas. A finales de 2018, el país había mantenido su posición como el segundo mayor productor de crudo en África subsahariana y también estaba trabajando para estimular la producción de gas natural. Pero también estaba desesperado por compensar las pérdidas que había sufrido en los últimos años. La producción de petróleo de Angola cayó alrededor de un 20 por ciento entre 2014 y 2018, sobre todo porque los precios más bajos del crudo hicieron que sus campos de aguas profundas y ultra profundas de la costa de la provincia de Cabinda fueran menos rentables.[229] A su vez, esta disminución causó que la economía sufriera un golpe —no sorprende, dado que el petróleo y el gas y las actividades relacionadas representan alrededor del 50 por ciento del PIB de Angola y más del 90 por ciento de sus exportaciones.[230]

El presidente João Lourenço, quien reemplazó al hasta entonces líder de larga duración, José Eduardo dos Santos, a principios de 2017, espera que las reformas ayuden a cambiar el rumbo. Uno de sus principales objetivos es Sonangol, el operador nacional de petróleo y gas. El gobierno de Lourenço quiere reestructurar la empresa y desalojarla de su posición en la cúspide de la industria, en parte reasignando sus poderes en materia regulatoria y de asignación de licencias a una nueva agencia estatal y en parte limitando su derecho a reclamar reservas de hidrocarburos.

Pero el presidente no solo piensa en términos de instituciones del país. En mayo de 2018, firmó un decreto que redujo a la mitad las tasas de impuesto a la producción y a la renta para los campos marginales.[231] Su gobierno también ha dicho que tiene la intención de ofrecer varios campos marginales en las cuencas del Congo, Cunene y Namibe, durante una próxima ronda de licencias en 2019.

Guillaume Doane, CEO de Africa Oil & Power, elogió este plan y dijo en diciembre de 2018 que los campos marginales podrían ser la mejor vía para atraer a nuevos actores así como empresas locales al sector de hidrocarburos del país. "Existe una percepción anticuada de que Angola es un mercado de petróleo y gas solo para las grandes compañías", dijo a APO Group. "A través de campos marginales, Angola está atrayendo una mayor diversidad de jugadores de E&P que pueden desarrollar proyectos más pequeños *onshore* y en aguas poco profundas. En la próxima década, Angola puede aspirar a logros históricos a través de los campos marginales, similares a los que Nigeria [ha] logrado en los últimos años."[232]

Un nicho de mercado a la espera de ser cubierto

Las observaciones de Doane sobre las oportunidades que aguardan a las pequeñas empresas en Angola destacan el potencial real de los campos marginales. Como muestra el ejemplo de Nigeria, estos son los proyectos que pueden promover el desarrollo de asociaciones locales, redes comerciales y otros arreglos que pueden allanar el camino hacia el éxito para las empresas africanas.

Si la República del Congo, Angola y otros países africanos avanzan con estos programas de desarrollo *upstream*, no solo crearán oportunidades para pequeñas empresas locales que estén dispuestas a trabajar en pozos pequeños. También crearán oportunidades para proveedores de servicios locales. Las compañías petroleras rara vez operan solas, por lo general, se asocian con contratistas para trabajos específicos, como perforación, mantenimiento de pozos, reparación y mantenimiento de equipos, transporte de plataformas, servicios marinos y mapeo subsuperficial.

En otras palabras, los inversores locales necesitarán socios que puedan ayudarlos a hacer el trabajo. Tendrán que establecer relaciones con empresas que puedan entregar, operar y mover el tipo de plataformas más adecuadas para perforar en campos pequeños. Si asumen proyectos complejos, deberán encontrar contratistas de perforación que tengan las habilidades y tecnologías específicas necesarias para la perforación direccional en campos no convencionales u operaciones de recuperación secundaria en sitios maduros. Si aceptan desarrollar depósitos *offshore*, deberán trabajar con empresas especializadas en servicios marítimos.

Históricamente, la mayoría de las empresas que han prestado servicios de este tipo no han sido africanas. Han venido de otros lugares y han trabajado principalmente para grandes empresas multinacionales como ExxonMobil y no para inversores locales que se centran en activos pequeños.

Esto significa que hay un nicho de mercado esperando ser cubierto. Las compañías locales necesitarán socios que puedan proporcionar servicios en una escala adecuada para campos marginales. Angola, por ejemplo, necesitará compañías de servicios marinos que puedan suministrar embarcaciones y equipos para su uso en campos marinos mucho más pequeños que, por ejemplo, en el Bloque 0, donde un consorcio liderado por Chevron alcanzó un pico de producción de más de 400.000 barriles diarios.[233] En estas condiciones, es probable que los empresarios africanos que puedan satisfacer estas necesidades tengan mucha demanda.

También tendrán la oportunidad de mejorar su reputación, para ser reconocidos como socios fiables capaces de crecer y asumir proyectos cada vez más grandes. Esto, a su vez, les permitirá ampliar sus capacidades aún más con el tiempo. Los colocará en una mejor posición para ofertar por campos marginales en países vecinos y cercanos y les dará un incentivo para invertir en programas de investigación y desarrollo que se centren en soluciones africanas para los desafíos africanos. También les dará un impulso adicional en las negociaciones con empresas extranjeras, lo que podría proporcionar acceso a nuevas tecnologías que han mejorado el desarrollo *upstream* en otras regiones.

Aún mejor, una mayor actividad en la industria de servicios petroleros creará empleos y servirá como un impulso para el crecimiento en otros sectores de la economía local. Estimulará la industria de la construcción y el comercio minorista, ya que los trabajadores necesitarán vivienda, alimentos y ropa. Dará un impulso a los fabricantes locales y los servicios de impresión 3D capaces de producir equipos y piezas para su uso en campos de petróleo y gas. Apoyará la demanda de servicios bancarios, financieros y legales, ya que todos los involucrados necesitarán formas de administrar el dinero y garantizar el cumplimiento de las regulaciones y requisitos locales. Alentará el comercio de productos básicos en África, ya que los operadores locales necesitarán encontrar formas de transportar su producto hasta el mercado, financiar transacciones y establecer una plataforma para la comunicación con terceros. Además, aumentará el atractivo de la tecnología, creando oportunidades para trabajadores cualificados que puedan operar con ordenadores, software y dispositivos inteligentes que ofrezcan las soluciones más rentables y confiables para manejar las finanzas, el comercio de *commodities*, el mantenimiento de registros, el diseño y logística.

En resumen, los programas de desarrollo de campo marginales son una oportunidad de oro para África. Sientan las bases para una ola de crecimiento a largo plazo para muchos sectores, con gobiernos que ofrecen a los inversores locales la oportunidad de establecerse en el desarrollo de hidrocarburos *upstream,* inversores locales que dan negocio a los proveedores de servicios locales, proveedores de servicios que crean demanda en sectores relacionados de la industria y trabajadores en sectores relacionados que adquieren habilidades en tecnología, comercio, finanzas y similares que seguirán siendo útiles incluso después de que los campos de petróleo y gas se sequen.

El gobierno debe preparar el escenario

Los gobiernos tienen un papel crucial que desempeñar en la promoción del desarrollo de campos marginales de petróleo y gas, y no solo en el ejercicio de sus prerrogativas como fuente de políticas oficiales que rigen las licencias, los impuestos, las operaciones y demás. Los gobiernos africanos también deberían trabajar para crear un entorno que apoye a los empresarios y desaliente la corrupción.

De lejos, Nigeria es el que más ha avanzado más en esta dirección. Hasta la fecha, es el país africano que más ha fomentado el desarrollo de campos marginales. Su trayectoria no es perfecta, pero es la más extensa. También ha dado lugar a genuinas historias de éxito.

Tomemos el ejemplo de Sahara Group: esta empresa nigeriana ha utilizado su participación en el programa de desarrollo de campos marginales como trampolín para un mayor desarrollo. Nació como *trader* de productos derivados del petróleo en 1996 y pasó los siguientes años desarrollando su negocio. En 2003, construyó y lanzó uno de los primeros depósitos de almacenamiento de combustible de propiedad independiente en Nigeria. Posteriormente, en 2004, aprovechó la oportunidad para expandir sus operaciones y participó en la primera ronda de licencias para campos marginales. Se ganó el derecho de desarrollar OML 148, también conocido como el campo Oki-Oziengbe, y lo puso en línea en 2014.

Pero Sahara Group ha hecho mucho más que establecerse como un operador *upstream* a pequeña escala. Durante los años en que preparaba OML 148 para que comenzase la extracción, también se integró verticalmente en otros puntos de la cadena de valor. Más específicamente, llegó a acuerdos para el suministro de combustible para aviones de aerolíneas nigerianas e internacionales; estableció sus propias filiales de distribución, almacenamiento y comercialización de combustible para gestionar las operaciones *downstream* en casi 30 países africanos; proporcionó soluciones marinas a medida para proyectos de GNL en alta mar; comisionó dos petroleros de GLP; se convirtió en accionista en varias refinerías y plantas de energía; y acumuló una amplia cartera de bienes raíces comerciales. Además, amplió considerablemente sus operaciones comerciales dentro y fuera de África, estableciendo filiales en Dar es Salaam y Conakry, así como en Singapur y Dubai.[234]

Sahara Group difícilmente puede considerarse en condiciones de competir con Shell u otras grandes empresas internacionales que han liderado el desarrollo del petróleo y gas en Nigeria. Sin embargo, ha logrado crecer mucho más allá de su ámbito original. Ahora genera ingresos de más de USD10 mil millones por año y es capaz de producir hasta 10.000 barriles de petróleo al día. Ha ampliado su cartera *upstream* para incluir otros ocho campos en África y espera que su producción aumente hasta los 100.000 barriles diarios.[235]

La iniciativa de desarrollo de campos marginales de Nigeria parece haber sido el acicate para todos estos avances. Sahara Group comenzó como un *trader* de combustible a pequeña escala, y solo comenzó a expandirse mucho más allá de sus orígenes después de la adquisición de OML 148. En los últimos 15 años, se ha convertido en una compañía diversificada e integrada verticalmente, activa en los sectores *upstream, midstream y downstream* y también en los sectores de servicios y generación de energía. Ha creado más de 1.400 empleos permanentes en al menos 38 países.[236]

La expansión y los avances del Grupo Sahara son una victoria para Nigeria. Muestran que los programas respaldados por el gobierno pueden impulsar a las empresas locales que desean obtener un perfil más alto. Muestran que vale la pena desarrollar campos marginales, no solo por el rendimiento en petróleo y gas, sino también porque contribuyen al crecimiento en otras industrias. También demuestran que los empresarios africanos están preparados y dispuestos, y son capaces de aprovechar al máximo los recursos disponibles.

Por supuesto, la iniciativa de campos marginales de Nigeria tiene sus defectos, como lo demuestran los rumores de corrupción en la primera ronda de licencias y las quejas de los ejecutivos petroleros locales sobre el aplazamiento de la segunda ronda de licencias.

Pero en general, este es un buen modelo para otros países africanos, y espero ver a compañías angoleñas y congoleñas seguir el ejemplo del Grupo Sahara.

14

El arte de cerrar acuerdos: es hora de negociar para un futuro mejor

Mucho antes de comenzar mi carrera legal, entendí que muchos de los problemas de África podrían estar relacionados con el desperdicio de nuestros recursos petroleros. Aún más evidente fue el hecho de que los africanos no formaban parte de ningún tipo de estructura de acuerdos: cuando se produjeron las negociaciones sobre la exploración, producción y distribución de ingresos de los inversores extranjeros, los africanos no estaban en la mesa, ni siquiera en la habitación.

Me pregunté: ¿por qué los africanos no son parte de este empoderamiento económico? ¿Por qué los occidentales dirigen los acuerdos de África?

Estas preocupaciones me llevaron a adentrarme en el derecho de la energía y trabajar para cambiar la dinámica que había observado. Desde el principio, me influyeron las lecciones de mis padres, que me enseñaron a no quedarme de brazos cruzados ante la injusticia. Más tarde, tuve la suerte de ser asesorado por el fallecido Ron Walters, que era el subdirector de campaña de Jesse Jackson. El Dr. Walters enfatizó las enseñanzas de Charles Hamilton Houston, el abogado negro estadounidense que ayudó a desmantelar las leyes estadounidenses de Jim Crow. Houston solía decir que un abogado es un ingeniero social o un parásito de la sociedad. Estoy decidido a ser el primero: mis experiencias desde la facultad de derecho han sido una expresión en evolución de mis creencias más profundas y mi deseo de ver un África mejor.

Construir una carrera legal en África, y más tarde, mi propia firma, requirió mucho trabajo duro, tenacidad y un revestimiento exterior contra las críticas similar al teflón. Aquí estaba, un joven menor de 30 años con un plan de negocios, agallas y un ordenador portátil que creía que podía competir con los grandes. Las grandes firmas y los actores de la industria no iban a dejar paso a un novato, a pesar de que estaba cualificado y con hambre de éxito. ¿Por qué un abogado general o el CEO de una compañía petrolera se arriesgarían conmigo sin un historial de éxito en África?

Como Dios siempre es bueno conmigo, poco a poco fui recibiendo más y más trabajo de compañías como Schlumberger, Kosmos, Heritage, Chevron, Lukoil, Afex Global, Vanco (ahora PanAtlantic), Gazprom, DHL, Suncor, Gunvor, IFD Kapital, y muchas compañías petroleras y ministerios africanos. Lo hice bien porque estaba en el terreno y enfocado en obtener resultados y ganar casos para los clientes que confiaban en mí. Cogí todas las llamadas, me quedé despierto hasta altas horas de la noche, corté con amigos locos y personas negativas, y puse en práctica lo mejor de mi educación legal para hacer que África funcionara para mí.

Como CEO de Centurion Law Group, representamos tanto el lado empresarial como el gubernamental en negociaciones de acuerdos de petróleo y gas en África. Cuando comencé este libro, asesorábamos a Oranto Petroleum, con sede en Nigeria, en la adquisición histórica de cuatro bloques petroleros estratégicos en la República de Níger, y al Fondo de Combustible Estratégico de propiedad estatal de Sudáfrica en la adquisición de uno de los activos petroleros más deseados en África, el Bloque B2 en Sudán del Sur.

Mis experiencias me han demostrado una y otra vez, que sin un buen acuerdo, los recursos de petróleo y gas pierden gran parte de su poder para crear un futuro mejor para los africanos. Cerrar buenos acuerdos es de vital importancia. Los gobiernos no solo necesitan negociar acuerdos que generen beneficios a largo plazo para sus pueblos, sino que las empresas africanas también deben negociar acuerdos que los mantengan en igualdad de condiciones con sus competidores y les permitan crecer, crear y mantener empleos, y apoyar a las comunidades en las que trabajan.

Para que África realmente se dé cuenta de todos los beneficios que las operaciones de petróleo y gas tienen para ofrecer, necesitamos ver buenos acuerdos en todos los ámbitos.

Puedo ayudar. Si bien mi consejo no puede reemplazar la capacitación sólida y la experiencia en negociación, puedo compartir algunos principios útiles y, con suerte, ayudar a otros a evitar algunos de los errores que he observado.

Fundamentos de negociación

En primer lugar, no importa en qué lado de la mesa esté, prepárese, prepárese y prepárese un poco más. ¡En demasiadas ocasiones, me he encontrado en negociaciones en las que la otra parte ni siquiera ha leído el contrato ni ha mirado el activo que estamos tratando de discutir! Y, sin embargo, allí se sientan con poder para tomar decisiones muy difíciles e importantes. Básicamente, están jugando con el desastre. En el mejor de los casos, están desperdiciando oportunidades económicas. Pero también podrían estar abriendo la puerta a acuerdos que podrían dañar a su empresa o país, sin mencionar el medio ambiente o incluso la estabilidad local.

Probablemente haya escuchado la frase: "Obtiene lo que paga". Esa verdad se aplica al tiempo y al esfuerzo que invertimos en la negociación de buenas ofertas. Hay una razón por la cual las grandes empresas contratan de 20 a 30 abogados, un contable, un experto en negociación e incluso más para representarlos en la mesa de negociación. Quieren obtener el mejor acuerdo posible para ellos. Incluso si su empresa o gobierno no puede permitirse un "equipo ideal" para representar sus intereses, debe hacer todo lo humanamente posible para que sus negociaciones sean fructíferas. Eso significa que debemos hacer el trabajo de recopilar información, informarnos sobre el recurso a negociar y los intereses de quienes se sienten en la mesa, y asegurarnos de que las que personas que tomen las decisiones clave respalden nuestros puntos de vista.

Además, cuando se puede acceder a ayuda práctica y confiable, debemos tomarla, ya sea en forma de representación legal, orientación de ONG, programas de capacitación en negociación o consultores voluntarios. La New Partnership for Africa's Development (NEPAD), por ejemplo, una agencia de la Unión Africana, que brinda asistencia técnica para ayudar a los países a cerrar buenos acuerdos y ha ofrecido programas regionales de capacitación en negociación de contratos.[237] Otro recurso es el Instituto de Gobernanza de Recursos Naturales, con sede en Washington DC. En 2017, el instituto lanzó el Natural Resource Charter Benchmarking Framework, que proporciona 170 preguntas sobre la gobernanza de los recursos naturales que los gobiernos africanos deben hacer a los inversores.[238]

También es vital considerar las perspectivas de ambas partes. Como negociador, especialmente en el lado privado de la negociación, debe hacer todo lo posible para asegurarse de que todos en la mesa sientan que el acuerdo resultante es de su interés, que es una situación en la que todos ganan. Así es como mantiene relaciones saludables a largo plazo y el *toma y daca* realmente da como resultado acuerdos justos, ahora y en el futuro. Tengo un enfoque a muy largo plazo. Quiero asegurarme de poder trabajar con estas personas durante mucho tiempo. Y si no se ven a sí mismos ganando, si no se ven a sí mismos teniendo algo que refleje sus expectativas, entonces hemos perdido en conjunto. Como dice Richard Harroch, director gerente y jefe global de fusiones y adquisiciones de VantagePoint Capital Partners, con sede en San Francisco, nunca subestimes el valor de ser un buen oyente.

"Algunos de los peores negociadores que he visto son los que hablan, parecen querer controlar la conversación y exponen sin cesar los méritos de su posición", escribió Harroch para *Forbes* en 2016. "Los mejores negociadores tienden a ser los que realmente escuchan al otro lado, entienden sus asuntos clave y los puntos candentes, y luego formulan una respuesta adecuada. Intente comprender qué es importante para la otra parte, qué limitaciones pueden tener y dónde pueden tener flexibilidad."[239]

¿Y qué es importante para las partes en un acuerdo africano de petróleo y gas? A nivel general, las compañías petroleras extranjeras tienden a concentrarse en ver un retorno justo de sus inversiones, mientras que los gobiernos están más preocupados por el impacto de las actividades de petróleo y gas en ellos y en su país.

Los gobiernos quieren desarrollar sus países. Quieren crear empleos. Quieren generar una base impositiva.

Si represento a una empresa, por ejemplo, me aseguro de haber revisado la agenda nacional de desarrollo del gobierno con el que la empresa quiere hacer un trato. Necesito saber si el gobierno ha hecho de la protección del medio ambiente una prioridad o si su enfoque es el empoderamiento local. Si el gobierno está preocupado por el contenido local, quiero estar listo para mostrar datos sobre la creación de empleo a corto y largo plazo, junto con el compromiso de la compañía de capacitar y contratar a profesionales locales y asociarse con proveedores locales.

Otro factor clave: cuando esté negociando, pregúntese qué sucederá después del acuerdo. ¿Son realistas los términos acordados por las partes? ¿Qué se ha hecho para asegurarse de que todo lo acordado vaya a realizarse en un tiempo razonable? ¿Hemos abordado posibles obstáculos? ¿Hemos acordado las consecuencias de no actuar? ¿De qué sirve un acuerdo, incluso uno con excelentes condiciones para su empresa o país, si no puede ejecutarse de manera realista? Siempre abordo cómo se desarrollará un acuerdo y su viabilidad a largo plazo.

En su artículo de 2004 para *Harvard Business Review*, "Getting Past Yes: Negotiating As If Implementation Mattered,"[240] el veterano negociador Danny Ertel citó el ejemplo de la empresa conjunta de 1998 entre AT&T y BT para ofrecer interconectividad global a clientes multinacionales. Se esperaba que Concert, la *startup* resultante valorada en USD10 mil millones, trajera USD1 mil millones en ganancias desde el primer día. En cambio, el acuerdo fracasó y la empresa cerró tres años después.

"Sin duda, un mercado en horas bajas jugó un papel importante en la desaparición de Concert, pero la forma en que se celebró el acuerdo ciertamente clavó algunos clavos en el ataúd", escribió Ertel. "Los negociadores del acuerdo de AT&T obtuvieron lo que probablemente consideraron una ganancia valiosa cuando negociaron una forma para que AT&T Solutions retuviese clientes clave multinacionales para sí mismo. Como resultado, AT&T y BT terminaron en competencia directa por el negocio, exactamente lo que se suponía que la empresa Concert debía ayudar a prevenir. Por su parte, BT aparentemente enfadó AT&T al negarse a contribuir a la compra de AT&T de la Red Global de IBM. Ese movimiento le ahorró dinero a BT, pero enturbió la estrategia de Concert, dejando a la nueva empresa compitiendo por productos superpuestos."

Negociar con la implementación en mente es mucho trabajo, y requiere una mayor colaboración y comunicación entre las partes en la mesa, pero también aumenta la probabilidad de éxitos compartidos. Algunas cuestiones a considerar:

- Mantenga a todas las partes informadas: intente abordar la recopilación y el análisis de hechos juntos, antes de que comiencen las negociaciones. No sorprenda a los demás con información o decisiones de última hora. Si se da cuenta de problemas que podrían interferir con el éxito del proyecto propuesto, póngalos sobre la mesa lo antes posible y aliente un esfuerzo conjunto para resolverlos o desarrollar enfoques alternativos.

- Haga las preguntas difíciles: pruebe la viabilidad de los compromisos que ambas partes están haciendo. ¿Pueden cumplir? ¿Cómo? Trabajen juntos para desarrollar sistemas de alerta temprana y planes de contingencia.
- Involucre a las partes interesadas: asegúrese de saber quién tiene el poder de decisión y aprobación que necesita para las condiciones descritas en su propuesta. Identifique quién podría interferir con la implementación y decida qué hará si eso sucede.

Gobiernos: hay que exigir más

Los gobiernos tienen mucho que perder — y ganar — del éxito de sus negociaciones. Los acuerdos que hacen no solo afectan a su futuro político, sino que también impactan en la vida de millones de personas.

Una de las cosas más importantes que pueden hacer los gobiernos, mucho antes de que se hable de negociaciones, es limitarse al tipo correcto de inversores. Me gustaría ver a los gobiernos recurrir a John F. Kennedy sobre posibles inversores y preguntarles "¿qué pueden hacer por nuestro país?" ¿Apoyará el inversor los objetivos económicos del país? ¿Se trata de ganancias o están dispuestos a considerar también las necesidades del país?

Piénsenlo, líderes gubernamentales: no hay razón para aceptar un proyecto de GNL que lleve el 100 por ciento del producto creado con los recursos de su país a Europa, Asia o América, especialmente cuando necesita GNL para alimentar su propio país. Su prioridad siempre debe ser utilizar los recursos naturales de su país estratégicamente para mejorar su futuro.

Al mismo tiempo, los gobiernos africanos deben ser realistas sobre los desafíos a los que se enfrentan. Hay una serie de cuestiones que complican los acuerdos con los gobiernos africanos: políticas fiscales opresivas, burocracia excesiva, requisitos de contenido local poco realistas, falta de protección judicial para los contratos, falta de transparencia… y la lista continúa.

Los inversores extranjeros están dispuestos a pasar por alto un algunas cosas para tener la oportunidad de beneficiarse de los considerables recursos de petróleo y gas de África, pero es muy difícil pedirle a un inversor extranjero que lance una importante iniciativa de capacitación, por poner un ejemplo, cuando las políticas de un país ya hacen que operar allí sea costoso o ineficiente. Las empresas necesitan ver un esfuerzo serio y continuo por parte del gobierno para proteger sus intereses y permitirles obtener ganancias razonables. Sé que resolver estos problemas de política puede llevar mucho tiempo, pero abordarlos debe ser una prioridad para los gobiernos que se tomen en serio la obtención de todos los beneficios de sus recursos naturales.

Por supuesto, no hay razón para que los gobiernos africanos se pongan de espaldas y se sometan por completo a los deseos de los inversores extranjeros. De hecho, me gustaría ver que quienes negocian en nombre de los gobiernos africanos sean mucho más firmes con los inversores extranjeros. Por ejemplo, he visto a muchos abogados aceptar pasivamente contratos modelo que les han sido entregados por compañías extranjeras. Abogados, sean conscientes de que puede declinar cortésmente. No le den a la otra parte un control indebido.

Es como cuando sales a correr o caminar con alguien: no piensas en ello, pero en la mayoría de los casos, uno de ustedes ajusta su ritmo para que coincida con el otro. Una vez que aceptas el contrato del otro lado, estás caminando a sus tiempos. Creo que los países africanos deberían ser los que marcan el ritmo. Deben dirigir las condiciones de los acuerdos y abordar las negociaciones desde una posición de fortaleza. Deben incorporar iniciativas que les permitan crear empleos y oportunidades de capacitación, desarrollar infraestructura y monetizar sus recursos en los contratos que redactan. (Consulte el Capítulo 6 para obtener más información sobre la monetización de los recursos naturales).

No estoy pidiendo demandas irrazonables. Nuevamente, es importante considerar las necesidades de ambos lados. Los gobiernos deben dar a los inversores la oportunidad de generar ingresos a partir de los recursos que les interesan y recuperar sus inversiones. Al mismo tiempo, los gobiernos deben buscar crear valor para su país y su gente. Es un acto de equilibrio. Es un desafío, pero es factible.

Promesa para África

Si tiene alguna pregunta sobre el poder de llegar a buenos acuerdos, eche un vistazo a Mauritania y Senegal.

Desde que Kosmos Energy descubrió grandes reservas de gas natural, de hasta 50 tcf, frente a las costas de estos países en 2015, no han cesado de producirse anuncios alentadores, ya que Kosmos, seguido por su socio, BP, comenzó a invertir en negocios y comunidades locales. Se lanzaron programas de formación sobre la industria petrolera. Los jóvenes comenzaron a tomar clases de inglés gratuitas. Algunas áreas incluso obtuvieron electricidad por primera vez, dándoles acceso a cosas que muchos de nosotros damos por sentadas.

Es algo emocionante, especialmente para las personas que viven en Mauritania y Senegal. También es alentador para cualquier persona interesada en el futuro del petróleo y el gas de África. Historias como esta son una prueba positiva de que el desarrollo del petróleo y el gas puede brindar oportunidades, esperanza y prosperidad a países que históricamente han estado en desventaja.

Estos son solo algunos ejemplos de cómo Kosmos y BP han estado generando cambios positivos en las comunidades donde trabajan y hacen negocios:

- Desde el descubrimiento de reservas, Kosmos ha invertido en programas de capacitación en salud y seguridad en el lugar de trabajo para proveedores locales de la industria del petróleo y el gas en Mauritania. La multinacional también ha impartido clases de inglés para jóvenes en Nouakchott.[241]
- Kosmos ha llegado a un acuerdo con el programa de máster internacional Gérer les Impacts des Activités Extractives (GAED), un programa máster conjunto sobre gestión de impactos del sector extractivo, que se lleva a cabo en la Universidad de Nouakchott y la Universidad Gaston Berger de Saint- Louis, en Senegal. Kosmos apoya este programa de Máster GAED al ceder a sus empleados como profesores invitados, organizar viajes sobre el terreno y prácticas, y contribuir con apoyo financiero. Los estudiantes de GAED también se han unido a los equipos de Kosmos sobre el terreno para realizar las evaluaciones de impacto sísmico y ambiental (ESIA en sus siglas en inglés) en Mauritania y Senegal.
- Kosmos también ha convertido en una prioridad apoyar a la región de Ndiago, que hace costa con el bloque de licencia de la compañía, cerca de la frontera con Senegal. Por ejemplo, las autoridades comunitarias sugirieron que la economía local podría beneficiarse de los proyectos de electrificación, así que Kosmos desarrolló un proyecto de electrificación rural que ahora proporciona energía a más de 2.100 personas.

- En Senegal, Kosmos consultó a más de 1.000 residentes de la comunidad costera antes de completar un ESIA de actividades de exploración en aguas profundas en la región, por lo que las preocupaciones de los miembros de la comunidad están registradas, y probablemente se verán reflejadas en las actividades de exploración. Kosmos también organizó talleres de petróleo y gas para organizaciones de la sociedad civil en Dakar.

- BP, que se ha asociado con Kosmos Energy para iniciar programas de exploración de múltiples pozos en Mauritania y Senegal, dio a conocer planes para crear un centro de aprendizaje a distancia en Nouakchott para dar capacitación en el sector de petróleo y gas. El centro se diseñará en estrecha colaboración con el Ministerio de Petróleo, Energía y Minas de Mauritania.

- En un acuerdo cooperativo con el Ministerio de Petróleo, Energía y Minas de Mauritania, BP está proporcionando al instituto de ingeniería École Supérieure Polytechnique en Nouakchott equipos de laboratorio especializados y fondos para becas de posgrado.

- En Senegal, BP ha invertido millones en apoyar el nuevo Instituto Nacional de Petróleo y Gas (INPG), creado con el objetivo de crear capacidad nacional para la industria de petróleo y gas de Senegal. La compañía también ha patrocinado miles de horas de clases profesionales de inglés para empleados del gobierno y ha estado ofreciendo talleres "LNG 101" para mejorar la comprensión técnica y comercial de los residentes de Senegal.[242]

- En 2018, BP anunció que desarrollarían una planta flotante de GNL *offshore* frente a las costas de Mauritania y Senegal. La instalación está diseñada para proporcionar aproximadamente 2.5 millones de toneladas de GNL por año. El proyecto pondrá a disposición de ambos países gas para uso doméstico, lo que significa que Mauritania y Senegal estarán mejor posicionados para proporcionar a sus pueblos el acceso tan necesario a la electricidad, que es clave para el crecimiento económico y la estabilidad.[243]

Sería exacto decir que esta actividad es posible gracias a las enormes reservas de gas natural de Mauritania y Senegal. Y los generosos compromisos de los inversores extranjeros.

Pero no se deje engañar, hay más en la historia. Estoy seguro de que entre bastidores, los gobiernos de Mauritania y Senegal desempeñaron un papel fundamental para hacer posible estos desarrollos positivos. Lo hicieron a través de los acuerdos que negociaron con BP y Kosmos, sin mencionar el acuerdo de cooperación intergubernamental (ICA en sus siglas en inglés) que negociaron y firmaron a principios de 2018 para desarrollar un campo transfronterizo.

Claramente, este buen acuerdo tiene implicaciones a largo plazo para los pueblos, comunidades y empresas africanas.

Otro acuerdo modélico es el acuerdo histórico de 2018 entre Noble Energy y el Ministerio de Minas e Hidrocarburos de Guinea Ecuatorial que describo en el Capítulo 6. Estoy muy agradecido de haber participado y jugado un rol en las negociaciones. El acuerdo, que también involucró a GEPetrol, de propiedad estatal, y a terceras empresas, permite a Noble bombear 600 bscf de gas natural desde el campo offshore Alen al complejo de gas integrado de Punta Europa cerca de la ciudad de Malabo.[244]

Antes del acuerdo, la única instalación de GNL de Guinea Ecuatorial estaba alimentado por gas natural del envejecido Campo Alba, donde se espera que la producción empiece a declinar en los próximos dos o tres años. Según el acuerdo, se construirá un gaseoducto de 65 kilómetros para conectar las operaciones de Noble con Punta Europa. El gaseoducto se diseñará con la capacidad de recibir no solo la producción de Alen, sino también la de los campos circundantes. Esto no responde únicamente a la necesidad de nuevas materias primas, sino que también limita la dependencia del país de un solo proyecto de *downstream*.

También es importante que al mismo tiempo que se firmó este acuerdo, Gabriel Mbaga Obiang Lima, ministro de minas e Hidrocarburos de Guinea Ecuatorial, anunció planes para construir un megahub de gas natural en Punta Europa. El megahub servirá para añadir la producción de cualquier gas existente y de los nuevos descubrimientos de gas natural que se produzcan en Guinea Ecuatorial. No es exagerado decir que el país se encuentra en las primeras etapas de una revolución del gas que brindará oportunidades para la diversificación económica, la creación de contenido local y empleos, y un camino para que la compañía estatal de gas, Sonagas, tome un papel de liderazgo en el desarrollo y promoción del GNL.[245]

Otro ejemplo alentador de buenos acuerdos es el acuerdo marco de abril de 2018 que el gobierno de Uganda, a través del Ministerio de Energía y Desarrollo de Minerales y la estatal Empresa Nacional de Petróleo de Uganda, hizo con el Albertine Graben Refinery Consortium (AGRC). El acuerdo allanó el camino para que el consorcio desarrolle, diseñe, financie, construya, opere y mantenga una refinería de USD4 mil millones en Kabaale.[246]

Este acuerdo no fue fácil, pero representa una victoria para Uganda. Debido a que el AGRC está proporcionando financiación para proyectos, Uganda obtendrá una infraestructura vital y de valor agregado sin incurrir en más deuda.[247]

Es la vida

Si la negociación fuera una ciencia, los acuerdos se organizarían como moléculas, todas ordenadas y orientadas hacia el mismo resultado, una y otra vez. Al igual que juntar dos hidrógenos y un oxígeno siempre produce agua, tener las partes y los términos correctos generaría siempre proyectos de éxito.

Pero la negociación no es una ciencia. En el mejor de los casos, es un arte desordenado, más parecido a pintar con los dedos que al foto realismo. Simplemente no se puede predecir con un 100% de certeza cómo será el futuro. A veces, pierdes una molécula de oxígeno y, en lugar de agua, generas veneno. Y a veces, sucede algo en la otra punta del mundo que estropea el acuerdo. Esto significa que encontrar una manera de salvaguardar sus intereses bajo una variedad de circunstancias sea de vital importancia. Siempre que llego a acuerdos, lo hago con esta reflexión en mente.

Desafortunadamente, es imposible que Guinea Ecuatorial pudiera haber anticipado la revolución del esquisto de EE. UU. cuando firmó su acuerdo de 2004 para vender GNL, unas 3,4 millones de toneladas al año, a BG Group. Y para ser justos, tampoco BG ni nadie.

El acuerdo requería que BG comprara gas de Guinea Ecuatorial durante 17 años, de 2007 a 2024, y lo enviara a los EE. UU. para su procesamiento y venta doméstica. El producto tenía un precio con un descuento sobre el Henry Hub, punto de referencia de futuros de gas. Eso significaba que la nación africana estaba obteniendo alrededor de USD6 por millón de unidades térmicas británicas (mmbtu en sus siglas en inglés) en 2004 y unos USD15 mmbtu, aún mejor, el año siguiente.[248] No está nada mal.

Entonces, el mercado mundial del gas tocó fondo. Con el influjo del esquisto estadounidense en escena, los precios cayeron por debajo de USD4 mmbtu, erosionando las ganancias de Guinea Ecuatorial.

Esto ya es bastante malo. Pero debido a que BG había negociado términos que le permitieron vender el GNL que compró a Guinea Ecuatorial en cualquier parte del mundo, el producto previamente destinado a las costas estadounidenses se desvió a Asia, donde un mercado sobrecalentado había elevado los precios a USD15 mmbtu. Eso significaba que BG estaba obteniendo enormes ganancias del GNL que había comprado a precio de saldo.

Obviamente, Guinea Ecuatorial estaba molesta: usted también lo estaría. Pero se vio obstaculizado por el hecho de que no había logrado negociar un acuerdo de participación en las ganancias con BG por cualquier gas vendido a compradores no estadounidenses. El país también carecía de una cláusula de renegociación.

Después de un nuevo proceso de negociación, un proceso del que tuve la suerte de formar parte, BG acordó darle al gobierno el 12,5 por ciento de las ganancias asiáticas o USD 20 millones por trimestre.

BG también aceptó abordar programas sociales que apoyasen proyectos de salud materno infantil, prevención de la malaria y saneamiento.

Posteriormente, BG Group fue vendido a Royal Dutch Shell, que heredó el acuerdo del 12.5 por ciento.

Afortunadamente, con el acuerdo de Shell finalizando en unos pocos años, el ministro de Minas e Hidrocarburos, Gabriel Mbaga Obiang Lima, tiene la oportunidad de volver a la mesa de negociaciones. Le dijo a *Reuters* que quiere más regalías y plazos más cortos: 50 por ciento durante tres o cinco años a partir de 2020.[249] Y aunque todavía no tiene una bola de cristal para ver el futuro, al menos eso muestra una mejor visión.

Este acuerdo de adquisición de GNL fue el acuerdo más "sexy" que ser recuerda para un *trader* en África, y continúa presentándose como un ejemplo de cómo no hacer un acuerdo en cursos de capacitación sobre petróleo y gas.

Es correcto. Pero sugeriría que hay otra conclusión a tener en cuenta: siempre se pueden arreglar malos acuerdos respetando la santidad de los contratos.

Si bien el resultado final, aun así, no fue perfecto, Guinea Ecuatorial pudo recuperar importantes ingresos de BG.

Futuro prometedor

Tenemos muchas razones para creer que África verá más acuerdos históricos de O&G, acuerdos con el potencial de generar un impacto en las empresas, comunidades y ciudadanos africanos.

Más y más africanos están recibiendo educación. Y cada vez más africanos quieren, y esperan, ayudar al continente.

Ya sea que se alineen con empresas africanas, gobiernos o la sociedad civil, estoy seguro de que esta nueva generación desempeñará un papel en la negociación de contratos que serán buenos para los ciudadanos africanos.

Algunas reflexiones para esta generación

Tengo algunos consejos para esta generación, para los jóvenes abogados y negociadores de África: nunca pierda de vista el significado de su trabajo. Al negociar eficazmente para las empresas y gobiernos africanos, puede desempeñar un papel importante en la transformación de la vida de cientos de miles de africanos. Pocas cosas en la vida son más satisfactorias. Estoy orgulloso del grupo de abogados que he creado, pero considero que el trabajo que he hecho para hacer justicia y empoderar a las personas, empresas y comunidades africanas es uno de mis mayores éxitos.

Soy el primero en aconsejar a muchos jóvenes que eviten sentirse con derecho a algo. Nadie nos debe nada. Tenemos que ganarlo. Nuestro enfoque y éxito en las negociaciones de petróleo y gas provienen de nuestra profunda preparación y actitud.

Lo he dicho muchas veces: tendrá éxito cuando busque mentores y deje que le guíen. Es importante tener a alguien que le promocione cuando no estés en la sala. Luego, sea absolutamente leal. ¡No intente ir más rápido porque sabe más que otros! Además, acepte sus juicios y defectos: le enseñan a ser una mejor persona y abogado.

He visto a muchos abogados jóvenes que tienen la oportunidad de estar en un podio, y luego tienden a pasar más tiempo siendo famosos que rodeados de colegas o supervisores. Ni siquiera ha cerrado un acuerdo o completado un proyecto, así que evite que se le suban los humos a la cabeza. Es crucial estar concentrado en desarrollar sus capacidades y habilidades porque los clientes lo que realmente quieren es que sea bueno en lo que hace. Su escritura, pensamiento crítico y conocimiento profundo de la industria no van a hacerle daño. La mayoría de los clientes quieren saber quién está trabajando en sus ofertas, y no les importa su raza o nacionalidad. Quieren saber que está cualificado y puede hacer el trabajo.

Comprométase a trabajar. Recorte mucho las BS. Pague sus deudas, que ya llegará su momento de brillar. Siempre pregúntese: "¿Estoy agregando valor a la firma o la empresa?" No piense que está en la empresa para ser el representante sindical o el jefe de la diversidad.

No deambule por la empresa o entré en una negociación dando la sensación de que tiene derecho a algo, o que su opinión es importante en cada tema. No se le debe nada. Es importante no llorar por la discriminación en cada cuestión, ya sea sexismo, racismo o xenofobia. Los superará con excelencia y éxito. Lo veo todos los días. Simplemente trabajo más duro, y el éxito viene después.

Debe comprender que construir una carrera de éxito requiere algo que no se enseña en la facultad de derecho: la capacidad de darse prisa y cumplir con los acuerdos. Siempre he tenido desacuerdos con abogados jóvenes porque puedo ser un jefe duro y orientado a objetivos. Tengo una feroz sensación de urgencia que muchos otros no comparten. Trabajar para Centurion no es para ingenuos ni débiles: no tolero que los abogados jóvenes vean a Centurion como un simple trabajo. Todos tienen que dar lo máximo todo el tiempo. La verdad es que soy aún más duro conmigo mismo. Nunca estoy satisfecho, y creo que puedo ganar más y hacer el trato mejor. El resultado más importante para mí es que las personas que me rodean logren más de lo que nunca pensaron que podrían lograr.

La sabiduría y el conocimiento que Ron Walters compartió conmigo es igualmente cierto para usted hoy: cada uno de nosotros tiene el mandato de utilizar su educación para generar un impacto en las comunidades y promover el crecimiento económico y el empoderamiento.

En conclusión, sí, busque el éxito profesional y la prosperidad. Pero, al final, elija hacer el bien: use sus habilidades para asegurarse de que los africanos de a pie reciban su parte justa de los beneficios que los recursos naturales del continente pueden proporcionar.

15

La conexión entre seguridad energética y seguridad social

Imagine, si lo desea, el siguiente escenario: la batalla se libra en una ciudad polvorienta, que una fue vez un bullicioso puerto marítimo. Los trabajadores se dispersan en todas las direcciones, buscando refugio de los destellos de fuego de armas automáticas. A un lado se encuentra una brigada armada de hombres cabreados bajo el mando de poderosos comandantes fuera de la ley que pretenden poner bajo su control esta importante provincia. En el otro lado se encuentra una falange de soldados de semblante severo, trabajando sombríamente para restaurar el control del gobierno central sobre este enclave crucial. De fondo, el sonido de los aviones de combate todavía es levemente audible sobre el rugido del fuego que consume las instalaciones de almacenamiento que una vez tuvieron valiosos bienes destinados al mercado de exportación.

Suena como una escena de acción de una película de Hollywood, ¿no?

No lo es. En cambio, es una descripción ligeramente melodramática de algo que realmente sucedió en Ras Lanuf, una de las mayores terminales de exportación de crudo de Libia. A mediados de junio de 2018, la instalación se vio sacudida por los enfrentamientos entre las fuerzas rebeldes presuntamente bajo el mando de Ibrahim Jadhran, líder de un grupo de milicianos que ayudó a expulsar al ex líder del país Muammar Gaddafi, y miembros del Ejército Nacional de Libia (LNA en sus siglas en inglés) bajo el mando del mariscal de campo Khalifa Haftar, quien controla la mayor parte del este de Libia. El episodio dejó a Ras Lanuf, que ya había sufrido daños en batallas anteriores, en ruinas.

Las consecuencias de este evento fueron más allá del daño infligido en el campo de batalla. Los combates llevaron a la Corporación Nacional del Petróleo de Libia (NOC en sus siglas en inglés) a declarar fuerza mayor en cargas de hidrocarburos de Ras Lanuf y de Es Sider, otra terminal en la costa este del país. El presidente de NOC, Mustafa Sanalla, dijo a los periodistas el 19 de junio de 2018 que los rebeldes habían incendiado varios tanques de almacenamiento de petróleo y luego dificultaron los esfuerzos de NOC para extinguir el incendio. Esto causó "daños catastróficos" a la terminal y redujo la producción de petróleo de Libia en 400.000 bbl/d.[250]

Mientras tanto, otros observadores eran aún más pesimistas que Sanalla. Una fuente dijo a Reuters que los enfrentamientos en Ras Lanuf y Es Sider habían reducido la capacidad de producción de Libia en 425.000 bbl/d, y otra acercó la cifra a 450.000 bbl / d. Estos datos no son baladís, ya que Libia estaba produciendo en ese momento algo más de 1 millón de bbl/d.[251]

Es cierto que LNA retomó los puertos con relativa rapidez. También actuó rápidamente para volver a poner en línea las instalaciones de la terminal para que la producción de crudo libio pudiera volver a su nivel anterior.[252] Pero perdió una cantidad sustancial de dinero en la semana más o menos durante la que suspendieron las cargas y no se pudo vender el petróleo a su tarifa habitual. También perdió cierta credibilidad, ya que los ataques plantearon dudas sobre su capacidad para controlar una infraestructura que juega un rol crucial en las exportaciones de petróleo de Libia. También llamó la atención sobre su propia posición peculiar, a saber, la de mantener el control sobre la mayoría del territorio libio sin obtener el reconocimiento internacional.

Y esto me lleva al punto de este capítulo: la seguridad. Creo firmemente que si los africanos quieren aprovechar al máximo los recursos naturales de este continente, tendrán que hacer de la estabilidad y la seguridad una alta prioridad.

No puedo enfatizar lo suficiente este punto: los países africanos simplemente deben hacer más para abordar el descontento político y civil en áreas donde los productores de petróleo y gas están activos. Si no lo hacen, correrán el riesgo de asustar a los inversores y perder el acceso a la financiación. Es posible que tengan que posponer o cancelar el trabajo en infraestructura vital, como oleoductos e iniciativas intersectoriales, como proyectos de gas a energía. Peor aún, podrían obstaculizar los esfuerzos para desarrollar capacidades de los actores locales, incluidas las empresas con sede en África involucradas en la extracción de petróleo y gas, servicios sobre el terreno, comercio, transporte, construcción y otras industrias relacionadas.

Sé que estas preocupaciones son importantes porque he visto suceder cosas como esta una y otra vez. También lo ha hecho C. Derek Campbell, CEO de Energy & Natural Resource Security, Inc., una empresa con sede en EE. UU. que ofrece soluciones de seguridad para operadores de petróleo y gas. Cuando le conté al Sr. Campbell sobre mi plan de escribir este libro, tenía bastante que decir sobre la necesidad de prepararse para una crisis.

"Los sistemas de energía de propiedad privada y gubernamental se están convirtiendo rápidamente en objetivos principales para terroristas, organizaciones deshonestas y estados hostiles, todo mientras están expuestos a desastres naturales", me escribió en un correo electrónico de marzo de 2019. "Proteger y mejorar la capacidad de recuperación de los sistemas energéticos exige vigilancia, planificación de contingencias y capacitación, en última instancia, requiere que los actores con intereses en el sector de la energía participen activamente en la protección de su infraestructura energética crítica y sus recursos naturales".

Campbell también enfatizó que los productores africanos de petróleo y gas no pueden aislarse del impacto de los disturbios o conflictos civiles, especialmente porque es probable que los problemas de seguridad futuros se crucen con los esfuerzos para expandir el uso de nuevas tecnologías en la industria.

"Las amenazas a la seguridad, físicas y cibernéticas, representan una amenaza inmensa para todos los sectores principales de la cadena de valor del petróleo y el gas. Esto se debe en gran parte al hecho de que los sectores no son verticales e independientes. Se superponen y son interdependientes. Un ataque físico o cibernético a un activo *upstream* puede causar problemas operativos en el sector *midstream* y en consecuencia producir una catástrofe financieras en el extremo *downstream* de la cadena", escribió. "Lo mismo es cierto a la inversa: un ataque físico o cibernético al *downstream* puede interrumpir las operaciones *midstream* y detener la actividad *upstream* para un productor. El mismo escenario se puede aplicar a los activos de energía: generación, transmisión y distribución."

Campbell hablaba en términos generales, pero me gustaría analizar en detalle los desafíos de seguridad que estamos viendo en todo el continente y comenzar a buscar formas de abordarlos.

La guerra sobre los activos de petróleo y gas, y sobre la calidad de vida

Para Bubaraye Dakolo, los ataques de tos son parte de la vida en el delta del río Níger. Eso es lo que le dijo a DW en 2017, cuando describió el impacto de la quema de gas cerca de su pequeña aldea cerca de Yenagoa en el Delta del Níger, donde se obtiene la mayor parte de la producción de petróleo crudo de Nigeria. "De repente, todo huele a gas", dijo Dakolo, jefe del clan Ekpetiama. A veces él y sus vecinos apenas pueden respirar, agregó.[253]

La quema de gas, que puede provocar que las llamas alcancen alturas de hasta edificios de 10 pisos, es una práctica habitual en los campos petroleros en la región del Delta. Los productores lo hacen porque es fácil y porque prefieren no molestarse con el gas que encuentran en sus pozos. Pero la quema a veces ha dificultado o imposibilitado que los agricultores locales puedan cultivar. Y ha impactado claramente en la calidad de vida y la salud de los residentes.[254]

Los líderes del gobierno han prometido en varias ocasiones abordar el problema. Sin embargo, la quema continúa. Esta es una de las muchas razones por las que algunos residentes de las áreas productoras de petróleo han llegado a sentir que no tienen opciones, y han estado robando crudo (una práctica conocida como "bunkering") y dañando los activos de la industria petrolera, como los oleoductos. Este robo tiene consecuencias de largo alcance. En 2017, Maikanti Baru, director gerente de la Nigeria National Petroleum Corporation (NNPC), dijo que el vandalismo sobre los oleoductos del país había reducido la cantidad de petróleo que fluía al mercado en 700.000 bbl/d el año anterior.[255] A su vez, estos incidentes habían fomentado la corrupción y el robo en la industria.[256]

Pero no se trata solo del robo y la pérdida de producción. Después de todo, el robo de petróleo no es exclusivo de Nigeria, también ha sido un problema en Ghana, Uganda, Marruecos, Tailandia, Rusia y México, entre otros países. A veces es una cuestión de vida o muerte. Los indignados residentes de Delta en ocasiones han recurrido a acciones más violentas contra el personal de la industria petrolera. Algunos grupos militantes incluso han secuestrado y asesinado a empleados de compañías petroleras.[257]

Actos desesperados como estos surgen de la frustración que surge en lugares donde unas pocas élites se benefician de los ingresos del petróleo, mientras que las personas y las comunidades quedan desamparadas para hacer frente al daño que acompaña a la producción de petróleo.

Y la quema no es el único tipo de asalto ambiental que ha generado enfado en el área del Delta del Río Níger. Hubo más de 12.000 fugas en la región entre 1976 y 2014. Estos incidentes devastaron la industria pesquera del área y plantearon problemas adicionales de salud y calidad de vida.

Yamaabana Legborsi, de 32 años, dijo recientemente a CNN cómo las fugas afectaron a su infancia en la comunidad de Gokana. "No podíamos jugar en la arena como otros niños [porque estábamos] cubiertos de crudo negro. Mi madre estaba especialmente preocupada porque no era segura, [y] también lo estaban los otros padres. Tampoco podíamos comer los peces del río. Veías crudo por todo el agua", dijo.[258]

No digo ni por un segundo que el robo, el vandalismo y la violencia sean respuestas aceptables a las dificultades que enfrenta la gente del Delta. De hecho, en algunos casos, estos actos han empeorado la situación. Mientras que más de la mitad de los derrames reportados entre 1976 y 2014 fueron causados por corrosión de tuberías y accidentes de camiones cisterna, el resto fue resultado de un error mecánico y sabotaje, informó el Journal of Health and Pollution el año pasado.[259]

África necesita soluciones locales

¿Cómo podemos comenzar a cambiar esta situación? Como la mayoría de los problemas complejos, requerirá una solución compleja y múltiple. Parte de esa solución debería incluir esfuerzos de diversificación económica.

El ministro de estado de Recursos Petroleros de Nigeria, Dr. Emmanuel Ibe Kachikwu, dijo recientemente que el Ministerio de Recursos Petroleros tenía la intención de desarrollar una política que alentara a las personas que viven en las zonas productoras de petróleo a formar cooperativas, que luego pudieran crear refinerías modulares propias.[260] Esto es un comienzo, pero la gente del Delta ya ha escuchado antes al gobierno hacer promesas. Para marcar la diferencia se deberán tomar medidas reales y crear programas con el potencial de impactar en grandes porciones de la población.

Los africanos también necesitarán combinar esfuerzos para crear oportunidades de empleo y crecimiento económico con medidas prácticas para prevenir y mitigar el daño ambiental en el Delta. Por eso estoy entusiasmado con el trabajo de Eucharia Oluchi Nwaichi, que está buscando formas sostenibles de deshacer el daño creado por los derrames de petróleo. En marzo de 2019, Chemistry World señaló que Nwaichi, un bioquímico ambiental de la Universidad de Port Harcourt, estaba realizando investigaciones sobre fitorremediación, un método que utiliza plantas y microbios para descomponer y eliminar contaminantes ambientales.

Chemistry World también informó que ella y sus estudiantes estaban trabajando para establecer una relación de confianza con los residentes de las comunidades del Delta que han sufrido la peor parte de los ataques ambientales en la región. Sin este esfuerzo, dijo, los investigadores y los funcionarios del gobierno no pueden contar con el apoyo local para las intervenciones, incluso si estos nuevos métodos prometen restaurar la tierra para la agricultura.[261]

También podemos seguir el ejemplo creativo de Sustainability International (SI), una organización sin ánimo de lucro de los Estados Unidos que está trabajando con la aldea de K-Dere en Ogoniland para limpiar un derrame de petróleo en una piscifactoría y usar criptomonedas para pagar a los trabajadores. En 2017, la ONG contrató a mujeres locales, así como a ex miembros de grupos militantes, para limpiar un derrame de petróleo en una piscifactoría en el Golfo de Guinea. El proyecto financiado por la empresa fue un éxito, y no solo logró su objetivo de limpiar la piscifactoría, sino que también sirvió para formar a los trabajadores en el uso de las tecnologías necesarias para recopilar datos operativos.[262]

Chinyere Nnadi, cofundador y CEO de SI, dijo a *The Huffington Post* en 2017 que la limpieza fue diseñada para hacer que los participantes se sientan empoderados y controlen sus recursos económicas. "Anteriormente, los miembros de la comunidad no tenían forma de romper el ciclo de corrupción gubernamental y corporativa que ha encarcelado a sus ciudadanos en sus tierras tribales contaminadas", explicó. "Con SI, le damos a cada ciudadano la opción de dejar sus armas y levantar sus teléfonos móviles, abandonar las balas y ganar Bitcoins. Esto transforma a cada persona, de prisionero económico a empresario que se gana la vida haciendo el bien para su comunidad y su entorno local".[263]

Por supuesto, no podemos, y no debemos, esperar que las ONG carguen con todo el trabajo. Las compañías petroleras, empresas de otros sectores y las autoridades locales deben desempeñar un papel importante para mitigar el daño ambiental y abordar los otros factores que contribuyen al robo de petróleo y el vandalismo. Ya se producido alguna acción en este frente. Me alegró saber en marzo de 2019 que Henry Seriake Dickson, el gobernador de Bayelsa, había fundado una comisión para realizar una investigación sobre los derrames de petróleo en el Delta del Níger. John Sentamu, arzobispo de York, ha prometido que la investigación analizará el "daño ambiental y humano" que afecta a las áreas productoras de petróleo.[264]

También necesitamos ver a los gobiernos nacionales ayudarse mutuamente a abordar el robo, y afortunadamente, hay algunos ejemplos de cooperación positiva. Por ejemplo, cuando el petrolero panameño MT *Maximus* fue secuestrado por ciudadanos nigerianos en la costa de Costa de Marfil en febrero de 2016, las armadas de Ghana, Togo y Nigeria, junto con los Estados Unidos y Francia, rastrearon el barco hasta las aguas de Santo Tomé y Príncipe y lo interceptaron.

"Con la bendición del gobierno de Santo Tomé, las fuerzas especiales de la Armada de Nigeria realizaron un abordaje al *Maximus*. Los piratas fueron arrestados (aunque uno murió a tiros), la tripulación de *Maximus* fue liberada y la carga se recuperó", afirma el informe del Consejo Atlántico.[265]

No olvide la tecnología

La tecnología también debería ser parte de la solución. Como mencioné, existen tecnologías innovadoras con el potencial de abordar las preocupaciones ambientales.

La tecnología también se puede utilizar para desalentar el robo. Ya lo estamos viendo en el Ghana's Petroleum Product Marking Scheme. Este programa exige el uso de marcadores de identificación en combustibles refinados como medio para combatir el robo, que se había convertido en un problema de gran alcance.

En 2017, un representante de la Autoridad Nacional del Petróleo del país describió el programa:

"El medio más prometedor para combatir el robo de combustible y las desviaciones… es el marcado de combustible". El marcado de combustible ha existido de una forma u otra durante algún tiempo, pero en los últimos años, se han desarrollado marcadores de combustible molecular encubiertos que son prácticamente imposibles de detectar para los ladrones. Dichos marcadores permiten identificar y recuperar el combustible robado o desviado, y quizás lo más importante, utilizarlo como evidencia científica admisible para enjuiciar a los ladrones y contrabandistas de combustible en los tribunales. Uno de los programas más exitosos hasta la fecha es el Ghana's Petroleum Product Marking Scheme, instituido por la Autoridad Nacional del Petróleo del país en 2013. El programa permite a los inspectores determinar si la gasolina o el diésel que se está comercializando es legal y los infractores están sujetos a multas o incluso penas de cárcel."[266]

También debemos alentar a los ciudadanos a ser parte de la solución en áreas donde se producen robos de petróleo y vandalismo. Un ejemplo prometedor es el plan de NNPC para la comercialización de gas asociado (que de otro modo podría acabar quemado) desde los pozos del Delta del Río Níger. El director gerente de la compañía, Maikanti Baru, dijo en abril de 2019 que NNPC tiene la intención de establecer asociaciones que permitan a las comunidades locales beneficiarse del uso de gas para proyectos de desarrollo económico.

"Nosotros, como operadores, continuaremos dialogando con los organismos para crear [un] entorno operativo propicio para las [compañías petroleras] y para las comunidades", dijo en una ceremonia que marca el inicio de su mandato cómo líder nacional de las comunidades que acogen industrias extractivas de Nigeria Host Communities of Nigeria (HOSTCOM).[267]

Grupos armados, bandas y violencia

Los líderes africanos recibieron un trágico recordatorio de la necesidad de prestar atención a los problemas de seguridad en enero de 2010, cuando hombres armados angoleños abrieron fuego contra un equipo de fútbol visitante de Togo. Varios días después, un avión devolvió a los supervivientes y fallecidos a su país de origen. Un grupo de mujeres, seres queridos de las víctimas, se arrojaron al suelo angustiadas. No fueron los únicos en sentir el dolor y la devastación que los grupos separatistas han sembrado en Angola.

"Nuestros muchachos fueron a Angola para celebrar lo mejor del fútbol africano, pero regresaron con cadáveres y heridas de bala", dijo Togbe Aklassou, un gobernante tradicional de la capital de Togo, Lomé, poco después del ataque.[268]

Este fue uno de los muchos ejemplos preocupantes de violencia que tuvo lugar en Angola desde 2000, y solo uno de los muchos actos de grupos separatistas que buscan la independencia de Cabinda, una provincia rica en petróleo separada del resto de Angola por una delgada franja de territorio perteneciente a República Democrática del Congo.

Más recientemente, en mayo de 2016, cinco hombres que afirmaban pertenecer al Frente para la Liberación del Enclave de Cabinda (FLEC) abordaron una plataforma *offshore* de gas operada por Chevron y exigieron que los trabajadores extranjeros se fuesen o se enfrenten las consecuencias.[269] No se produjeron más incursiones en la plataforma, pero los grupos separatistas intensificaron sus esfuerzos contra las fuerzas armadas angoleñas en los meses siguientes.[270]

Actos de este tipo son un problema para el gobierno de Angola. Hasta ahora, su estrategia para limitar la actividad rebelde consistía en mantener un control estricto sobre Cabinda, al tiempo que imponía pocas restricciones a la actividad de los inversores en las reservas *offshore* de petróleo y gas.[271] La provincia de Cabinda también restringe el acceso a los visitantes a los que se les exigen permisos especiales, y hay soldados destacados que realizan funciones de protección de instalaciones en construcción a lo largo de la costa y los recintos cercados donde viven empleados de compañías petroleras extranjeras. Esta estrategia ha ayudado a mantener el conflicto a baja intensidad, pero también ha tensado la capacidad de las fuerzas armadas.

Mientras tanto, Angola no es el único estado africano que ha tenido que decidir cómo responder cuando la violencia amenaza la producción de petróleo y gas.

Mire a Mozambique, por ejemplo. Varios años después del descubrimiento de grandes reservas de gas en la cuenca de Rovuma en la costa de la provincia norteña de Cabo Delgado en 2010, el país experimentó un repunte en el conflicto civil. A finales de 2017, un grupo armado islamista conocido como Al Sunnah wa Jama'ah comenzó a realizar asaltos a aldeas cercanas a las instalaciones y campamentos ocupados por empleados de Anadarko, la compañía estadounidense pionera en invertir en la cuenca de Rovuma, y sus contratistas.[272]

En junio de 2018, Anadarko respondió al empeoramiento de la situación imponiendo un bloqueo a los trabajadores en las instalaciones de una planta de licuefacción de gas en Palma. Los ataques han continuado desde entonces, y un empleado de Anadarko, Gabriel Couto, fue decapitado en marzo de 2019.[273]

El gobierno de Mozambique ha respondido a estos incidentes adoptando un enfoque severo con respecto a Al Sunnah wa Jama'ah. A mediados de 2018, el comandante de una unidad militar dijo que sus soldados estaban listos para matar a presuntos terroristas. Mientras tanto, Anadarko y otros inversores como Eni de Italia reforzaron las medidas de seguridad para su personal. De hecho, Anadarko indicó en un anuncio de 2019 que estaba buscando comprar vehículos blindados capaces de resistir los disparos de los rifles automáticos AK-47. Por supuesto, ahora que Chevron ha comprado Anadarko, ha heredado las oportunidades y los desafíos en Mozambique.[274]

Luego está Nigeria. Además del problema de robo de recursos petroleros y vandalismo mencionado anteriormente, el país alberga lo que se ha descrito como el grupo terrorista más mortal del mundo: Boko Haram. La virulencia de su actividad insurgente, según las estimaciones de las Naciones Unidas, ha provocado el desplazamiento interno de 1,7 millones de personas y el asesinato de más de 15.200 personas desde 2011.[275]

Los nigerianos también viven con el peligro constante de asesinatos y secuestros por bandas de ladrones como los bandidos de Zamfara. Este grupo a menudo ataca y secuestra a los agricultores de tierras pobres, y luego los asesina cuando sus familiares no pueden pagar el rescate. En abril de 2019, los expertos en seguridad informaron que este grupo había matado a 200 personas en el transcurso de unas pocas semanas.[276]

Soy consciente de que es probable que la batalla contra grupos y bandas violentas continúe por algún tiempo. Pero los africanos tendrán muchas más posibilidades de éxito si buscan, en primer lugar, abordar los problemas que los hacen vulnerables a estos grupos. Los gobiernos deben trabajar más para solucionar los problemas que contribuyen a que los grupos violentos recluten nuevos miembros porque, después de todo, estos son los motivos por los cuales las personas se sienten sin esperanza y privadas de sus derechos. También deben mirar honestamente la brecha entre la riqueza que han generado sus recursos petroleros y las poblaciones empobrecidas de las regiones donde se extrae el petróleo y el gas.

Guerra Civil e Inestabilidad

En 2017, mi compañía, Centurion Law Group, negoció con éxito uno de los acuerdos más grandes y difíciles en petróleo y gas de África hasta la fecha. Se refería a un proyecto en Sudán del Sur, donde estábamos trabajando con el gobierno de ese país y Oranto Petroleum de Nigeria para abrir la puerta al trabajo de exploración en el Bloque B3.

El acuerdo de exploración y producción compartida (EPSA en sus siglas en inglés) que resultó de esas negociaciones permitió a Oranto comenzar la exploración integral y el desarrollo a largo plazo. Este fue un avance significativo, no solo porque este acuerdo EPSA fue el primero firmado en Sudán del Sur desde 2012, sino también porque marcó una renovación de la esperanza. La idea era: si podemos tener éxito aquí, podemos tener éxito en cualquier parte del continente.

Recordarán que en ese momento, Sudán del Sur ya había sufrido varios años de conflicto civil. Las tensiones comenzaron a aumentar mucho antes de que el país lograra la independencia de Sudán. Se remontan a la década de 1970, cuando se descubrieron vastas reservas de petróleo en la parte sur de Sudán. Todo el petróleo extraído allí se destinó a los oleoductos y refinerías que Jartum construyó en el norte, tal vez en un intento de evitar la secesión.[277] Las regiones norte y sur del país no pudieron ponerse de acuerdo sobre cómo compartir los ingresos del petróleo, y esto llevó a la confrontación. Finalmente, en 2011, Sudán se dividió en dos naciones separadas.

La parte sur, ahora conocida como Sudán del Sur, sigue siendo uno de los países menos desarrollados de África.[278] Pero en 2017, el gobierno del nuevo país renovó su compromiso con la reactivación económica a través de inversiones en servicios públicos e infraestructura, particularmente en el sector del petróleo y el gas.

Desde entonces, he continuado apoyando a Sudán del Sur como presidente ejecutivo de la African Energy Chamber. A principios de 2019, la Cámara celebró un acuerdo de cooperación de asistencia técnica con el Ministerio de Petróleo de Sudán del Sur con el objetivo de fortalecer la capacidad del país para administrar su sector y riqueza en hidrocarburos. Y más tarde, la Cámara lanzó una campaña de inversión global para Sudán del Sur, expresando su confianza en que el país podría lograr una paz duradera.[279]

Aun así, entiendo que todavía hay mucho trabajo por hacer para conseguir una estabilidad a largo plazo en Sudán del Sur.

Cuando este joven país obtuvo su independencia a mediados de 2011, tenía grandes esperanzas de convertir los depósitos de petróleo que anteriormente llenaban las arcas de Jartum en una fuente fiable de ingresos. Hasta ahora, sin embargo, no ha sido capaz de mantener la paz. Como resultado, el sector de los hidrocarburos no ha alcanzado su máximo potencial. El conflicto ha provocado que varios campos petrolíferos dejen de producir, reduciendo el volumen de petróleo disponible para la exportación a través del oleoducto, disminuyendo el flujo de dinero que llega a la tesorería del Estado y complicando las negociaciones sobre la construcción de nuevas infraestructuras.[280] También ha desalentado a que los inversores se adhieren a los esfuerzos para estabilizar la producción de crudo[281] y han frenado el proceso de desarrollo e implementación de un nuevo marco legal que cubra los recursos del subsuelo.[282]

Ha habido signos de esperanza desde la firma de un acuerdo de paz entre el presidente Salva Kiir y el señor de la guerra rebelde Riek Machar en septiembre de 2018. Este avance ha llevado a los inversores serios a interesarse de nuevo por el país, que posee las terceras mayores reservas de petróleo de África subsahariana. En diciembre de 2018, Juba aseguró compromisos por más de USD2 mil millones de inversión, con Petronas de Malasia y Oranto Petroleum de Nigeria (la misma compañía que mencioné anteriormente) uniéndose a una empresa local, Trinity Energy, para investir USD1.15 mil millones en un bloque petrolero y el Strategic Fuel Fund of South Africa, respaldado por el gobierno, que ofrece USD1 mil millones para la construcción de una nueva refinería y oleoductos.

A pesar de estos signos positivos, es probable que el camino por recorrer sea largo y lleno de baches. El marco legal actual de Sudán del Sur ha estado en vigor desde 2013 y es posible que deba modificarse para garantizar la seguridad, la transparencia y la estabilidad de las operaciones de la industria petrolera bajo el nuevo gobierno. Al mismo tiempo, el país aún depende en gran medida de la inversión de la Corporación Nacional de Petróleo de China (CNPC), cuyo equipo de gestión en Beijing puede oponerse a las reformas que no estén alineadas con los intereses de la compañía.[283]

Mientras tanto, los esfuerzos de estabilización del nuevo gobierno tendrán que abordar el hecho de que una parte significativa de la infraestructura petrolera del país sufrió daños durante la guerra civil. Estas pérdidas no solo han comprometido la seguridad de la población civil en las áreas productoras de crudo, sino que también han dado lugar a muchos derrames, fugas y otros peligros ambientales. El Ministerio de Petróleo ha hecho de estos esfuerzos de estabilización una prioridad.[284]

Y por muy malo que sea, estoy aún más consternado si cabe al escuchar sobre las violaciones de los derechos humanos que se han denunciado en Sudán del Sur, incluidos los actos de asesinato y violación.[285]

Si bien poner fin a atrocidades como estas requerirá un esfuerzo concertado por parte de los líderes gubernamentales y militares, creo que la estabilidad económica debe ser el centro y la prioridad de los esfuerzos de paz y recuperación de Sudán del Sur. Es por eso que quiero ver que el liderazgo de Sudán del Sur abra nuevos bloques a la exploración, especialmente a los inversores africanos. Es hora de construir refinerías, oleoductos, plantas de urea, amoníaco y fertilizantes, plantas de energía y grandes campos agrícolas. ¡También es hora de crear *hubs* tecnológicos!

Al final, es la actividad económica la que crea empleos y esperanza. Sudán del Sur y otros países africanos no necesitan ayuda; necesitan reactivación económica y empresas. Nuestros líderes necesitan entender esto. No podemos darnos el lujo de pensar en pequeñeces en nuestro impulso por la paz, la inversión y la estabilidad cuando lo que realmente necesitamos son soluciones globales, pragmáticas y de sentido común.

Realmente creo que los ingresos provenientes del petróleo y las industrias relacionadas podrían hacer una valiosa contribución a la recuperación económica en muchos de los países africanos que luchan contra la inestabilidad.

Esto también podría ser cierto para Sudán. Mientras escribía este libro, el futuro del país seguía siendo muy dudoso. La incertidumbre surge de los eventos en abril de 2019, cuando el presidente Omar al-Bashir fue derrocado y el Consejo Militar de Transición tomó el poder. A ello le siguieron protestas masivas cuando el pueblo de Sudán exigió un gobierno civil.

Debido a esta agitación, es probable que la industria petrolera sudanesa tenga dificultades para atraer mucha inversión extranjera en el corto plazo, al menos hasta que se resuelva la inestabilidad en el país. Esto es un problema, dado que Jartum todavía se está recuperando de la pérdida de campos petroleros en Sudán del Sur en 2011.

Lo ideal sería que la caída de Bashir condujera al establecimiento de un gobierno permanente. Una vez que se establezca un régimen nuevo y estable, es de esperar que Sudán pueda utilizar sus recursos naturales para contribuir a la paz y el crecimiento económico a largo plazo.

Mirando hacia adelante

Desearía poder ofrecer una fórmula para eliminar las diferentes formas de violencia que afectan a las naciones africanas con recursos petroleros. Obviamente, no hay una solución única que sirva para todos.

Pero a nivel general, estoy convencido de que las soluciones deben combinar múltiples factores: mejor gobernanza y seguridad jurídica, mayor rendición de cuentas de las compañías de petróleo y gas, innovación tecnológica creativa, desarrollo económico y, sobre todo, respuestas significativas para los agravios que dejan a las personas sintiéndose ignoradas y sin esperanza.

Dar a las personas un mayor control sobre una parte de los grandes ingresos que generan el petróleo y el gas contribuiría en gran medida en ese sentido. Debemos asegurarnos de que las personas obtengan beneficios significativos de la industria del petróleo y el gas, no solo sentir el lado negativo de la producción.

16

La gestión de ingresos de petróleo y gas

En Shreveport, Luisiana, Laura FitzGerald es conocida como la "Bella de los Pozos".[286]

Después de aprender cómo funciona la industria de los derechos sobre la tierra y el petróleo, FitzGerald, una ex empleada de una compañía petrolera, comenzó a trabajar por su cuenta. Fundó en 2004 Illios Resources y comenzó a acumular derechos petroleros y a venderlos a compañías petroleras. Desde entonces ha acumulado más de 18.000 acres de derechos minerales y ha ganado millones de dólares.[287]

Más tarde escribió sobre sus éxitos, particularmente sobresalientes para una mujer en este campo, para un blog de la compañía:

"Al crecer, mi hermano mayor siempre me decía que podía hacer cualquier cosa que un chico pudiera hacer. Creo que eso tuvo un efecto en mí. Lo creo hasta el día de hoy, y creo que es cierto para cualquier mujer que se proponga una tarea. El *quid* de la cuestión es que esto es América. La independencia financiera es el derecho de nacimiento de todos los estadounidenses. Si ponemos en práctica y sin descanso nuestra visión, corregimos el rumbo cuando sea necesario y superamos la resistencia, ganaremos."

Gran declaración. El intento de FitzGerald de alentar a otras mujeres empresarias se basó en la idea de que si vives en los EE. UU., ya tienes una ventaja cuando se trata de alcanzar tus objetivos financieros.

No sé si eso es cierto en todos los ámbitos, pero como lo demuestra la historia de FitzGerald, estar en el Estados Unidos ciertamente abre la puerta a la oportunidad cuando se trata de recursos de petróleo y gas. Incluso los propietarios de tierras que nunca han trabajado en la industria del petróleo tienen una posibilidad muy real de beneficiarse de la venta de los derechos minerales de sus propiedades. Alrededor de 2012, los estados pagaron más de USD54 mil millones en regalías a los propietarios en cuyas tierras se producía fraccionamiento de petróleo y gas, según datos de la National Association of Royalty Owners (NARO). "Cada día se crean millonarios desde Dakota del Norte hasta Pensilvania", dijo Jerry Simmons, director de NARO, a Business Insider en ese momento.[288]

Durante el auge del petróleo en 2012, algunas ciudades de Dakota del Norte parecían estar llenas de personas que habían ganado mucho dinero vendiendo los derechos minerales de sus propiedades, escribió Reuters. "El ingreso promedio en el condado de Mountrail, el centro del auge de la producción petrolera de Dakota del Norte, se duplicó aproximadamente en cinco años hasta los USD52.027 por persona en 2010, clasificándolo entre los 100 condados más ricos de EE. UU. que incluyen a la ciudad de Nueva York, y Marin en California. El auge podría estar creando hasta 2.000 millonarios al año en Dakota del Norte."[289]

Por supuesto, los pueblos petroleros de Dakota del Norte vivieron su cuota de problemas unos años más tarde, cuando el auge del petróleo se desvaneció. Pero el punto es que las vidas de la gente de allí cambiaron debido a los recursos naturales en su propiedad.

Imagine la transformación en las vidas y comunidades africanas si las mujeres africanas pudieran perseguir sus objetivos de la manera que lo hizo FitzGerald. O si los dueños de propiedades en, por ejemplo, Camerún o Nigeria pudieran beneficiarse del descubrimiento de petróleo en sus propiedades.

Desafortunadamente, así no es cómo funcionan las cosas en el África de hoy en día. Si descubre petróleo en su propiedad, no es una fiesta, no tiene nada. Tanto si los recursos naturales se encuentren en propiedades privadas como comunitarias, pertenecen al Estado. Punto.

Para empeorar las cosas, los africanos a menudo se sienten excluidos cuando el Estado decide cómo invertir el dinero que generan esos recursos naturales. Ese sentimiento de ser ignorados es el principal impulsor de la violencia que estamos viendo en el continente. La gente siente el impacto negativo de las operaciones de petróleo y gas, desde derrames de petróleo que afectan al medio ambiente hasta la disminución de las oportunidades de ingresos en otros sectores. Y ven poco o nada de los innumerables beneficios que los ingresos del petróleo podrían y deberían brindar, desde beneficios financieros y económicos hasta infraestructura, educación y programas de atención médica. En cambio, los ingresos del petróleo están apoyando a gobiernos centrales grandes y difíciles de manejar y están cubriendo los bolsillos de unos pocos seleccionados.

Es, en pocas palabras, la maldición de los recursos.

No deberíamos estar esperando a que gobiernos extranjeros u organizaciones de ayuda entren para arreglar esto. Es nuestra obligación encontrar formas de comenzar a cambiar esta dinámica. Deberíamos mirar los ejemplos de países que sí gestionan los recursos petroleros de manera efectiva. Deberíamos considerar la creación de fideicomisos que administren y protejan los recursos específicamente para las comunidades. Necesitamos encontrar una manera de asegurar que más historias de éxito sobre el petróleo y el gas que cambian la vida de las personas tengan lugar en África.

Injusto y desequilibrado

Para las personas en el Delta del Níger, la vida cotidiana puede ser en el mejor de los casos desgarradora, siendo muy comunes la violencia, los secuestros y la pobreza extrema. Las causas de la agitación son complejas: desde tensiones religiosas y etnoregionales de larga data hasta conflictos por el uso de la tierra y ataques por parte de grupos armados, que logran obtener el apoyo de la población local descontenta que vive en la pobreza. Pero sin lugar a dudas, la mala gestión de los ingresos petroleros, y el fracaso a la hora de usarlos para mejorar la vida de la población local, están alimentando el incendio. Los lugareños han perdido la paciencia con las corporaciones petroleras extranjeras que recogen las recompensas de la producción de petróleo, mientras que su nivel de vida sigue sin mejorar y es inaceptable. Las frecuentes fugas de petróleo en la región, más de 7.000 entre 1970 y 2000, solo han enfurecido aún más a los habitantes y han llevado a la formación de grupos armados que han atacado tanto a los trabajadores petroleros como a los oleoductos.[290]

Hace más de una década, Sebastian Spio-Garbrah, un analista africano de Eurasia Group, informó que miles de millones de dólares en ingresos petroleros generados en el Delta simplemente estaban desapareciendo. "En el Delta del Níger se recibe más dinero per cápita que en cualquier otro lugar de Nigeria", dijo a PBS. "El problema es que este dinero se ha desviado, malversado y derrochado."[291]

La Constitución de Nigeria de 1999 intentó abordar esto. Según la Constitución, al menos el 13 por ciento de todos los ingresos obtenidos a través de contratos con productores petroleros extranjeros deben volver a los estados productores de petróleo. Se espera que los estados gasten estos ingresos en cosas que beneficiarían a la población de los estados.

Claramente, esta no ha sido la realidad. En Nigeria, el Banco Mundial ha estimado que, como resultado de la corrupción, el 80 por ciento de los ingresos energéticos en el país solo benefician al 1 por ciento de la población. Como dijo en 2007 el nigeriano Folabi Olagbaju, de Amnistía Internacional: "La exploración petrolera no ha llevado al desarrollo social y económico de los pueblos de los estados productores de petróleo. Ha beneficiado a la clase dominante nigeriana."

Más de una década después, poco se ha hecho para mejorar la situación. Y desafortunadamente, Nigeria no es un caso atípico entre las naciones africanas con reservas de petróleo.

Camerún, por ejemplo, también ha tenido un caso de "desaparición" de sus ingresos del petróleo. Desde que se descubrió el petróleo en Camerún en 1977, se han pagado aproximadamente unos USD20 mil millones en rentas por la extracción de petróleo, pero solo el 54 por ciento del dinero se ha visto reflejado en el presupuesto del gobierno.[292]

¿Y cómo ha beneficiado la riqueza de recursos de Camerún a los cameruneses? Hay algunas buenas noticias en materia de desarrollo económico: durante la última década, el producto interno bruto per cápita del país ha crecido un 4 por ciento anual, por encima del promedio mundial del 2,6 por ciento.[293]

Sin embargo, otras cifras muestran que los ingresos derivados del petróleo no llegan a incidir en la vida de las personas que más necesitan ayuda: el 48 por ciento de la población sigue viviendo por debajo del umbral de pobreza. La asistencia sanitaria es escasa y la esperanza de vida de Camerún es de solo 57 años para los hombres y 59 años para las mujeres.

Algunos podrían argumentar que la pobreza local y la falta de derechos, particularmente en la región suroeste de Camerún, han contribuido a la crisis anglófona. Desde finales de 2017, esta ha provocado enfrentamientos violentos que han causado la muerte de decenas de personas y el desplazamiento de decenas de miles.

La crisis tiene sus raíces en el colonialismo africano y la colonia alemana de "Kamerun" dividida entre Francia e Inglaterra por la Liga de Naciones tras la derrota de Alemania en la Primera Guerra Mundial. En 1960, cuando Camerún obtuvo su independencia, se les dio a los residentes de habla inglesa la opción de unirse a la parte francófona de Camerún o convertirse en ciudadanos de la vecina Nigeria. Votaron para quedarse, pero desde entonces, sienten haber recibido un trato injusto, habiendo sido descuidadas la educación, las carreteras y la atención médica en su región occidental del país a pesar de la producción de decenas de miles de barriles de petróleo por día en el suroeste, una región de habla inglesa.[294]

Algunos angloparlantes quieren que se aborden sus quejas, mientras que otros piden una solución más extrema: la creación de un estado independiente al que denominen "Ambazonia". Los angloparlantes se han quejado de la distribución desequilibrada de los ingresos de los recursos naturales.

Sus preocupaciones tienen mucho que ver conmigo: soy de la división Manyu en la región suroeste. Estas reclamaciones son válidas. No estamos produciendo empleos al ritmo que deberíamos, y el sector privado sufre de altos impuestos, corrupción y trámites burocráticos. Millones de jóvenes cameruneses no tienen atención médica. Niños y adolescentes están siendo asesinados sin sentido. Creo que la única salida es un debate que incluya a todas las personas involucradas, y a todas las partes interesadas. Todos los residentes del país deben ser tratados con dignidad, justicia y equidad.

Otro caso preocupante es el empeoramiento de la situación en Libia. Sería justo decir que el país ha vivido en estado de conflicto desde el levantamiento de 2011 que puso fin al gobierno de 42 años de Muammar Gaddafi, y varias fuerzas comenzaron a luchar por el control de las reservas de petróleo del país.

Mustafa Sanalla, presidente de la Corporación Nacional de Petróleo de Libia (NOC en sus siglas en inglés), ha luchado por mantener el flujo de crudo mientras las milicias han luchado por las instalaciones petroleras. Varios miembros de su personal han sido asesinados y secuestrados. Él mismo casi fue asesinado cuando el cuartel general de la empresa fue atacado por ISIS.

Incluso en un momento dado, la Guardia de Instalaciones Petroleras, una fuerza armada encargada de proteger las instalaciones petroleras de Libia, tuvo que cerrar el campo petrolero más grande del país. Las interrupciones en la producción de petróleo le han costado al país USD100 mil millones en ingresos perdidos en los últimos cinco años, estimó Sanalla a principios de 2019.

Los recortes de producción son un problema importante en Libia, que depende en gran medida de sus ingresos petroleros. Ha habido un colapso en los servicios públicos, en particular la atención médica.[295] Aproximadamente un tercio de la población vive en la pobreza, sin acceso a agua potable ni a sistemas de alcantarillado.[296]

Si bien estos ejemplos son extremadamente preocupantes, sigo creyendo que es posible aprender de ellos y poner fin a la mala gestión de los ingresos de los recursos. Y ese proceso debería comenzar con un análisis serio de aquellos que gestionan bien sus ingresos.

Mirando a Noruega

En la década de 1960, Stavanger era un pequeño pueblo pesquero noruego con una economía en declive y una población cada vez menor. Actualmente, Stavanger es la cuarta ciudad más grande de Noruega y un popular destino turístico. Es el hogar de una universidad, una sala de conciertos, varios museos, incluido el popular Museo Noruego del Petróleo. Barcos de gran envergadura viajan diariamente desde el puerto de la ciudad hasta las plataformas petroleras en alta mar. Y Stavanger no es único en Noruega, es una imagen de las transformaciones que ocurrieron en todo el país después de que se descubrieron reservas de petróleo y gas natural en 1969.

Las reservas de petróleo fueron clave para el cambio, pero lo que realmente marcó la diferencia fue la estrategia de Noruega para gestionar los ingresos masivos que ha generado. Como resultado de ese enfoque, Noruega ha podido usar sus USD40 mil millones en ingresos anuales para extender la prosperidad en todo el país.

Eso no quiere decir que no se dieran pasos en falso en el camino. Casi inmediatamente después de que el país comenzara a exportar petróleo y gas, los ingresos se vertían directamente en el presupuesto del gobierno. En unos pocos años, sin embargo, las exportaciones de petróleo y gas en auge de Noruega comenzaron a poner al país en riesgo de pasar de una economía diversificada a una que dependía en gran medida del petróleo.

"Noruega tuvo cuatro años del llamado "mal holandés", donde los salarios aumentaron, las fábricas perdieron a sus mejores empleados en favor de la industria petrolera, y los extranjeros que vinieron al país a invertir en el auge petrolero elevaron el valor de la moneda tan alto que los clientes de otros países ya no podían pagar por otros productos de exportación noruegos", dijo Farouk Al-Kasim, que estaba en el Ministerio de Petróleo de Noruega en ese momento. "Inicialmente, el gobierno reaccionó entregando subsidios, y nos adentramos más en el barro."[297]

Temiendo por la economía de Noruega, el gobierno buscó una solución. A mediados de la década de 1970, por recomendación de Al-Kasim, Noruega comenzó a invertir las ganancias de las compañías petroleras estatales en investigación tecnológica que no solo mejorara las capacidades de extracción del país, sino que ayudara a desarrollarse y crecer a otras industrias noruegas, incluidas la construcción, el transporte, la fabricación e incluso la hostelería.

Y en 1995, Noruega dio un paso todavía más audaz: comenzó a limitar los gastos gubernamentales de ingresos petroleros al 4 por ciento. Este dinero se utilizaría para infraestructura y proyectos públicos, junto con la inversión en mercados financieros extranjeros. Los ingresos restantes se destinaron a un fondo de riqueza soberana que, a partir de 2014, había crecido hasta los USD890 mil millones.

Noruega se ha mantenido altamente comprometida con la gestión transparente de los fondos. Los ciudadanos tienen acceso a todas las inversiones realizadas, así como a la exposición al riesgo y al rendimiento. Los administradores de fondos se reúnen regularmente con representantes públicos y periodistas.

El primer ministro noruego, Jens Stoltenberg, resumió el enfoque de su país sobre los ingresos por recursos en un discurso de 2013 en la Kennedy School of Government de la Universidad de Harvard. Noruega se convirtió en una de las naciones más ricas del mundo, dijo, al negarse a gastar sus ingresos masivos, meterlos en un fondo y solo usar sus rendimientos anuales. "De esa manera el fondo dura para siempre. El problema en Europa con los déficits y la crisis de la deuda es que muchos países europeos han gastado dinero que no tienen. El problema en Noruega es que no gastamos el dinero que tenemos. Eso requiere una especie de coraje político", dijo.[298]

Sería justo decir que muchos países africanos han sido culpables de gastar un dinero proveniente del petróleo que aún no tienen. Otros son culpables de malgastar el dinero que tienen, dinero que podría allanar el camino para un futuro mejor.

Si bien el modelo de Noruega puede no encajar del todo para los países africanos, hay elementos que podrían funcionar. Entre estos se incluyen:

- Usar solo un porcentaje de los ingresos del petróleo para inversiones esenciales. Ese porcentaje no necesariamente debe ser tan bajo como el 4 por ciento: los países africanos necesitan inversiones en infraestructura, educación, atención médica y otros servicios básicos para mejorar la calidad de vida de la gente común y hacer crecer la economía.
- Gastar en proyectos esenciales con prudencia, con el entendimiento de que los precios del petróleo y el gas son volátiles y que los ingresos disminuirán y aumentarán.
- Canalizar los ingresos en proyectos e iniciativas que no solo beneficien al sector petrolero, sino que pueden extenderse a otras industrias y fomentar la diversificación económica.
- Ahorrando una parte significativa de los ingresos. Guardándolo. Invirtiéndolo. Y destinándolo a ciudadanos y comunidades.

Puede que no tenga que pasar mucho tiempo antes de que exista una variante del fondo soberano de Noruega en África. En febrero de 2019, el gobierno de Kenia publicó un proyecto de ley para crear uno.[299] Si la ley entra en vigor, los ingresos del petróleo y los minerales se canalizarían juntos en tres direcciones: ahorros, un fondo de estabilización presupuestaria o un fondo para gastos e inversiones nacionales. Kenia no depende del dinero del petróleo, solo representa un pequeño porcentaje de los ingresos fiscales, pero un fondo como este es un paso prometedor en términos de gestión transparente de los ingresos por recursos naturales. La ley incluye objetivos para los fondos, reglas claras de depósito, requisitos de publicación y una selección competitiva y transparente de gerentes externos.

Sin embargo, el Natural Resource Governance Institute (NRGI) ha señalado que la ley también generaría riesgos para el dinero público. Por un lado, los miembros de la junta serían nominados por la oficina del presidente, que también sería el único supervisor. El NRGI recomienda tomar medidas para garantizar que al menos tres miembros de la junta sean nominados por partidos que no sean el del presidente y que el parlamento, la oficina de presupuesto parlamentario y un auditor externo independiente revisen regularmente el desempeño del fondo. Estoy totalmente de acuerdo.

Incrementando el control local

En su artículo, "El petróleo para el pueblo, la próxima maldición de los recursos de África, y cómo evitarlo", Larry Diamond y Jack Mosbacher hicieron una sugerencia radical: que los países africanos deben entregar los nuevos ingresos directamente a las personas como ingresos imponibles. "Al tomar el control de estos ingresos de las manos de la élite política y restaurar el vínculo entre los ciudadanos y sus funcionarios públicos, esta estrategia de 'petróleo a efectivo' ofrece la mejor perspectiva para las naciones africanas ricas en petróleo del mañana para evitar el destino que sufrieron muchas de las de ayer", escribieron.[300]

Si un país africano adoptara su propuesta, se comprometería a depositar un porcentaje predeterminado de sus ingresos petroleros directamente en las cuentas bancarias de los ciudadanos, al igual que los gobiernos de EE. UU. hacen con los pagos del Seguro Social. Y al igual que el Seguro Social, estos pagos estarían sujetos a impuestos, a un ritmo que las familias pobres pudieran manejar, anotaron Diamond y Mosbacher.

Consideran que la parte de los impuestos es crítica porque restablecería la responsabilidad de rendir cuentas que existe cuando los gobiernos dependen de sus ciudadanos para obtener ingresos. Este enfoque de "petróleo a efectivo" ya ha sido presentado por académicos del Centro para el Desarrollo Global. Argumentan que al pagar impuestos sobre el dinero que recibieron, los ciudadanos pasarían de la pasividad al compromiso activo con sus gobiernos.

Diamond y Mosbacher no son los únicos en presentar una teoría para canalizar los ingresos del petróleo directamente a los ciudadanos. Shanta Devarajan, directora sénior de economía del desarrollo del Banco Mundial, ha presentado argumentos similares.

"Si, en lugar de tomar decisiones [irresponsables] de gasto público con sus ingresos petroleros, los gobiernos distribuyeran estos ingresos directamente a los ciudadanos [en cantidades iguales a todos los ciudadanos], y luego los gravaran para financiar bienes públicos, habría al menos dos efectos.

Primero, los ciudadanos tendrían una mejor idea de cuántos ingresos había. En segundo lugar, dado que los gastos se financiaron a partir de sus pagos de impuestos, los ciudadanos podrían tener un mayor incentivo para analizar estos gastos", escribió en 2017. "Incluso sin el escrutinio adicional, simplemente la transferencia de una suma global de solo el 20 por ciento de los ingresos petroleros es suficiente para eliminar la pobreza extrema en Angola, República del Congo, Guinea Ecuatorial, Gabón y Nigeria."[301]

Para ser honesto, estoy indeciso sobre esta estrategia. Estoy de acuerdo con los beneficios de los ciudadanos que apoyan a los gobiernos con impuestos, pero las transferencias directas dependerían en gran medida de un nivel de transparencia y cooperación del gobierno federal que rara vez vemos. ¿Qué evitaría que los gobiernos "redujeran" algunos de los ingresos que reciben antes de compartir los porcentajes de los ciudadanos?

Me gustan algunos de los puntos planteados por Diamond y Mosbacher, comenzando con la idea de que los africanos no necesitan que sus gobiernos decidan qué es lo mejor para ellos cuando se trata de gastar sus ingresos.

"El argumento de que la gente pobre no comprende que es lo que le conviene, como lo hacen los burócratas y los servidores públicos, es un mito paternalista", escribieron. Excelente punto, caballeros.

En lugar de hacer ingresos directamente en cuentas individuales, o canalizar casi todos los ingresos en un fondo de riqueza soberana como lo hace Noruega, creo que existe un potencial real para la idea de que los ingresos por recursos naturales se destinen a fondos fiduciarios que se establecerían y administrarían por comunidades africanas.

Un porcentaje acordado de los ingresos se destinaría regularmente al fondo. Los gobiernos federales no realizarían depósitos, sino las compañías de petróleo y gas. Los miembros de la comunidad servirían en una junta de fideicomisarios para administrar el fondo e invertir el capital, junto con fideicomisarios o asesores de fuera del país que podrían proporcionar orientación técnica imparcial sobre la gestión de fideicomisos. Los ingresos generados por el fondo fiduciario se utilizarían en beneficio de la población local, y los miembros de la comunidad tendrían el poder de decidir cómo se usa ese dinero. El dinero transferido dentro y fuera de la cuenta se haría público, probablemente en una página web. Por supuesto, establecer este tipo de sistema requeriría legislación o políticas, y hacer que eso suceda requeriría cooperación a nivel federal.

En un artículo de 2004 sobre fondos fiduciarios basados en la comunidad para la Revista de Derecho Internacional y Regulación Comercial de Carolina del Norte, Emeka Duruigbo señaló que los fondos fiduciarios distan mucho de ser un concepto extranjero en el África subsahariana:

"En Amodu Tjani V. Secretaría del Sur de Nigeria, el vizconde Haldane declaró: "La noción de propiedad individual es bastante ajena a las ideas nativas", escribió Duruigbo. "La tierra pertenece a la comunidad, el pueblo o la familia, nunca al individuo. Todos los miembros de la comunidad, aldea o familia tienen el mismo derecho a la tierra, pero en todos los casos el Jefe o Líder de la comunidad o aldea, o el jefe de la familia, tiene a su cargo la tierra, y solo en un modo vago se le denomina el dueño. En cierta medida, se encuentra en la posición de administrador y, como tal, tiene la tierra para el uso de la comunidad o la familia."[302]

El documento cita el ejemplo del Alaska Permanent Fund (APF), creado por una enmienda a la Constitución de Alaska en 1976. A día de hoy, del 25 al 50 por ciento de los ingresos minerales pagados al estado se depositan en el fondo para los actuales y futuros habitantes de Alaska. El fondo es administrado por la Alaska Permanent Fund Corporation, que recibe orientación de un consejo de administración independiente. Alaska ha establecido una supervisión adicional al dar a su poder legislativo la aprobación final de las inversiones del fondo. Y el público también está involucrado en la supervisión, porque la destitución de los miembros de la junta solo es efectiva cuando va acompañada de una declaración pública que contenga los motivos de la destitución. Los ciudadanos también tienen acceso a información sobre cuánto gana el fondo y cómo se distribuyen los ingresos.

En 1982, el fondo comenzó a hacer pagos anuales de dividendos a los residentes. Entre entonces y 2015, el fondo ha emitido un total de USD22.4 mil millones a ciudadanos elegibles en pagos que van desde USD330 a USD2.000 por persona. Tenga en cuenta que el fondo distribuye dividendos y no implica que el gobierno transfiera una parte de sus ingresos petroleros directamente a los ciudadanos.

El enfoque de Alaska sería una buena opción para África, opina Landry Signé, miembro de David M. Rubenstein en el Programa de Economía y Desarrollo Global del Brookings Institute. "El éxito de dicho fondo no es solo la redistribución de los beneficios de los recursos naturales, sino también la transparencia que requiere dicha distribución y la mejora de los procesos de gobernanza asociados. De hecho, reducir el poder discrecional de los líderes en la asignación de los ingresos de los recursos naturales reducirá la gobernanza irresponble, las prácticas de búsqueda de rentas y la corrupción", escribió.[303]

Los africanos también deberían echar un vistazo al Nunavut Trust de Canadá, un fondo administrado por la comunidad establecido como parte del acuerdo de Reclamaciones de Tierras de Nunavut en 1999. El acuerdo condujo a la creación del territorio de Nunavut y consiguió que los pueblos indígenas de Nunavut recibieran USD1.2 mil millones en dinero de compensación durante un período de 14 años. El dinero se canalizó a través del Fideicomiso Nunavut, que se encargó de proteger y mejorar los fondos en beneficio de la gente.

En su informe, "Caspian Oil Windfalls: Who Will Benefit", la directora de Caspian Revenue Watch, Svetlana Tsalik, describió el fondo como un ejemplo prometedor para otras naciones subdesarrolladas productoras de petróleo. "A diferencia de los fondos petroleros administrados por el gobierno, el Fideicomiso Nunavut es un fondo administrado por la comunidad. Ha ganado importantes rendimientos al tiempo que es responsabilidad de sus constituyentes. El Fideicomiso también demuestra cómo estas comunidades pueden ser compensadas por las externalidades negativas del desarrollo del petróleo, y cómo pueden convertir dicha compensación en una fuente permanente de ingresos."[304]

Estoy seguro de que establecer fondos fiduciarios para las comunidades nos ayudaría a superar muchos de los problemas de mala gestión de los ingresos petroleros.

- En lugar de ver a una élite quedándose con los ingresos del petróleo en sus bolsillos mientras lidian con las consecuencias de la extracción, los africanos de a pie verían beneficios tangibles en sus propias comunidades.
- Las personas finalmente podrían opinar sobre cómo se invierten los ingresos del petróleo y cómo se gastan los rendimientos. Sus voces e ideas serían valoradas y capitalizadas.
- Las comunidades no tendrían que estar a expensas de los gobiernos

por ser los "intermediarios". Las empresas realizarían los pagos directamente en el fondo.

- Las comunidades podrían invertir los rendimientos de los fondos en programas que se traduzcan en una mejor calidad de vida y oportunidades de trabajo. Como resultado, la privación de derechos, la desesperación y la violencia disminuirían.

- Las comunidades, si así lo desean, podrían invertir en proyectos que ayuden a proteger sus entornos, lo que podría reducir los casos de grupos armados intentando acabar con las actividades de exploración y producción.

Lecciones aprendidas: el proyecto del oleoducto Chad-Camerún

A primera vista, el programa de gestión de ingresos propuesto para el gasoducto Chad-Camerún tenía todo a su favor: aceptación de los interesados, mecanismos de supervisión y el potencial de mejorar las vidas de los africanos. Sin embargo, una vez que se puso en marcha, simplemente no funcionó.

Un poco de historia: en 1988, más de una década después de que se descubriera petróleo en Chad, los gobiernos de Chad y Camerún y un consorcio de compañías petroleras extranjeras acordaron construir 300 pozos petroleros y un oleoducto de 1.070 kilómetros que se extendería desde la costa de Camerún al noreste de los campos petroleros de Doba en el sur de Chad.[305]

Debido a que Chad era un país de bajos ingresos con una larga historia de guerra civil, los bancos comerciales y los miembros del consorcio insistieron en que se contratara una agencia de desarrollo multilateral como socio para ayudar a mitigar el riesgo. El Banco Mundial acordó cumplir con ese rol y servir como garante clave del proyecto. Además, decidieron utilizar el proyecto como una oportunidad para lograr cambios positivos en Chad. El Banco Mundial convenció al presidente de Chad, Idriss Déby, para destinar el 85 por ciento de los ingresos de los campos petroleros de Chad a programas socioeconómicos como educación, atención médica y desarrollo rural. También presionaron al Parlamento de Chad para que aprobara una ley sobre gestión de ingresos que pedía un monitoreo constante y la creación de un comité de supervisión con cuatro representantes de la sociedad civil.

En 2003, se completó el oleoducto y Chad comenzó a exportar petróleo. A finales de 2006, más de USD440 millones se transfirieron a una cuenta de depósito en garantía en Londres para el gobierno de Chad.[306]

Desafortunadamente, los problemas comenzaron a surgir en 2004, cuando el gobierno de Chad no cumplió con ciertos aspectos del acuerdo. En 2005, Déby anunció planes para lograr la reelección, lo que provocó una rebelión de posibles sucesores. Hacia fines de ese año, el parlamento de Chad aprobó reformas al acuerdo propuesto por Déby. El gobierno ahora tenía un mayor acceso a los ingresos del petróleo para uso discrecional, y la seguridad ahora figuraba como una prioridad, abriendo la puerta al aumento del gasto militar. El Banco Mundial suspendió todos los pagos y congeló la cuenta de ingresos petroleros.

Después de que un ataque rebelde en 2006 que casi destituye a Déby de su cargo, parecía probable un colapso del Estado, el Banco Mundial cedió y aceptó la mayoría de los cambios del gobierno en el programa de gestión de ingresos. Pero en 2008, después de otro ataque rebelde, el Banco Mundial determinó que el modelo que tenía en mente para la gestión de ingresos simplemente no iba a suceder y acabó con su participación.[307]

¿Qué podemos aprender de esto? Por un lado, las actividades de producción y exportación de Chad se iniciaron demasiado rápido, antes de que Chad tuviera tiempo de desarrollar el tipo de capacidades institucionales que necesitaría para recibir, administrar y distribuir grandes volúmenes de dinero del petróleo.

Pero la mayor debilidad del programa era que había sido creado y administrado por una organización externa. Ya lo dije antes: depende de los africanos abordar los desafíos de África. El Banco Mundial tenía buenas intenciones, pero el programa que implementó no estaba en línea con la realidad sobre el terreno en Chad.

En última instancia, la idea del Banco Mundial de incorporar los ingresos del petróleo a un fondo que ayudaría a la gente de Chad fue acertada. Ahora, solo necesitamos ver a los accionistas africanos lanzar una iniciativa propia.

17

Ingenio estadounidense y potencial de petróleo y gas en África

Shawn Simmons era tan solo una estudiante de secundaria en Houston, Texas, la primera vez que alguien la alentó a estudiar una carrera de ingeniería.

"Nuestra increíble maestra, la Sra. Moore, me sugirió que estudiara ingeniería durante una de nuestras frecuentes charlas fuera de las clases", escribió Simmons en un artículo de 2016 sobre *mentorización* para la revista STEAM. "Como admiraba y respetaba a la Sra. Moore, escuché atentamente lo que me decía y luego decidí aplicar a la High School Booker T. Washington, una escuela de Houston especializada en ingeniería."[308]

Dos décadas después, Simmons estaba viviendo y trabajando en Lagos, Nigeria, en calidad de supervisora ambiental y reguladora de ExxonMobil Development Company.

"Tuve la suerte de formar parte del equipo que lanzó una red de mujeres y su inaugural "Introduce a Girl to Engineering and Science Day" en Nigeria", escribió Simmons, ingeniera ambiental y petrolera con un doctorado en toxicología ambiental.

Hoy en día, Simmons está de vuelta en el área de Houston, donde continúa alentando a las niñas y *mentorizando* a las mujeres. Sin embargo, regresa a Nigeria tres o cuatro veces al año, en su puesto actual como gerente ambiental y de permisos de Gulf Coast Growth Ventures de ExxonMobil. Una de sus muchas responsabilidades es ayudar a ExxonMobil a cumplir con las regulaciones ambientales de Nigeria.[309]

"Estoy disfrutando de África y los proyectos allí", dijo Simmons recientemente a Diversity / Careers in Engineering & Information Technology. "Todo es grande y emocionante, y me gusta."[310]

Se podría decir que Simmons es una especie de embajadora: a los nigerianos con los que se ha encontrado, les ha proporcionado una visión de la cultura y las perspectivas que tiene un impacto positivo en la vida de los miembros de la comunidad. Al mismo tiempo, ha estado desempeñando un cargo importante ayudando a una importante multinacional de petróleo y gas a operar con éxito en Nigeria.

Esa dinámica es un pequeño ejemplo de las relaciones positivas que los profesionales y las empresas estadounidenses de petróleo y gas están realizando en todo el continente africano. Es una imagen de respeto mutuo y cooperación, y es algo que deberíamos ver más.

He tenido mucha suerte de haber trabajado con grandes profesionales estadounidenses del sector petrolero que se interesaron por en mí y me guiaron, incluidos:

- Jeff Mitchell, Senior VP y COO, de Vanco Energy Company
- Gilbert Yougoubare, vicepresidente para África de Vanco Energy Company
- Bob Erlich, socio y director ejecutivo para upstream en Cayo Energy LP
- Mark Romanchock, ahora geólogo principal en Samsara Geosciences
- Todd Mullen – CEO interim, EVP & consejero general, en PanAtlantic Exploration Company
- Bill Drennen, Presidente y CEO de WTD Resources, LLC
- H. Daniel (Danny) Hogan, General Manager, en LUKOIL International Upstream West
- Ronald Wallace, especialista en exploración y desarrollo
- Bruce Falkenstein. Director, manager de licencias, operaciones compartidas y cumplimiento legal en LUKOIL Overseas Offshore
- Y el irremplazable Gene van Dyke. Un verdadero vanguardista y pionero.

Incluso cuando me volvía pícaro, siempre sabían cómo controlarme y guiarme para encontrar mi mejor versión. Moldearon mi forma de ver el petróleo y el gas. Espero que muchos jóvenes africanos tengan el privilegio de trabajar con personas como estas. Personas con sentido común, difíciles de complacer, que nunca tuvieron un problema conmigo usando botas de vaquero o siendo de pueblo. Me respaldaron y siempre estuvieron allí para apoyarme durante los momentos más difíciles.

Necesitamos que las empresas estadounidenses de petróleo y gas continúen operando en África y sigan contratando personas africanas, comprando a proveedores africanos y asociándose con compañías africanas. Y necesitamos empresas dispuestas a compartir conocimiento, tecnología y buenas prácticas, empresas que estén dispuestas a ser buenos jugadores y formar relaciones positivas en las áreas donde trabajan.

Hacer esto sigue siendo de interés para las empresas estadounidenses ya que puede conseguir enormes beneficios económicos con ello.

Depende de nosotros, como miembros de la comunidad africana, líderes y hombres de negocios, hacer todo lo posible para alentar a las compañías estadounidenses de petróleo y gas a comenzar, continuar y hacer crecer sus proyectos en África.

La revolución del *fracking* y el nuevo paradigma

En 2005, la producción de petróleo de EE. UU. había disminuido de forma constante durante tres décadas y solo alcanzaba aproximadamente los 5.2 mbo/d. Mientras tanto, las importaciones eran de 10.1 mbo/d. La producción de gas natural del país alcanzó un máximo de 22.6 tcf en 1973 y fue de 18.1 tcf en 2005. Se preveía una "crisis de gas natural" a corto plazo.

Entonces la fracturación hidráulica entró en escena. Durante 15 años, el empresario petrolero tejano George Mitchell había estado tratando de obtener ganancias de este proceso, una técnica de desarrollada hace décadas y también conocida como "*fracking*". Esta técnica requiere inyectar agua a alta presión, productos químicos y arena a las betas de esquisto bituminoso para liberar el petróleo y gas atrapado. A finales de los 90, su compañía, Mitchell Energy, comenzó a tener éxito con el *fracking* de gas natural. Poco a poco, otras compañías comenzaron a seguir su ejemplo. El *fracking*, combinado con la perforación direccional horizontal (HDD en sus siglas en inglés) y otras tecnologías, estaba permitiendo a los productores acceder a recursos de petróleo y gas que antes se consideraba que no se podían explotar.[311]

Esto cambió las reglas de juego. Entre 2005 y 2015, la producción de gas natural en los EE. UU. creció en un 50 por ciento, convirtiendo a los EE. UU. en el mayor productor mundial de gas natural.[312]

La producción de petróleo en EE. UU. aumentó durante el mismo período de tiempo, alcanzando los 9,43 mbo/d en 2015y alcanzando el máximo histórico de 11 mbo/d en 2018.[313] [314]

Si bien la industria de petróleo y gas de EE. UU. se vio afectada en 2014, cuando los precios del petróleo comenzaron a caer, los productores de gas y esquisto bituminoso se mantuvieron fuertes. Después de haber superado a Rusia en octubre de 2018 como el mayor productor mundial de petróleo crudo, Estados Unidos es ahora, por primera vez desde hace 65 años, un exportador de energía.

Si bien me alegro por mis amigos estadounidenses en la industria del petróleo, el auge del esquisto bituminoso no es necesariamente una buena noticia para los exportadores de petróleo africanos. En los años previos al auge del *fracking*, Estados Unidos había sido uno de los tres mercados principales para el petróleo africano, junto con China e India. De hecho, las refinerías estadounidenses a lo largo de la costa este se configuraron para procesar el petróleo dulce Bonny Light de África occidental, que tiene rendimientos en gasolina particularmente buenos, lo que la hace importante para los Estados Unidos, pero entre 2004 y 2013, el volumen de petróleo africano enviado a los EE. UU. cayó casi el 70 por ciento. Si el petróleo de EE. UU. continúa inundando el mercado, las exportaciones de petróleo de África a EE. UU. podrían cesar completamente. Esto causaría una seria preocupación a los países africanos como Angola y Nigeria que dependen en gran medida de las exportaciones de petróleo para los ingresos del gobierno. Esta tendencia subraya la importancia crítica de capitalizar los ingresos del petróleo y el gas, a lo largo de la cadena de suministro, para diversificar las economías de los países africanos.

El auge del esquisto también ha afectado la presencia de las compañías estadounidenses de petróleo y gas en África: muchas de las principales empresas estadounidenses, incluidas Hess, Conoco, Anadarko, Apache, Devon y Pioneer, han salido o reducido drásticamente su presencia en África para convertirse en grandes empresas de *fracking* de vuelta en Estados Unidos. Ha habido un factor de tracción y empuje para las empresas de energía de

EE. UU. que se retiran de África: una combinación de oportunidades de *fracking* EE. UU. cada vez más atractivas y la percepción de un mayor riesgo en África. Los proyectos de esquisto doméstico en los EE. UU. se perciben como un recurso enorme y probado con menor riesgo geológico y menor riesgo político.

Mientras tanto, en África, las tasas de éxito de exploración han fluctuado, y la gran promesa de los campos petroleros africanos como Jubileo de Ghana no se ha cumplido plenamente. Varios proyectos, incluidas las plantas de GNL en Angola, Mozambique y Tanzania, y el campo petrolífero *offshore* Egina en Nigeria, tuvieron importantes sobrecostes y retrasos. Algunos países, incluidos Uganda y Mozambique, introdujeron impuestos sobre las ganancias en las transacciones. También ha habido disturbios en Libia, lo que ha tenido un impacto en algunos de los productores que operan allí, y los operadores petroleros de Sudán del Sur han sufrido las sanciones estadounidenses. Finalmente, la caída de los precios del petróleo y la dificultad de acceso a préstamos también han tenido un impacto negativo.

Las petroleras estadounidenses llevan mucho tiempo en África, especialmente las dos más grandes, ExxonMobil y Chevron. Si bien estos actores siguen en el continente, en los últimos cinco a diez años, las empresas independientes estadounidenses de exploración y producción no pararon de salir de África y centraron su atención en proyectos de *fracking* nacionales. Durante este período muchas de las empresas independientes de EE. UU. e IOC prefirieron invertir en lugares como Brasil, Guyana, el Golfo de México de EE. UU. y México, regiones con políticas más transparentes, mejor fiscalidad, mayor calidad de geología o mayor volumen de recuperación por pozo.

Los exploradores más pequeños también han desaparecido, ya sea porque no han tenido éxito en la exploración o por dificultades para obtener financiación. Entre estos se incluyen Erin Energy (que había cambiado su nombre de Camac Energy en 2015) y PanAtlantic (anteriormente Vanco). Por otro lado, VAALCO Energy ha seguido insistiendo por hacerse con un hueco en África mediante la contratación de Thor Pruckl, vicepresidente ejecutivo de operaciones internacionales. La compañía, que se centra en el Etame Marin en Gabón y el Bloque P en Guinea Ecuatorial, todavía tiene mucho interés por África y una habilidad especial para hacerse con los buenos activos marginales. Noble y Marathon son realmente los únicos E&P estadounidenses de mediana capitalización con presencia en África.

Sin embargo, esta tendencia a abandonar proyectos extranjeros de exploración y producción no se limita a África. Las compañías estadounidenses se han retirado de otras regiones donde históricamente fueron grandes actores, especialmente en el Mar del Norte. Conoco, Marathon, Chevron, ExxonMobil, EOG Resources y Hess han liquidado o vendido todo por completo en los últimos años.

Como mencioné anteriormente, la percepción común es que el esquisto de EE. UU. es menos arriesgado y tiene una mejor perspectiva económica que un proyecto de petróleo y gas en África. Sin embargo, como con cualquier comparación, a menudo no es tan simple.

Básicamente, es más caro extraer petróleo del esquisto bituminoso que de los yacimientos convencionales, principalmente porque hay que estimular el yacimiento de esquisto a través del fraccionamiento para permitir que el petróleo fluya. Por lo tanto, la producción en tierra convencional de yacimientos de alta calidad es más económica. Sin embargo, la producción *offshore* es otra historia. El coste de perforar un pozo en alta mar es mucho mayor que el de un pozo en tierra, incluso si es de *fracking*. Como es evidente, la productividad del pozo en alta mar tiene que ser mejor para poder igualarlo en rentabilidad.

Esto sugiere que si el esquisto de EE. UU. fuera el santo grial, las empresas de esquisto de EE. UU. deberían haber obtenido un alto rendimiento, especialmente al salir de la recesión del precio del petróleo. Este no fue siempre el caso. Aunque las economías de escala son importantes en los EE. UU., el esquisto se ha visto afectado por problemas como los cuellos de botella del alto nivel de producción, así como algunos problemas de calidad y decepciones con la productividad de las instalaciones.

Aunque la producción estadounidense ha experimentado un resurgimiento en los últimos años, no todas las empresas enfocadas en el esquisto han obtenido buenos resultados, y los inversores han tenido problemas con la falta de generación de efectivo. También ha aumentado la presión sobre la remuneración y los objetivos de los ejecutivos, con altos costes generales y administrativos en muchas empresas. Desde 2007, las compañías de energía han gastado USD280 mil millones más de lo que generaron de las operaciones en inversiones de esquisto, según un estudio. Varias compañías se declararon en bancarrota pero luego resurgieron. Las compañías perforan primero los pozos con mejor perspectiva inversión/retorno, lo que significa que esperan que con el tiempo se produzca un deterioro en los resultados del pozo, así como una disminución en la eficiencia económica a largo plazo. También hay percepciones de que el fraccionamiento es dañino, usa demasiada agua, contamina el agua subterránea, emite químicos cancerígenos y causa terremotos.

Los riesgos

No se puede negar que operar en África tiene una serie de riesgos para las empresas estadounidenses. Necesitamos ser conscientes de estos riesgos para estar mejor posicionados para mitigarlos (cuando sea posible) y estar mejor preparados para mantener negociaciones honestas con las compañías estadounidenses interesadas en operar aquí.

Por lo general, las compañías de exploración y producción pueden enfrentarse a riesgos geológicos, fiscales, gubernamentales, operativos, económicos y políticos, de infraestructura, monetización de gas, y de acceso a financiación y servicios, entre otros.

Echemos un vistazo más de cerca al riesgo geológico, que se puede dividir en las categorías de exploración, evaluación, desarrollo y producción.

Riesgos en la exploración: En proyectos de esquisto bituminoso, no existe mucho riesgo de exploración: la mayoría de las reservas ya han sido descubiertas y muchos pozos convencionales tienen datos históricos que mitigan el riesgo.

El riesgo de exploración es un factor mucho más importante en las zonas límite o en las regiones poco perforadas: en otras palabras, la mayor parte de África. La comparación de las posibilidades de éxito previas a la perforación con las tasas de éxito de exploración en los últimos años muestra que las empresas, en general, han exagerado la posibilidad de éxito al no analizar correctamente el riesgo previo a la perforación.

Las empresas también parecen sobreestimar la posibilidad de encontrar petróleo y encontrar gas en su lugar, lo cual es una propuesta de valor muy diferente. Con un mayor estudio preliminar y control por parte de los inversores y la industria, y con un control de gasto, esperamos que aumenten las tasas de éxito ya que las empresas solo perforan cuando tienen una perspectiva positiva de éxito.

Riesgo de estimación: De nuevo, el riesgo de estimación es más un problema para los nuevos descubrimientos que para los yacimientos de esquisto. Y los inversores tienden a centrarse más en el riesgo de exploración que en esta importante área.

Existen dos problemas:

Primero, una vez que se ha hecho un descubrimiento, debe ser evaluado. Y esa valoración requiere financiación. Algunas compañías pueden no haberlo previsto. Si el tamaño del descubrimiento requiere perforación, digamos cinco pozos de prueba, la compañía se enfrenta inmediatamente a una gran necesidad de financiación.

Un ejemplo de la respuesta del mercado a esto fue cuando LEKOIL hizo el descubrimiento OGO con un potencial de más de 500 mmboe en Nigeria. Las acciones de la compañía cayeron el día del anuncio porque necesitaría aumentar el capital para una evaluación posterior.

En segundo lugar, el riesgo sustancial puede permanecer incluso después del descubrimiento inicial. Ha habido descubrimientos que parecían comercialmente viables después del primer pozo, pero que terminaron siendo inviables después de que se hubiesen invertido cientos de millones. Por ejemplo, los yacimientos de Paon / Saphir en la costa de Costa de Marfil y Chissonga en Angola.

Riesgo de desarrollo: Este riesgo afecta tanto a los proyectos de esquisto como a los convencionales.

En los Estados Unidos, es más probable que el riesgo de desarrollo esté relacionado con cuellos de botella y un aumento imprevisto de costes. En alta mar, ha habido innumerables proyectos durante la última década que han comenzado a producir con retraso sobre la fecha prevista y han costado más de lo esperado. Las empresas pueden prever algunas de estas contingencias, pero en la mayoría de los casos, sus costes de desarrollo aumentan más de lo previsto.

Sin embargo, los proyectos más recientes han dado como resultado un mejor rendimiento a medida que las empresas han aprendido y han atajado los problemas a los que se enfrentaron en el pasado, y el mercado de servicios se ha relajado. Muchos proyectos recientes han comenzado la producción antes de lo previsto y por debajo del presupuesto.

Riesgo de producción: Otro riesgo subestimado es que una vez que un campo comience la producción, no produzca las cantidades esperadas. La decepción en los niveles de producción es un problema que ha afectado especialmente a los proyectos *offshore*. El riesgo se considera menor para el esquisto bituminoso, pero también ha habido casos en los que la producción no cumplió con las expectativas.

Según un estudio de Westwood Energy, la mitad de los campos de petróleo y gas en producción no están cumpliendo con las expectativas. Alrededor del 70 por ciento de los campos que solo tenían una evaluación limitada tenían un rendimiento inferior al estimado en el plan de desarrollo.

También existe un riesgo geológico en el esquito: la producción puede ser insuficiente en los ratios gas / petróleo (hay que tener en cuenta que la producción de gas en relación con la de petróleo aumenta con el tiempo), así como el riesgo de interferencia entre los pozos que se han perforado demasiado cerca, que hace que se extraiga menos petróleo por pozo. Si combinamos esto con posibles cuellos de botella, se produce un aumento de costes que significa que, a pesar de todo el bombo que rodea al esquisto, no necesariamente genera rendimientos aceptables, y parece que varios proyectos de *fracking* están estancados y no mejoran en productividad y eficiencia.

Quizás más que el riesgo geológico, es el riesgo político el que mantiene a los inversores y las compañías de petróleo y gas alejados de muchos países africanos. Esto puede incluir expropiación, desórdenes políticos, levantamientos, imposición unilateral de nuevos impuestos y porcentajes, imposición de controles de exportación o retiro de licencias para exportación o importación, restricciones y controles de cambio y otros factores que reducen el interés de la empresa de petróleo y gas. Los inversores se preocupan mucho por el riesgo político, que francamente es uno de los más difíciles de cuantificar porque a menudo es un comodín.

En muchos países, existe el riesgo de que un cisne negro, un evento inesperado como un golpe de estado, cambie completamente el paisaje. Eso, a su vez, podría afectar al contrato de una empresa o que hubiese que firmar uno nuevo. Si bien las empresas pueden consolarse con que la mayoría de los contratos están amparados por el derecho internacional, o pueden ser sometidos a arbitraje, los años que lleva completar el arbitraje podrían acabar con el valor patrimonial de la empresa (este fue el caso de la compañía Houston E&P Cobalt International Energy Inc. en Angola).[315]

Las empresas también se enfrentan al riesgo ligado a tener que lidiar con la burocracia, especialmente en las regiones límite de la exploración, que a menudo hace que las cosas tarden mucho más de lo esperado, incluida la obtención de aprobaciones oficiales para comenzar el proyecto. Además, en la mayoría de los casos, también se necesita permiso del gobierno para transferir activos. Por ejemplo, el veto del gobierno a la venta de activos impidió que ExxonMobil comprara los activos de Kosmos en Ghana.

Otro riesgo que ha surgido recientemente es que los países impongan arbitrariamente impuestos sobre las ganancias de capital de las ventas de activos, borrando la capacidad de la empresa de obtener ganancias en la transacción. Con un contrato de producción compartida, los términos se establecen y generalmente se pueden hacer cumplir mediante arbitraje internacional, por lo que estos contratos rara vez se rompen por los gobiernos anfitriones. Los contratos de impuestos y regalías pueden estar expuestos a cambios en las tasas de impuestos corporativos.

Un área de especial preocupación para las empresas estadounidenses es el riesgo de verse envuelto en problemas de corrupción, ya sea directa o indirectamente. El daño a la reputación y las posibles multas pueden significar que las empresas simplemente no quieran correr el riesgo, sea cual sea la expectativa de beneficios del proyecto. Varias empresas que operan en África, incluidas Cobalt y Weatherford International, han sido investigadas bajo la U.S. Foreign Corrupt Practices Act (FCPA) de los EE. UU.[316] Och-Ziff Capital Management Group con sede en EE. UU. y dos de sus ejecutivos tuvieron que enfrentarse en 2018 a cargos relacionados con el uso de intermediarios, agentes y socios comerciales para pagar sobornos a funcionarios gubernamentales de alto nivel en África por inversiones en energía. Och-Ziff acordó pagar USD412 millones para cerrar sus asuntos civiles y penales, y el CEO Daniel Och llegó a un acuerdo de USD2.2 millones para resolver los cargos en su contra.[317] BP fue recientemente objeto de un documental de la BBC sobre "pagos sospechosos" al hermano del presidente de Senegal.[318]

Otro factor importante para la ecuación es la confianza de los inversores hacia una región o país. También puede haber razones específicas para que los inversores se muestren escépticos sobre un país en particular, desde fracasos de exploración recientes hasta transacciones fallidas de fusiones y adquisiciones.

Los riesgos para la producción de petróleo de esquisto son muy diferentes de los de la producción en aguas profundas. Si bien aún existe riesgo de exploración y evaluación, como dije, la mayoría de los principales yacimientos de EE. UU. ya se han descubierto, y el enfoque se centra más en la delineación y producción de los campos existentes. El coste de la evaluación es mucho menor, lo que permite a las empresas reducir el riesgo geológico en comparación con un proyecto *offshore*. La decepción de la producción es un riesgo, pero proviene de diferentes cuestiones: el riesgo de interferencia entre pozos por estar perforados demasiado cerca el uno del otro, subestimando las tasas de disminución (factor B) o, con el tiempo, la subestimación de la relación de extracción de gas / petróleo.

El riesgo político obviamente todavía existe en los EE. UU., pero es un problema menor desde el punto de vista de los inversores estadounidenses. Las fugas son un riesgo, especialmente debido a las durísimas sanciones de los Estados Unidos, pero el riesgo de un incidente grave es menor en tierra. Hay una gran cantidad de servicios y materiales necesarios para la producción de esquisto bituminoso, y con una gran cantidad de producción concentrada en un área, existe el riesgo de restricciones que inhiban la producción o aumenten los costes. Las principales áreas de preocupación son:

- Gestión de aguas
- Capacidad de procesamiento de líquidos de gas natural
- Disponibilidad de equipo
- Equipamiento de finalización
- Arenas
- Personal

Alentados por el auge de las Master Limited Partnership (MLP), la mayoría de las empresas externalizan el cumplimiento de los requisitos de *midstream*, lo que significa que los activos *midstream* se comercializan multiplicados. Hay dos riesgos clave asociados con esto. Primero, si las empresas han firmado un contrato de tipo "take or pay" en un entorno de precios bajos y la producción se ve limitada, podrían quedar atrapados con los peajes del gasoducto u oleoducto. En segundo lugar, las empresas que hacen estos acuerdos en un entorno de precios alto podrían descubrir que no pueden llegar a cubrir la capacidad de la tubería.

Realidades sobre el terreno

África posee una gran cantidad de reservas descubiertas de petróleo y gas. Durante la última década, por ejemplo, se descubrieron importantes yacimientos de gas en Mozambique, Tanzania, Senegal, Mauritania y Egipto.

Los nuevos descubrimientos de yacimientos petróleo se han hecho más de rogar. No se han producido grandes descubrimientos de petróleo en África occidental desde el hallazgo del Jubilee en 2007. Jubilee, el primer descubrimiento comercialmente viable de petróleo de Ghana, inicialmente se estimó que contenía 3 bbo que representaban USD400 millones en ingresos en su primer año de producción y USD1 mil millones después. Las compañías se subieron al carro, con docenas de supuestos "Jubileo", que fueron explorados desde Marruecos hasta Sudáfrica. Desde entonces, se han perforado al menos 50 pozos con el único éxito importante del campo petrolero SNE Deepwater en Senegal (sin embargo, ConocoPhillips, la empresa estadounidense implicada en este descubrimiento, decidió salir del proyecto). Este no es solo un fenómeno africano: las tasas de éxito de exploración, especialmente para el petróleo, han sido muy pobres en los últimos cinco años, con una baja tasa de éxito en la búsqueda de yacimientos comercialmente viables y altos costes de exploración asociados.

El campo petrolero de aguas profunda SNE

Del proyecto SNE en Senegal se ha hablado sobre todo del potencial. En cuanto a los retornos, todavía están en el horizonte.

Se estima que el yacimiento contiene petróleo y gas natural, alrededor 2.700 millones de barriles de reservas de petróleo recuperables. Sin embargo, la creación de valor real ha sido hasta ahora decepcionante.[319]

Senegal Hunt Oil obtuvo la licencia de exploración de SNE en 2005. FAR Limited realizó el estudio sísmico en 2007, y para 2009, se habían gastado USD21 millones. Cairn / Conoco perforaron y descubrieron el campo en 2014.

A finales de 2018, Cairn, que tiene una participación del 40 por ciento en el campo, había capitalizado el equivalente de USD460 millones de gasto bruto. Contando los gastos de capital de 2019, Cairn habrá gastado USD500 millones para llegar a la decisión final de inversión en 200 mmboe netos 2C o USD2.5 boe (sin descuento). Se espera comenzar a extraer petróleo en 2022 y la producción máxima se estima en 100.000 bbl/d.[320]

Woodside pagó a Conoco USD430 millones por una participación del 35 por ciento en el campo en 2016, o alrededor de USD2.2 / bbl basándose en los 560 mmbbl citados por Woodside en ese momento. Conoco solo obtuvo una ganancia de USD138 millones en la venta. Otra forma de verlo, suponiendo una tasa de éxito optimista de 1/5 para el total de la exploración de Conoco, Conoco habrá invertido USD1.4 mil millones en exploración para una ganancia de USD138 millones, solo un 10 por ciento de retorno. Sin embargo, esto se produjo en un momento de bajos precios del petróleo.[321]

Sin embargo, los operadores integrados se están dando cuenta de que necesitan reponer el inventario, lo que significa que es probable que las transacciones aumenten. Y las tasas de éxito de exploración deberían mejorar ya que los operadores ahora son más disciplinados por las exigencias de financiación y tienen más probabilidades de perforar solo sus pozos con mejores perspectivas.

Además, los costes de exploración han disminuido drásticamente en los últimos años, a medida que el coste de la prestación del servicio, como las tarifas de las plataformas, ha disminuido, la eficiencia de la perforación ha mejorado (plataformas de mayor especificación y alta calificación de las tripulaciones), y se está llevando a cabo la perforación en condiciones más favorables (p. ej., evitar proyectos de alta presión, alta temperatura o aguas ultra profundas). Donde hace unos años no era raro que un pozo de exploración en Angola costara más de USD250 millones, ahora se están perforando pozos de exploración en aguas profundas en África occidental por menos de USD50 millones. Por ejemplo, el pozo Ayame de Ophir en Costa de Marfil costó USD20 millones.

Todavía es posible, en base a acuerdos recientes / valoraciones del mercado de valores, comprar recursos petroleros con descuento, en comparación con los costes de los últimos años.

Según Drillinginfo.com, en 2018, en África se perforaron 247 pozos de exploración (iniciados), que representan el 19 por ciento del total mundial del año, lo mismo que el año anterior.[322] Sin embargo, la perforación *onshore* en Argelia y Egipto representó el 78 por ciento del total de esta actividad, con el NOC argelino Sonatrach perforando por sí solo 76 pozos.

En 2014, se perforaron 67 pozos en aguas profundas en África, lo que representa el 33 por ciento del total mundial. Sin embargo, en 2016, el número cayó a solo 12, o 14 por ciento, cifras que se mantuvieron casi estables en 2017 y 2018.

Sin embargo, las noticias comienzan a ser prometedoras: se han realizado nueve descubrimientos en aguas profundas desde principios de 2018. Estos incluyen descubrimientos de Eni en Angola (Kalimba, Afoxé y Agogo)[323] y de Total en Congo (Ndouma) y *offshore* en Sudáfrica (Brulpadda).[324] También durante este período, según Westwood Global Energy Group, hubo algunas fracasos sonados en África occidental, incluyendo el Requin Tigre-1 de Kosmos en la costa de Mauritania, Samo-1 de FAR en la costa de Gambia, y dos descubrimientos probablemente pre-sal no comerciales en Boudji-1 (Petronas) e Ivela-1 (Repsol) *offshore* en Gabón.[325]

Parece que la perforación aumentará a lo largo de 2019 y hasta 2020, y se espera que Total perfore sus primeros pozos en Mauritania / Senegal, más específicamente los pozos *offshore* Jamm-1 y Yaboy-1 en Senegal y Mauritania, respectivamente. Kosmos, de la mano de BP, perforará Orca, que tiene buenas perspectivas y un potencial in situ de 13tcf. Por otro lado, se espera que Svenska perfore el campo *offshore* Atum-1 en Guinea Bissau y que Eni continúe su campaña de exploración en el bloque *offshore* 15/06 en Angola.[326]

Según Rystad, las proyecciones para las inversiones en exploración en África también están mejorando tras una caída del 71 por ciento entre 2014 y 2017. Se proyecta una recuperación inicialmente lenta y luego más intensa a una tasa de crecimiento anual compuesta (CAGR en sus siglas en inglés) del 18 por ciento en los próximos 12 años.

La superficie de exploración en África ha aumentado significativamente en los últimos años. En 2017, se otorgaron 840.000 kilómetros cuadrados, seguidos de 490.000 kilómetros cuadrados en 2018 y 340.000 kilómetros cuadrados a partir del primer trimestre de 2019. Eso convierte a África en la región más popular a nivel mundial para nuevas áreas de exploración.[327]

Perspectivas de exploración en África

- Hasta hace poco, Angola era vista como un destino de inversión relativamente poco atractivo. Su régimen fiscal era uno de los más duros en África, y los costes son altos debido a los requisitos de contenido local. La exploración en la cuenca pre-sal, había sido muy publicitada pero resultó ser un costoso fracaso, y los nuevos proyectos se habían estancado. Sin embargo, las reformas del presidente João Lourenço, destinadas a aumentar la transparencia y facilitar la exploración, han vuelto a captar el interés de las empresas de exploración y producción en todo el mundo.

- Camerún es una zona petrolera establecida, pero poco explorada. La percepción es que Camerún tiene un gran potencial para la exploración y producción de gas natural, mientras que las últimas exploraciones en busca de petróleo han fallado. Se han realizado algunas exploraciones *offshore* en los últimos cinco años, pero los resultados han sido relativamente decepcionantes y, donde tuvieron éxito, generalmente encontraron gas húmedo.

- La República del Congo es una provincia madura, por lo que no ofrece mucho potencial de exploración. Sin embargo, el descubrimiento Nene en alta mar de Eni es uno de los más grandes de África occidental en los últimos años. Congo es ahora un productor establecido de más de 300.000 bbl/d con una producción significativa en tierra y en alta mar. En octubre de 2016, Congo ratificó un nuevo código de hidrocarburos, revisando su industria de petróleo y gas.

- Ghana es el niño anuncio y ejemplo de éxito en exploración y desarrollo fronterizo con una producción actual que alcanza alrededor de 214.000 bbl/d.[328] Kosmos Energy descubrió cantidades comercializables de petróleo y gas en Ghana en 2007. El campo Jubilee se desarrolló en menos de 3,5 años, comenzando a producir en diciembre de 2010. Ghana también ha desarrollado con éxito el gas para el mercado interno. Aunque la exploración decayó durante su disputa fronteriza marítima de tres años con Costa de Marfil, (resuelta en 2017[329]), hay expectativas prometedoras. Compañías como Tullow y Kosmos aún ven posibilidades y potencial de exploración para extender las zonas de producción y aumentar las reservas, y hay nuevas compañías que se han instalado en el país para explorar. Ghana es una de las naciones más estables de la región, con un buen historial de traspasos de poder pacíficos.

- Dada la gran cantidad de pozos sin éxito y la imposibilidad de hacer que el descubrimiento de Paon funcione, el sentimiento positivo del mercado sobre el potencial de exploración de Costa de Marfil se ha desvanecido. Costa de Marfil mantiene una pequeña industria petrolera con aproximadamente 33.000 bbl/d de producción.[330] La falta de éxito de la exploración en aguas profundas, con una serie de descubrimientos no comerciales, ha hecho que empresas importantes como Anadarko, African Petroleum, Exxon, Ophir, Lukoil y Oranto abandonen el país, pero es alentador ver las entradas recientes de Eni y BP / Kosmos y el regreso de Tullow.

- En Mauritania, el potencial terciario del país había quedado demostrado por el descubrimiento compartimentado de la edad del mioceno de Chinguetti, en el que la producción ha cesado. Kosmos ha tenido algunos grandes descubrimientos de gas, a pesar de su tesis de encontrar petróleo, consolidando la opinión del mercado de que Mauritania es más una zona de gas. Dada la cantidad de gas encontrada hasta ahora, es poco probable que se comercialice más gas, por lo que para recuperar el interés se debería encontrar petróleo.

- Marruecos fue visto como un área prometedora por parte de varias compañías e inversores, pero después de una serie de intentos (los más recientes de Eni / Chariot), con poco apoyo, los niveles de interés han caído y muchas compañías han abandonado. Marruecos todavía tiene uno de los mejores regímenes fiscales del mundo. El potencial de explotación del mercado doméstico de gas o de transportar fácilmente gas a Europa son los aspectos clave. Hay varias zonas potenciales, incluidas las zonas Cretácicas en alta mar, los carbonatos del Jurásico y las de los diapiros de sal del tipo Golfo de México.

- Nigeria es el mayor productor de petróleo de África. La incapacidad del gobierno nigeriano de aprobar una nueva ley de hidrocarburos y la incertidumbre regulatoria resultante continúa frenando la inversión en nuevos proyectos de desarrollo intensivos en capital y ha reducido el interés por la exploración en aguas profundas. Otros problemas son la interrupción de suministro en los oleoductos y el *bunkering*, los retrasos e ineficiencia de los operadores estatales, los retrasos en los pagos y el riesgo de los socios. Los esfuerzos de exploración *onshore* y *offshore* en Nigeria se han dirigido hacia el sistema petrolero terciario del Delta de Niger.

- Aunque los pozos secos desde hace unos años han deslustrado a Namibia desde el punto de vista de los inversores, fue interesante ver en su día a los escépticos sobre Namibia (falta de fuentes, reservas y depósitos comprobados; además de aquellos que pensaban que era una provincia de gas) interesados en explorar en el país. ExxonMobil anunció en abril de 2019 planes para aumentar su superficie de exploración allí. Namibia tiene un buen entorno operativo e infraestructura existente (puerto de aguas profundas / hub logístico) en Walvis Bay. También tiene un régimen regulatorio establecido y un entorno políticamente estable y, además, el marco legal de Namibia y el código de petróleo y gas, en general, se consideran atractivos para los inversores. Hasta la fecha solo se han perforado unos 15 pozos. Tiene un régimen fiscal atractivo.

> - Senegal es un caso de exploración positiva fuera de lo común en los últimos años, dados los descubrimientos de SNE y Tortue, que deberían estar entrar en producción a principios de 2020. Senegal se unió a la Extractive Industries Transparency Initiative (EITI) en 2013. El Código del Petróleo se reformó en 2016 para apoyar el desarrollo transparente de la industria del petróleo y el gas y el país publicó un nuevo código de petróleo en 2019. Es uno de los países de África occidental más política y económicamente estables, y ha tenido una democracia desde su independencia de Francia en 1960. El presidente Macky Sall, geólogo y geofísico, llegó al poder en 2012 y fue elegido para otro mandato de cinco años en 2019. Senegal tiene un régimen fiscal bastante atractivo basado en contratos de producción compartida.

Fiscalidad

La fiscalidad tiene un gran impacto en las cuentas de un proyecto. El tipo de contrato que las empresas optan es importante. Veamos los contratos de producción compartida, en comparación con los contratos de impuestos y rentas.

Contratos de producción compartida:

- Generalmente, son menos sensibles a los gastos de capital y los precios del petróleo que los contratos de impuestos y rentas.
- La fiscalidad en los EE. UU. puede ser atractiva, pero las rentas pueden ser altas.
- La fiscalidad variará según el país.
- Las condiciones acordadas son generalmente exigibles mediante arbitraje internacional; los contratos rara vez se rompen por los gobiernos anfitriones.

Para ver el impacto de la fiscalidad en los proyectos de aguas profundas en África, podemos usar los supuestos anteriores y solo variar los regímenes fiscales para ver cómo se comparan los países desde el punto de vista de la rentabilidad.

Por ejemplo, supongamos que una empresa está desarrollando un campo de 500 mboe (90 por ciento de petróleo) en África occidental a USD60 / bbl Brent, con un ajuste de USD10 / boe para gastos de inversión y USD10 / boe para gastos operativos. Hemos comparado este escenario con un proyecto similar de petróleo de esquisto bituminoso de EE. UU. en la prolífica Cuenca Pérmica. La Cuenca Pérmica es considerada como la primera fuente de beneficios *upstream* y *midstream* de EE. UU. (y de toda Norteamérica).

Aunque es del mismo tamaño, el pozo de la Cuenca del Pérmica probablemente tenga menos petróleo que el yacimiento africano, y asumimos un ajuste de USD7 / boe para gastos de capital y un ajuste de USD8 / boe para gastos operativos.

En principio y eliminando el factor riesgo, el valor presente neto por barril disponible de un pozo en aguas profundas de África Occidental es mejor que un proyecto de esquisto bituminoso de EE. UU.

Dicho de otra manera, si no hubiera diferencia en el riesgo, una empresa estaría más dispuesta a invertir en un proyecto de aguas profundas en África Occidental que en un proyecto de esquisto bituminoso de EE. UU.

El valor obtenido es mayor en África occidental porque en los EE. UU., la cantidad de crudo producido es menor (hay más gas y líquidos de gas natural asociados con el esquisto). El proyecto africano también obtiene un descuento mayor (basado en el suministro de petróleo crudo de esquisto bituminoso), a pesar de que suponemos que el gas tiene valor cero en África occidental a los efectos de esta comparación.

Los costes operativos son ligeramente más bajos en el Pérmico, al igual que los costes de desarrollo, aunque se requieren muchos más pozos. El flujo de caja total sin descuento es mucho más alto en África occidental, pero también más allá, por lo que cuanto mayor es la tasa de descuento, más punitiva es en aguas profundas. La parte que se lleva el gobierno es ligeramente menor para un proyecto promedio de África Occidental, ya que asumimos una regalía del 32.5 por ciento en el Pérmico. El precio de equilibrio del petróleo en la boca del pozo es similar para ambos, pero dado el descuento de USD8 / bbl que asumimos para el Pérmico, el equilibrio es más alto.

Ha habido muchos proyectos en aguas profundas que han tardado más de cinco años para pasar de la decisión final de inversión a la entrada en producción. Sin embargo, las empresas ahora están optando por diseños de yacimientos petrolíferos marinos más sencillos y económicos, que son más rápidos de implementar que las soluciones a medida, y más rentables. Las empresas también tienen la opción de dividir su inversión en fases, por lo que las fases posteriores pueden financiarse con el flujo de caja y eliminar el riesgo por las fases anteriores. Acortar el ciclo de desarrollo en un año reduce de media los precios de equilibrio un 10 por ciento.

Una de las ventajas más significativas que tiene un desarrollo de esquisto sobre un desarrollo de aguas profundas es que el ritmo de desarrollo puede modificarse para adaptarse al entorno de precios de los productos básicos. En teoría, las plataformas se pueden instalar y mover en cuestión de meses (sin embargo, esto puede plantear desafíos logísticos y de costes). Sin embargo, la capacidad de reducir los gastos de inversión para igualarlos al flujo de efectivo solo tiene cierto valor para las empresas que necesitan un retorno de las enormes cantidades que pagaron previamente por la superficie.

La calidad del recurso sigue siendo un factor esencial para determinar los costes. Los costes de desarrollo se han reducido a través de una combinación de menores costes de servicio, desarrollos más simples / por etapas y estandarización. Es improbable que los altos costes de operar *offshore* se reduzcan a corto plazo, pero ya hemos visto una reducción de los mismos en la operativa *onshore* en Estados Unidos.

A USD60 / bbl Brent, la realización del precio por boe de un proyecto *offshore* estándar de África Occidental es alrededor de un 30 por ciento más alto que el de un proyecto de petróleo de esquisto bituminoso de EE. UU. Históricamente, los crudos más pesados se negociaban con un amplio descuento, pero dado el aumento del suministro de petróleo ligero de los EE. UU. (WTI) y la disminución de los pesados (de fuentes como Venezuela y México), el crudo de los EE. UU. puede continuar cotizando con descuento. Los ingresos por boe son mucho más altos para un proyecto *offshore* promedio, incluso en comparación con los de esquisto bituminoso de EE. UU. con altas producciones de petróleo, como los de la Cuenca Pérmica y de la Formación Bakken.

Supongamos un precio Brent de USD60 /bbl con un diferencial Brent-WTI de USD5/bbl, un precio de Henry Hub (HH) de USD3 / por mil pies cúbicos (mcf) y el comercio de líquidos de gas natural al 35 por ciento del WTI (es decir, USD19 / bbl). Para una explotación de esquisto bituminoso que es aproximadamente 70 por ciento de petróleo negro, la realización por boe es de solo USD42 / boe.

Mientras tanto, una instalación en alta mar en África alcanzaría USD54 / boe si asumimos que era 90 por ciento de petróleo, y todo el gas producido se reinyectó o se produjo de forma gratuita. La fijación de precios del crudo depende de la calidad del crudo (por ejemplo, API / azufre), pero la ubicación también es importante, y en general, los crudos de África occidental de calidad similar se comercializan cerca del Brent o con una prima.

En los Estados Unidos, dada la sobreoferta relativa de WTI, este cotiza con un descuento respecto al Brent a pesar de ser de mayor calidad. Hay más diferenciales dentro de la misma cuenta, como es el coste de llevar el crudo al punto de entrega del WTI en Cushing. La mayoría de los pozos de esquisto bituminoso tienen una gran cantidad de líquidos y condensados de gas natural, cuyo precio es muy bajo en los EE. UU. (aproximadamente el 35 por ciento del WTI), ya que hay un exceso de oferta y, en muchos casos, el etano es "rechazado" y vendido en su lugar como gas natural. El precio del gas en los EE. UU. es también relativamente bajo (alrededor de USD3 / MMBtu) y es poco probable que suba mucho en el futuro dada la gran cantidad de gas asociado que se puede producir, casi independientemente del precio, y el incentivo económico para producir está en el petróleo.

En África occidental, la monetización del gas varía según el país, e incluso según las regiones dentro de un país. En la mayoría de los casos, el descubrimiento de gas se ve como un obstáculo en lugar de ser positivo. Las diversas opciones son generalmente quema, reinyección, producción en tierra, ya sea en una red de gas o en una instalación dedicada (planta de energía / instalación petroquímica), o en GNL flotante o en tierra.

Obtener financiación para proyectos *offshore* fuera de los EE. UU. es más difícil y más caro que para proyectos *onshore* en los EE. UU., dado el mayor nivel de riesgo percibido y la mayor liquidez en el mercado estadounidense. La fuente de fondos para muchas empresas provino del capital privado en los últimos años, que tiene una expectativa de altos rendimientos (alrededor del 20 por ciento), lo que encarece la financiación de los proyectos. Los precios más altos y sostenidos del petróleo deberían reducir el coste de financiación y abrir nuevamente el acceso a financiación.

En los últimos años, ha sido difícil para las empresas ejecutar subcontratas para los recursos descubiertos previos a la FID, y los acuerdos que se firmaron generalmente fueron a precios bajos y ciertamente con un descuento sobre un precio razonable. La liquidez de los activos es mucho menor fuera de los EE. UU.: un grupo más pequeño de compradores significa que las empresas que operan en África a menudo tienen que aceptar un valor inferior al justo. Si bien EE. UU. tiene una liquidez mucho más alta a la que recurrir para aumentar tanto la deuda como el capital, el mercado se ha mostrado reacio durante el último año a financiar a las compañías petroleras, por lo que ha habido muy pocos aumentos de capital u OPI para obligar a las empresas a vivir dentro de los flujos de caja.

Una mirada a los rendimientos

He descrito con franqueza los riesgos a los que se enfrentan las empresas estadounidenses, tanto en África como en los EE. UU.

Pero esos riesgos no niegan las oportunidades que África ofrece a las empresas estadounidenses para obtener importantes rendimientos de sus inversiones.

Los factores que ayudan a determinar un rendimiento pueden clasificarse en tres elementos básicos:

1. El coste de obtener un activo (derechos mineros de petróleo y gas, licencia del campo petrolífero, etc.)
2. El beneficio alcanzable por el petróleo y gas producido; y
3. El coste de producción.

Atendiendo a estos elementos, los activos africanos tienen una ventaja sobre los activos estadounidenses. Esto es porque generalmente es más barato obtener activos en África. Además, los ingresos que se pueden obtener de los activos, en muchos casos, son más altos, y el coste de producción (en costes e impuestos), en muchos casos, es más bajo.

Hay costes asociados con el acceso a un activo, que es un componente importante y a menudo subestimado. En los Estados Unidos, para poder obtener un activo o recurso, tendrá que pagar un precio de mercado alto, dada la gran cantidad de compradores interesados. En general, los recursos en África se pueden obtener por un precio inferior al de mercado, especialmente en la situación del mercado actual, y principalmente debido a la falta de compradores y a un mercado mucho menos competitivo que el de los Estados Unidos (aunque el riesgo, por supuesto, juega un papel).

La generación de ingresos de un activo está determinada de si este está compuesto principalmente por petróleo o gas. El petróleo es mucho más fácil de monetizar, dada la facilidad de transporte y la liquidez del mercado global. Los activos petroleros en África generalmente generarán un precio significativamente más alto que el petróleo equivalente en los EE. UU., ya que en los EE. UU. se están dando restricciones logísticas y hay un exceso de oferta de petróleo de esquisto bituminoso.

Por lo tanto, existe la posibilidad de obtener un precio entre un 10 y un 15 por ciento superior por el petróleo producido en África, lo que podría resultar en una gran diferencia en los beneficios de una empresa.

El gas es más difícil de monetizar y depende de la ubicación y el mercado. En África se pueden obtener mejores precios para el gas que en los EE. UU., donde, una vez más, el exceso de oferta reduce los precios (menos de USD3 / MMBtu). En África, podría remplazarse el diésel u otros combustibles empleados para la generación de energía por gas, que es más económico. Otra forma de hacerlo llegar al mercado es convertido en GNL.

El coste de producción implica el coste de poner el activo en marcha (gasto de inversión), el coste de operar el activo (conocido como costes operativos o costes de elevación) y los impuestos (regalías, impuestos, etc.). Los costes dependen en gran medida del tipo de activo y sus condiciones geológicas. Algunos de los pozos de petróleo *onshore* en Nigeria, por ejemplo, tienen un coste muy bajo por barril en relación con los EE. UU., debido a los menores costes asociados con la producción en tierra, la naturaleza prolífica de los pozos y un menor coste de transporte. Las tasas impositivas varían drásticamente en África e incluso varían dentro de un país. Hay varios países con condiciones fiscales muy favorables, que, como era de esperar, son los países con poca o ninguna producción de petróleo, como Sudáfrica y Marruecos.

Hace unos cinco años, si una empresa realizaba un descubrimiento, el mercado no solo le daba reconocimiento a la empresa por el descubrimiento, sino que también le daría crédito por el resto de exploraciones análogas a las que habría eliminado el riesgo (Tullow es un buen ejemplo de esto). Esto es perfectamente válido, y si la exploración vuelve a estar en boga, deberíamos volverlo a ver. Sin embargo, la razón por la que el mercado dejó de atribuir valor futuro fue que las compañías de exploración y producción prometieron una serie de descubrimientos posteriores ("parecidos al Jubileo") que nunca se materializaron (por ejemplo, la llamada "cadena de perlas" de próximos descubrimiento de Anadarko en la costa del golfo de Guinea). Para beneficiarse plenamente de esto, las empresas deberían haberse hecho con una gran cantidad de superficie contigua, donde es mucho más sencillo realizar descubrimientos que en regiones inexploradas.

Lo que podemos hacer

Por supuesto, debemos reconocer honestamente nuestros riesgos. También es de vital importancia minimizarlos tanto como sea posible. Andrew Skipper, director para África de Hogan Lovells, lo resumió muy bien en un artículo de 2018 en African Law & Business.

"Somos consciente de la necesidad de que el gobierno trabaje con el sector privado en África para atraer más inversión extranjera directa (IED). Sabemos que para conseguirlo, necesitamos crear políticas y regular de manera consistente y moderna (por ejemplo, para lidiar con el creciente número de empresas de fintech y *start-ups*). También debemos centrarnos en la construcción y el fortalecimiento de las instituciones, eliminar la corrupción y convertirnos en una nación más transparente y educada."[331]

Estos factores (transparencia, estabilidad y buena gobernanza, en particular) son de gran importancia para las empresas estadounidenses. Un amigo estadounidense y ejecutivo de la industria desde hace mucho tiempo y con una vasta experiencia en África me dijo una vez que pasaría felizmente de un campo petrolero de un millón de dólares si sentía que el gobierno local era inestable o poco fiable. Él era consciente de que la estabilidad del gobierno desempeña un papel importante a la hora de que se cumpla con los contratos firmados en caso de que el poder cambie de manos.

Básicamente, los gobiernos africanos que deseen fomentar la actividad estadounidense de petróleo y gas deben analizar a su país desde la perspectiva de los inversores estadounidenses. Cuando las empresas hagan su *due diligence*, ¿qué van a encontrar? ¿Tiene el gobierno un buen historial de estabilidad? ¿Y de cumplir con contratos extranjeros? Las empresas estadounidenses tienen muchos otros destinos de inversión en todo el mundo y en su propio patio trasero. Para competir por esas inversiones, los gobiernos deben asegurarse de que sus condiciones fiscales sean atractivas y de que se cumplan los contratos.

Algunos puntos adicionales:

- Compartir el riesgo es otra forma de incentivar la inversión. Mire el ejemplo noruego de pagar casi el 80 por ciento de los costes de exploración.
- También es importante, y a menudo se pasa por alto, la facilidad de operar e invertir en países africanos. Incluso si el régimen fiscal es bueno, luchar contra la burocracia excesiva y los procesos de aprobación interminables acaba por desanimar a las empresas.
- La capacidad de transferir activos también es importante. Las empresas quieren saber que en el futuro podrán vender sus activos sin impuestos a las ganancias de capital.

Los países que han establecido el marco adecuado deben promocionar activamente su país como destino de inversión y especificar por qué su sector de petróleo y gas es atractivo para invertir. Países como Guinea Ecuatorial han hecho un buen trabajo a la hora de difundir los atractivos que ofrecen.

Por supuesto, algunos factores están fuera del control de los gobiernos. Necesitan catalizadores para ser positivos. Los catalizadores incluyen precios más altos del petróleo (que ya se han materializado mientras escribo este libro), algunos éxitos de exploración importantes y actividad de fusiones y adquisiciones. Por ejemplo, el gran éxito de exploración en Guyana ha llevado a una mayor inversión en el país y la superficie circundante. ExxonMobil y Hess han realizado descubrimientos, y ahora otras compañías norteamericanas, incluidas Kosmos, Apache, Eco Atlantic Oil & Gas, JHI Associates y CGX Energy, están valorando invertir allí.

Una relación a largo plazo

Durante el Foro Empresarial Estados Unidos-África en 2014, el presidente Barack Obama hizo un llamamiento para que Estados Unidos desarrolle fuertes lazos económicos con África. Fomentar esas conexiones, sostuvo, sería bueno para todos los involucrados.

"No miramos a África simplemente por sus recursos naturales; la reconocemos por su mayor recurso, que es su gente, su talento y su potencial", dijo Obama a los líderes africanos reunidos. "No queremos simplemente extraer minerales del suelo para nuestro crecimiento; queremos construir asociaciones genuinas que creen empleo y oportunidades para todos nuestros pueblos y que impulsen la próxima era del crecimiento africano."[332]

Entre las iniciativas descritas por Obama durante el foro con sede en Washington, DC, se encontraba su campaña "Doing Business in Africa" para promover las exportaciones estadounidenses en África, y la iniciativa Power Africa para ayudar a llevar electricidad a más africanos.

Bajo la presidencia de Trump, hay entusiasmo en África con su subsecretario de Estado para Asuntos Africanos, Tibor Nagy, quien ha trabajado en Etiopía, Guinea, Nigeria, Camerún, Togo, Zambia y las Seychelles durante sus 32 años como diplomático. Nagy es conocido por ser un defensor de los valores estadounidenses y ha impulsado la creación de asociaciones que promuevan una mejor salud, empleo, capacidades, educación, oportunidades y seguridad en África.

Durante un discurso en la Universidad de Witwatersrand en Johannesburgo en junio de 2019, Nagy anunció la recientemente aprobada Ley BUILD, que duplica el capital de inversión del gobierno de EE. UU. de USD29 mil a USD60 mil millones y permitirá a Washington realizar inversiones en empresas africanas.

Washington también ha presentado la iniciativa "Prosper Africa" para aumentar el comercio y la inversión bidireccionales entre Estados Unidos y África, dijo Nagy. "Prosper África nos ayudará a expandir el número de acuerdos comerciales entre contrapartes estadounidenses y africanas y promover mejores climas de negocio y mercados financieros en el continente."[333]

Al escribir estas líneas, Washington continúa apoyando las iniciativas relacionadas con África establecidas por las administraciones de George W. Bush y Obama. Eso incluye Power Africa, Feed the Future y PEPFAR, la exitosa iniciativa de los Estados Unidos para combatir el VIH / SIDA.

Sería justo decir que Washington hoy está más centrado que nunca en las políticas que "ponen a Estados Unidos en primer lugar". Pero estamos viendo señales de que los líderes estadounidenses, políticos y militares, todavía entienden que fomentar las buenas relaciones con África es muy interesante para Estados Unidos. Tener buenas relaciones con los países africanos promueve la seguridad estadounidense. Los lazos económicos con los países africanos contribuyen al crecimiento económico en los EE. UU.

Creo que el esfuerzo por fortalecer y aprovechar al máximo los recursos petroleros de África abarcará muchos años, y veremos a muchos líderes y posturas políticas guiar las acciones de Estados Unidos. Como africanos, sería prudente alentar y dar la bienvenida a los compromisos positivos tanto como sea posible mientras que, tal y como lo hace Washington, tengamos presentes las necesidades y cuáles son las mejores decisiones para nuestros países.

Juntos más poderosos: energía africana e ingenio estadounidense

África es una potencia energética emergente, sin duda, pero muchas partes del continente carecen de la infraestructura y los recursos necesarios para capitalizar ese potencial. A través de asociaciones con compañías estadounidenses capaces de revertir la situación, podríamos abordar los problemas energéticos de África y conseguir cosas realmente increíbles.

Estos son solo algunos ejemplos de lo que puede suceder cuando la energía africana y el ingenio estadounidense unen sus fuerzas:

- Pioneer Energy, con sede en Denver, está trabajando en soluciones para ayudar a frenar la quema de gas en Nigeria y Guinea Ecuatorial. Estos esfuerzos han sido encabezados en gran medida por Ann Norman, Gerente General de Pioneer para África subsahariana. Norman ha sido una defensora del sector energético de África, y se mudó a Nigeria para desempeñar un papel más activo en la industria energética del país.[334]
- En junio de 2019, dos empresas con sede en EE. UU., Symbion Power de Nueva York y Natel Energy de California, anunciaron una colaboración que brindaría energía hidroeléctrica a comunidades africanas desatendidas. Symbion Power también está invirtiendo en una planta geotérmica de Kenia.[335]

Además, programas como la iniciativa "Power Africa" patrocinada por el gobierno de EE. UU. alientan a las empresas del sector privado a ayudar a desarrollar la energía africana, construir la red eléctrica de África y mejorar la infraestructura en las comunidades rurales africanas. Estos son solo algunos de los muchos participantes:

- Citi, una institución financiera global con sede en EE. UU., se ha comprometido a proporcionar capital, experiencia en la industria y asesoramiento, e incluso sistemas de pago para que sea más fácil hacer negocios en África.
- General Electric "tiene la intención de proporcionar tecnología basada en una variedad de fuentes de combustible según sea apropiada para cada proyecto, incluyendo energía solar, eólica y gas natural, para ofrecer energía y apoyar a los socios en la búsqueda de financiación para estos proyectos."
- La Asociación de Energía de los Estados Unidos está promoviendo el crecimiento de la industria energética africana mediante el patrocinio de eventos y la promoción de oportunidades de comercio e inversión para Empresas estadounidenses interesadas en la energía africana.
- Las compañías de energía alternativa con sede en los EE. UU. como NextGen Solar, dVentus Technologies y NOVI Energy están trabajando para desarrollar energía sostenible en África.[336]

18

Luces apagadas: reformar los monopolios africanos de generación de energía y comenzar la transición hacia el futuro

Es casi imposible estimar el impacto de la fiabilidad de la red eléctrica en el desarrollo económico, industrial, social o incluso cultural en la vida moderna. La electricidad lo sustenta todo: ilumina nuestras noches; alimenta toda la actividad económica; nos conecta con el mundo. Es muy posible que esté leyendo la versión electrónica de este libro en un dispositivo que funcione con electricidad.

Desafortunadamente, para muchos africanos, la electricidad no es algo en lo que uno pueda confiar. Cientos de millones de personas en África, particularmente aquellas que viven en lugares remotos en todo el continente, están desconectadas de la red nacional. Pero el problema de la fiabilidad de la energía no es únicamente de naturaleza geográfica. Incluso para los africanos conectados a redes eléctricas nacionales, vivir sin electricidad es una constante. Muchas de las redes de África son antiguas, deterioradas y mal mantenidas.

Las averías son comunes. La confianza en los proveedores de electricidad es baja: en algunos lugares, las personas simplemente no se suscriben al servicio eléctrico o se niegan a pagar. Muchos optan por hacer conexiones ilegales a la red, presionando aún más la red y reduciendo los ingresos del proveedor, lo que a su vez hace que sea aún más difícil financiar mejoras en la red.

La situación definitivamente no es ideal. El resultado de esta situación se ve claramente, por ejemplo, en Sudáfrica, incluso si es la economía más grande y cuenta con una de las tasas más altas de acceso a la electricidad en África.

En marzo de 2019, la empresa pública de electricidad de Sudáfrica, Eskom, se vio obligada a realizar varias veces un deslastre de carga en su red, dejando al país en la oscuridad. Varios factores fueron los responsables de esta situación, incluyendo averías en las plantas, falta de reservas de diésel e incluso daños relacionados con el clima en la conexión de energía del país a Mozambique, lo que podría haber ayudado con el suministro de energía. Fue una concatenación de eventos que el presidente de Sudáfrica, Cyril Ramaphosa, describió como una "tormenta perfecta", contra la cual había poco que hacer.[337]

Si bien todos podemos estar de acuerdo en que fue un cúmulo de despropósitos, la verdad es que los apagones son comunes en Sudáfrica. Infraestructura eléctrica en estado deplorable, falta de inversión en mantenimiento, mala gestión, corrupción, exceso de personal: la lista de razones continúa, y las consecuencias son muy reales.

La situación en el extremo sur del continente es particularmente grave, ya que Eskom, responsable del 95 por ciento de la producción de energía del país, está al borde de la quiebra por la enorme cantidad de deuda que ha acumulado, pero abordaré esto a continuación.

Los cortes eléctricos y averías no son solo inconvenientes. De hecho, impiden que un país produzca y ponen en peligro una enorme cantidad de riqueza. Hospitales sin electricidad ponen riesgo vidas y las industrias y los servicios se paralizan. El Banco Africano de Desarrollo estima que el suministro inadecuado de electricidad cuesta a África subsahariana aproximadamente dos puntos porcentuales de crecimiento del PIB cada año.[338] Esta podría ser una cifra de uso frecuente, pero que vale la pena repetir. En un continente que necesita tanto el desarrollo económico para mejorar la calidad de vida de sus habitantes, esta es una realidad urgente.

Un informe de 2019 del Banco Mundial establece la accesibilidad media a la electricidad en todo el continente africano en un 43 por ciento, menos de la mitad de la media mundial del 88 por ciento. Esto equivale a alrededor de 600 millones de personas sin acceso a electricidad. Decir que hay margen de mejora es un eufemismo.[339]

Pero, ¿por qué las redes de energía en África parecen tan poco fiables y de alcance tan limitado? Sugiero que no se trata simplemente de cuántos recursos se asignan al desarrollo de infraestructura, sino que tiene algo que ver con la naturaleza misma de las empresas públicas de energía en África.

Tradicionalmente, la generación de energía, la transmisión y la infraestructura de distribución han sido de propiedad estatal. Este fue el caso en Europa, América del Norte y prácticamente en cualquier otro lugar del mundo, ya que el gran tamaño y el coste de establecer una red hicieron del presupuesto nacional el único presupuesto que podía permitirse construir centrales eléctricas, cientos de subestaciones, kilómetros de líneas eléctricas y conectar todo esto a los hogares de los ciudadanos. Las compañías monolíticas integradas verticalmente fueron responsables de todos los aspectos de la red, incluidos los precios.

Sin embargo, este ya no es el caso. Paso a paso, las empresas de servicios públicos de todo el mundo se han disociado en empresas más pequeñas y especializadas que son más fáciles de monitorear, administrar y mantener. En la mayoría de los lugares, la red ha sido privatizada, fomentando la optimización de servicios y reduciendo costes. En la mayoría de los lugares, pero no en África subsahariana. Esto tiene que cambiar.

Reformar la empresa pública de electricidad de Sudáfrica

En 38 de los 48 países subsaharianos, el sector eléctrico está completamente bajo control estatal. En la mayoría de los otros 10, los estados han permitido cierto margen para la participación del sector privado, pero este sigue siendo en su mayoría limitado. La mayoría de los países sufren los mismos problemas de ineficiencia y envejecimiento de la infraestructura. El problema es que la mayoría, si no todos, los estados que controlan estas compañías carecen del capital para invertir en mejorar y expandir sus redes eléctricas.

Esto acarrea un gran coste para la economía del país y sus ciudadanos. Se trata de inversiones intensivas en capital a largo plazo que tienden a chocar con las prioridades a corto plazo de los líderes políticos. Además, a pesar de su naturaleza monopólica, estas compañías constantemente pierden dinero. Según un estudio del Banco Mundial sobre 39 empresas eléctricas en África, solo las de Uganda y Seychelles logran recuperar sus costes operativos y de capital, y solo 19 recuperan solo sus costes operativos. Bajo esta configuración, estas compañías están obligadas a acumular deudas y nunca consiguen proporcionar servicios fiables a la población, lo que sigue siendo una carga para el estado.

Gran parte del problema surge del hecho de que estas empresas son demasiado grandes, demasiado opacas e inamovibles para poder corregir las ineficiencias.

Además, los Estados se vuelven tan dependientes de estas instituciones monolíticas que se consideran "demasiado grandes para caer", como describió el presidente Ramaphosa a Eskom. En febrero de 2019, el gobierno sudafricano anunció un apoyo presupuestario de USD1.55 mil millones para Eskom. Los problemas en los que se ha encontrado la compañía desde entonces aseguran que serán necesarias más inyecciones de capital para salvar a la compañía. Actualmente, Eskom tiene una deuda de casi USD30 mil millones, que es aproximadamente el 10 por ciento del PIB de Sudáfrica.[340]

La economía sudafricana se contrajo un 3,2 por ciento en el primer trimestre de 2019. Esto se debió en parte a la reducción de la actividad económica causada por el descenso de carga que Eskom tuvo que realizar mientras trataba por proteger la red eléctrica nacional del colapso. Menos valor creado significa menos ingresos fiscales para el Estado, lo que hará que la carga de rescatar a Eskom sea aún mayor, pero no tan alta como el colapso de la red nacional. El déficit del presupuesto nacional casi seguro superará en gran medida las estimaciones iniciales, a riesgo de que se rebaje el *rating* crediticio de Sudáfrica. La bajada del mismo podría dar lugar a una salida rápida de la inversión.

Básicamente, el gobierno sudafricano es un rehén de su compañía eléctrica nacional. Se puede decir que como mínimo, la situación es insostenible. La solución está en la separación: separar la generación de energía de la transmisión y distribución facilita de inmediato la administración y facilita la identificación de los problemas dentro de la red. También significa que si una empresa está al borde del colapso, sería una empresa más pequeña y sería mucho más fácil para el Estado ayudarle a recuperarse. Esto es exactamente lo que el presidente Ramaphosa prometió hacer en febrero. Sin embargo, considerando la fuerte oposición de los poderosos sindicatos sudafricanos, que temen despidos, no está claro si conseguirá seguir adelante con el proceso.

Desafortunadamente, Eskom es solo una de las innumerables empresas eléctricas públicas en todo el continente que tiene que hacer frente a importantes desafíos. SEGESA en Guinea Ecuatorial, NEPA en Nigeria y muchos otros no brindan servicios adecuados a sus clientes. Eneo, en Camerún, acaba de anunciar en junio una serie de cortes de energía y reducciones en el suministro de energía debido al aumento de la deuda. En Ghana, la creciente deuda del sector energético que alcanza los USD2,2 mil millones ha frenado la expansión de la red durante años.[341] Incluso mientras escribo este libro, Santo Tomé y Príncipe acaba de sufrir un apagón de cinco días ya que el país carecía de las reservas de combustible suficiente para alimentar sus minúsculas instalaciones de generación de energía. Afortunadamente, también hay ejemplos en el continente que ofrecen lecciones positivas.

La lección de Uganda y Kenia

Algunos países subsaharianos ya han dado pasos para disociar sus empresas públicas de energía. Uganda representa un ejemplo particularmente esclarecedor de lo que la privatización progresiva y desagregada del sector de generación de electricidad puede hacer para la accesibilidad y fiabilidad de la energía. En 1999, la red eléctrica de Uganda estaba al borde del colapso, con una infraestructura anticuada y mal mantenida que tenía dificultades para abastecer incluso a la pequeña cantidad de personas que podía conectarse a la red. El gobierno decidió abordar la situación poniendo en marcha uno de los esfuerzos de liberalización más completos y complejos que se hayan visto en cualquier sector de la electricidad africana.

Como algunos países han elegido hacer antes y después, Uganda disoció su empresa nacional en generación, transmisión y distribución, eligiendo retener el control estatal sobre la red de transmisión, un sector donde el interés público supera la viabilidad comercial. El proceso fue complejo y no estuvo exento de dificultades, pero los actores del sector privado comenzaron a surgir rápidamente en forma de productores de energía independientes (IPP en sus siglas en inglés), contribuyendo activamente a una red nacional hidroeléctrica que en ese momento sufría a causa de la sequía.

Se estableció un marco regulador integral para gestionar la transición en el sector, con una autoridad independiente encargada de supervisar las licencias y los precios, mientras que se creó una entidad específica para hacer frente a la electrificación rural. El resultado de esta transformación fue un aumento considerable en la capacidad de generación del país, mejoras en la eficiencia, reducción de pérdidas y mayor acceso a la red.

Esto es particularmente evidente en Umeme, la red de distribución de energía totalmente privatizada de Uganda. Después de ser tomada por Actis, un socio de capital privado, en 2009, y siguiendo una estrategia de reestructuración y expansión basada en el fortalecimiento de la gobernanza, las mejoras operativas, el alcance comunitario y la facilitación de fondos, la red en ruinas

271

de Umeme experimentó un cambio extraordinario. Su base de clientes se expandió de 292.000 en 2005 a más de 1 millón en 2017. La compañía expandió la mayor parte de su base de clientes con la opción prepago, lo que ayudó a aumentar la recaudación de ingresos del 80 al 99 por ciento en el mismo período. Las pérdidas de energía, a través de mejoras en la red, se redujeron del 38 al 17.5 por ciento, y al asegurar ingresos constantes y la confianza de los inversores, la compañía pudo invertir 500 millones de dólares en la mejora y expansión de la red.[342] Estos resultados espectaculares en el lapso de una década son raros en todo el continente africano, pero son representativos de lo que se puede lograr a través de una regulación estricta en conjunto con la liberalización del mercado y el fomento de la competencia y la eficiencia.

Esto de ninguna manera implica que no haya habido problemas de generación de energía en Uganda, que sigue teniendo una de las tasas de penetración de electricidad más bajas del mundo. Además, los procesos de privatización como el que se está llevando a cabo en Nigeria, donde el gobierno también ha optado por mantener el control sobre el sector de la transmisión, representan historias de advertencia sobre la necesidad de experiencia y marcos regulatorios y de implementación sólidos para cumplir los planes de reforma.

A pesar de los esfuerzos para reformar y liberalizar su red eléctrica, los problemas de Nigeria con la evaluación del desempeño, los cambios en el poder político y la falta de preparación general para la transición están socavando la capacidad de la privatización para mejorar el sector eléctrico. Como resultado, el país sigue siendo desatendido por su red eléctrica, utilizando menos de la mitad de su capacidad instalada ya insuficiente y sufriendo considerables pérdidas de red. Las empresas, y las personas que tienen los recursos para ello, se han acostumbrado a tener que emplear una parte considerable de sus presupuestos en alimentar sus costosos generadores diésel, solo para que puedan seguir en el negocio. Los procesos de privatización en Uganda y Nigeria se han quedado cortos, pero su potencial para lograr cambios significativos y positivos se mantiene.

Otro ejemplo importante se puede ver en Kenia. En la década de 1990, la red eléctrica de Kenia pasó por un extenso proceso de desagregación y liberalización. Dominada por la generación de energía hidroeléctrica, los años de sequía mostraron las limitaciones de la envejecida red eléctrica del país y obligaron al gobierno a invertir en la costosa generación térmica de emergencia para compensar la pérdida de producción. Con el fin de minimizar la inversión pública y con un marco legal reformado, los productores de energía independientes accedieron al mercado keniano a principios de la década de 2000, mientras que el gobierno continuó invirtiendo en su propia infraestructura de nueva generación. El gobierno también segregó la generación, que es responsabilidad de la Compañía de Generación de Electricidad de Kenia y de un número creciente de IPPS, y creó la Compañía de Transmisión de Electricidad de Kenia (Ketraco), que se encarga de la transmisión y el desarrollo de la infraestructura.

Si bien la semi-privatización del sector de la generación trajo un gran alivio a la red, la más ágil y más centrada en el proyecto de Ketraco logró construir 1.000 kilómetros de redes de transmisión en sus primeros seis años de existencia, una mejora considerable en comparación con los 3.200 kilómetros construidos en Kenia entre 1956 y 2008. La extensión de la red permitió que varios proyectos de nueva generación se conectaran a una red en constante expansión. Un marco favorable para la atracción de inversiones, junto con un sistema de *feed –in-tariff* (FiT) que les dio a los productores contratos de compra a largo plazo a precios fijos, y le dio al sector privado la confianza que necesitaba para continuar invirtiendo en la red. Como resultado, el acceso a la electricidad en Kenia experimentó un rápido aumento del 32.1 por ciento en 2008 al 63.8 por ciento en 2017. Hoy, está cerca del acceso universal a la electricidad al hacer uso de inversiones privadas y programas de ayuda internacional.[343]

Al presentar estos ejemplos, no estoy picoteando. No es ningún secreto que Sudáfrica también ha abierto su mercado a los IPP, pero hoy representan menos del 5 por ciento de la producción del país, y el control general del mercado de Eskom ha desincentivado en gran medida la inversión. En todo el continente, tenemos ejemplos de esfuerzos de desagregación y privatización que siguen siendo principalmente infructuosos. Sin embargo, eso tiene que ver principalmente con la falta de un entorno propicio para la inversión y la transparencia, lo que ha mantenido a raya a los inversores.

Seamos honestos, África nunca alcanzará todo su potencial si no puede impulsar sus industrias, servicios o incluso sus hogares. Este extracto del informe "Power People Planet" de 2015 del Panel de Progreso de África presenta una imagen clara de este mismo problema dentro del sector energético:

"Se desperdicia demasiada financiación pública en subsidios energéticos ineficientes y no equitativos. Los gobiernos gastan USD21 mil millones al año para cubrir pérdidas de sus empresas públicas de electricidad y subsidiar productos derivados del petróleo, desviando recursos de inversiones en energías más productivas. Los hogares más pobres de África son víctimas involuntarias de una de las deficiencias de mercado más graves del mundo. Estimamos que los 138 millones de hogares que tienen personas que viven con menos de USD2.50 por día gastan USD10 mil millones anuales en productos relacionados con la energía, como carbón, velas, queroseno y leña. Traducido a términos de coste equivalente, estos hogares gastan alrededor de USD10/kWh en luz, que es aproximadamente 20 veces la cantidad que gastan los hogares de altos ingresos con una conexión a la red para su iluminación"

El informe afirma además que "los niveles actuales de inversión en el sector energético son de solo USD8 mil millones al año, o el 0,49 por ciento del producto interior bruto (PIB) (de África)". Esto es inadecuado. Estimamos que la brecha en la financiación de la inversión para satisfacer la demanda y lograr el acceso universal a la electricidad es de alrededor de USD55 mil millones, o 3.4 por ciento del PIB de África en 2013."[344]

Las estimaciones sobre cuánto capital es necesario para lograr el acceso universal para 2030 varían entre USD50 y USD90 mil millones al año. Por cada año que no cumpla con el objetivo anual, la media para la fecha límite de cierre aumenta. Lo que parece bastante seguro es que los gobiernos africanos no poseen el capital para hacer estas inversiones por su cuenta, ni tampoco los servicios públicos integrados verticalmente están preparados para maximizar los beneficios de esas inversiones. El sector privado y la cooperación internacional tendrán un papel fundamental en la consecución de este potencial, mientras que los gobiernos no solo promoverán y facilitarán la inversión en el sector eléctrico, sino que también supervisarán, regularán y aplicarán leyes sobre funcionamiento, inversión y fijación de precios que sean justas y sostenibles.

La transición hacia el futuro

África es un continente rico en energía en todos los sentidos imaginables, pero principalmente, nuestro enfoque energético ha estado en las explotaciones de petróleo y gas. La inversión extranjera en el sector energético del continente está abrumadoramente dominada por grandes inversiones de capital en la exploración y producción de hidrocarburos. La dependencia de este tipo de energía ha dado como resultado una riqueza considerable para los países ricos en petróleo, pero costes considerables para aquellos sin reservas de petróleo, gas o carbón. También ha moldeado, en mayor medida, la historia de África en los últimos 100 años.

Si bien personalmente creo que la industria del petróleo y el gas tiene un tremendo potencial para impulsar el desarrollo económico y sacar a cientos de millones de personas de la pobreza, no debemos ignorar el cambio de los tiempos y lo que eso significa para la industria energética en todo el mundo.

Se está produciendo una transición energética en todo el mundo y también en el continente africano. Las preocupaciones con respecto al uso de hidrocarburos, las emisiones de dióxido de carbono (CO_2) y la creciente evidencia del cambio climático dominan en la actualidad los debates sobre la energía y se reflejan en las crecientes inversiones realizadas en energía renovable en todo el mundo. No pretendo abrir un debate sobre por qué África debería preocuparse por las emisiones de CO_2 cuando somos responsables de tan pocas, en comparación con otras regiones del mundo. Mi preocupación es la vida de las personas en el continente y las economías en las que viven. Dentro de ese contexto, hay una serie de argumentos para apoyar una transición progresiva, consistente y fuerte hacia un mix energético más verde.

Después de todo, Nigeria, el mayor productor de petróleo del continente, es un importador neto de productos petrolíferos y todavía no es capaz de proporcionar una red eléctrica fiable a sus ciudadanos, una situación paradójica que se puede ver en la mayoría de los países productores de petróleo en todo el continente. Para aquellos que no poseen estos recursos, la importación de petróleo y gas para impulsar su economía conlleva enormes costes para el contribuyente y el crecimiento económico.

Por lo tanto, creo que vale la pena explorar otras opciones.

En los últimos años, el descenso de los precios de la energía solar y eólica, junto con las mejoras en las capacidades de almacenamiento y el cambio en el comportamiento del consumidor, han favorecido un cambio de paradigma en el sector energético mundial, que progresivamente está pasando de la energía basada en el carbono a formas más limpias de energía. En ese sentido, nuevamente, Kenia ofrece un ejemplo perfecto del potencial de estas tecnologías para proporcionar energía a los africanos en todas partes. Enfrentándose a su dependencia de la energía hidroeléctrica, y obligados a recurrir a la generación de emergencia basada en energía térmica utilizando petróleo pesado, los líderes de Kenia han tomado medidas sin parangón. Kenia cuenta con amplios recursos geotérmicos en la región de los Grandes Lagos, y ha invertido en una extensa generación de energía geotérmica durante la última década, que hoy la ubica en el top 10 de productores de energía geotérmica en todo el mundo. Actualmente la generación de energía geotérmica representa casi el 50 por ciento de la capacidad de la red del país, y la energía hidroeléctrica sigue siendo la segunda mayor fuente de energía con un 30 por ciento.

El parque eólico del lago Turkana, la instalación más grande de este tipo en África, entró en funcionamiento en octubre de 2018. Ahora representa el 11 por ciento del mix energético del país por sí solo. La producción de energía térmica ahora es del 13 por ciento, mientras que el gobierno está eliminando progresivamente los acuerdos de compra de energía a largo plazo realizados durante los períodos de emergencia. Varios proyectos de energía solar deberían entrar en funcionamiento en los próximos años, lo que aumentará considerablemente las fuentes verdes de esta red. Además, Kenia tiene uno de los mayores sistemas de micro redes en el continente, una solución rentable que utiliza energía renovable en ubicaciones remotas para alimentar a las comunidades sin la necesidad de costosas conexiones a la red nacional. A medida que la red se expande, se espera que Kenia alcance el 80 por ciento de acceso a la electricidad para 2022 y una asombrosa suficiencia de energía del 100 por ciento renovable para 2020.[345]

¿Cómo se convirtió Kenia en un líder mundial en energías renovables? El país se encontró la necesidad de mejorar la seguridad energética después de durísimas sequías que obstaculizaron el crecimiento económico. El plan integral del gobierno para abordar este problema se centró en los recursos disponibles localmente (energía geotérmica) y la viabilidad comercial, al tiempo que promovió la participación del sector privado a través de iniciativas políticas. El sistema FiT que mencioné anteriormente proporcionó seguridad de precios, mientras que la Compañía de Desarrollo Geotérmico creada específicamente, fue responsable de la exploración y perforación de energía geotérmica, lo que redujo drásticamente el riesgo operativo y facilitó la participación del sector privado en la producción y generación. Se establecieron políticas discriminatorias, incluidas exenciones fiscales, para beneficiar las inversiones en energías renovables. Además, se pusieron en marcha extensos programas de capacitación que han dado lugar a una fuerza laboral altamente calificada en el sector de las energías renovables, se crearon entidades independientes fuertes para monitorear el sector e implementar la regulación y se hizo un amplio uso de los programas de financiación internacional.

En resumen, ninguna de estas oportunidades es exclusiva de Kenia. Es cierto que los recursos geotérmicos no están disponibles en todas partes, pero la mayor parte de África tiene exposición solar adecuada para la generación de energía, sin mencionar la generación de energía limpia, eólica, hidráulica y otras.

Tenga en cuenta que Kenia es un país a punto de convertirse en un exportador de petróleo y gas, con amplias reservas de petróleo y gas descubiertas en su territorio en los últimos años. No estoy diciendo que el petróleo y el gas sean ignorados, sino que dentro del proceso de transición energética por el que atraviesa el mundo, los países africanos deberían ser prudentes para diversificar sus fuentes de energía y aprovechar las fuentes disponibles más sostenibles económica y ambientalmente.

Hoy, Kenia se está acercando a la independencia energética, con un mix energético diversificado que reduce el riesgo y mantiene los precios relativamente bajos. Y aunque el ejemplo de Kenia es extremo, la mayoría de los países africanos tienen los recursos para al menos, en parte, seguir su ejemplo. Muchos ya han comenzado a realizar esfuerzos en esta dirección y en este sector, desde la planta solar Senergy en Senegal hasta la planta de energía solar Mocuba en Mozambique y la planta solar Lusaka en Zambia.

Para aquellos países donde los recursos de energía renovable no son tan abundantes o económicos, también se puede desarrollar una economía baja en carbono en torno a recursos menos contaminantes y abundantes, a saber, el gas natural, que ofrece excelentes oportunidades económicas en todo el continente que ya he cubierto ampliamente en este libro.

Sin embargo, una cosa es cierta: África nunca alcanzará su verdadero potencial hasta que se generalice el acceso a energía fiable, y eso solo se puede lograr una vez que tengamos empresas eléctricas funcionales, bien financiadas y transparentes que utilicen nuevas tecnologías y soluciones y que se asocien con el sector privado para fomentar la capacidad del continente de abastecerse de electricidad de manera sostenible. Y el momento para eso es ahora.

La innovación es la clave

El "salto tecnológico" no es un concepto nuevo, pero es muy relevante para el estado actual del sector energético africano. La idea de que podemos beneficiarnos de tecnologías más eficientes desarrolladas en otras partes del mundo para saltar sobre ciertas etapas internas de progreso hacia un futuro más eficiente es más que atractiva.

Fuimos testigos de tales avances con el proceso de industrialización de China: a pesar de comenzar mucho más tarde que Europa o Estados Unidos, la industria china se desarrolló en un espacio de tiempo record ya que se benefició de tecnologías avanzadas y eficientes. Las soluciones impulsadas por la necesidad, como la industria del etanol en Brasil, desarrollada después de la crisis del suministro de petróleo de principios de la década de 1970, son excelentes ejemplos de cómo la innovación hacia soluciones más eficientes y limpias puede contribuir a dar saltos cualitativos en ciertos sectores industriales.

En este sentido, África está en una posición privilegiada para aprovechar las tecnologías emergentes y probadas en el sector de la generación de energía. Hemos sido testigos de este fenómeno en otras industrias, como las telecomunicaciones, donde la mayoría de las naciones africanas evitaron grandes inversiones en un sistema telefónico nacional, pasando directamente a los teléfonos móviles. Más allá de simplemente replicar las tecnologías existentes, en el futuro, algunos países africanos podrán aprovechar su geografía y condiciones climatológicas para avanzar aún más que el resto del mundo.

Una de las aplicaciones potenciales más interesantes de las nuevas tecnologías dentro del sector energético podría ser la combinación de paneles fotovoltaicos independientes conectados en una red y administrados a través de un sistema *blockchain*. En pocas palabras, las personas que no están conectadas a la red eléctrica nacional podrían, por ejemplo, colocar un panel fotovoltaico en su techo y producir su propia energía. Para evitar la necesidad de costosas baterías de almacenamiento, estos individuos podrían conectarse a una red local con otros productores individuales de energía y comerciar energía, comprando y vendiendo en la red cuando fuese necesario. Los intercambios utilizarían un sistema de contabilidad descentralizado, que registraría los saldos de cada productor de energía individual y los traduciría en forma de una criptomoneda que luego podría intercambiarse por servicios gubernamentales u otro tipo de bienes. Este tipo de solución podría tener un impacto increíblemente grande en el esfuerzo de llevar energía a áreas remotas, evitando la necesidad de invertir en conexiones de transmisión importantes e instalaciones de generación de energía centralizadas.

El hecho es que las naciones africanas con una parte considerable de su población desconectada de la red eléctrica nacional podrían hacer la transición a mercados descentralizados de microenergía mucho más rápido que aquellos con mercados más consolidados en otras partes del mundo.

Este sistema podría servir para la electrificación rápida de las zonas rurales de África y garantizar un cierto nivel de seguridad energética, sin la necesidad de esperar a que las empresas públicas de energía tengan los recursos para invertir en la expansión de la red.

Si el crecimiento explosivo en el número de teléfonos móviles en África es una indicación, con muchos países registrando más usuario de sus redes móviles que personas conectadas a la red de energía, los sistemas de energía descentralizados podrían extenderse muy rápidamente por todo el continente y responder a las necesidades de aquellos que viven en áreas donde el acceso a la electricidad sigue siendo económicamente inviable.

Este es solo un ejemplo de las innumerables nuevas soluciones que se desarrollan cada día en el sector energético y que los líderes y empresarios africanos deberían evaluar y considerar, ya que representan una oportunidad única para impulsar el desarrollo del continente.

¿Qué pasa con el petróleo?

Para muchas economías petroleras en África, la transición hacia un mix de generación de energía bajo en carbono puede no parecer siempre la opción más obvia. En muchos lugares, un cambio de petróleo pesado a gas natural para la generación de energía ya sería una opción mucho más funcional, rentable y más limpia. ¿Pero esta transición afecta el futuro de la propia industria petrolera, que es la base de tantas economías en todo el continente?

Al menos durante las próximas décadas, el petróleo no se irá a ninguna parte. Si bien se ha producido una desaceleración en el crecimiento de la demanda en los últimos años, el petróleo continuará sosteniendo el desarrollo económico de las próximas décadas. Sin embargo, no podemos ignorar las transformaciones que están teniendo lugar a nuestro alrededor, y está claro que las compañías de petróleo y gas son muy conscientes del cambio de tendencia que parece estar acercándose, un momento de transformación denominada "pico de demanda de petróleo", cuando se espera que la demanda global comience a disminuir.

Por ahora, el cambio se ha producido principalmente en el sector de la generación de energía. El transporte sigue siendo abrumadoramente dependiente de los combustibles derivados del petróleo, e incluso si los vehículos eléctricos ligeros se generalizan, todavía no existe una solución viable para reemplazar los productos derivados del petróleo para camiones pesados o transporte marítimo y aéreo. Además, se espera que la demanda de plásticos, fertilizantes y otros productos a base de petróleo y gas continúe aumentando en los próximos años. Hay oportunidades para ajustarse y adaptarse a las realidades del futuro, y las compañías de petróleo y gas han tomado nota del cambio de panorama.

En las últimas dos décadas, la mayoría de los operadores de petróleo y gas han invertido progresivamente en investigación y desarrollo en nuevas formas de energía. La mayoría de las grandes empresas han diversificado diligentemente su cartera de activos mayoritariamente petroleros hacia una cartera de gas natural más grande, que se considera que tendrá una demanda creciente mucho más sostenida en el futuro que el petróleo. Más recientemente, algunos también han hecho el cambio hacia la inversión en generación de energía renovable, principalmente energía solar y eólica. Dos de ellos incluso han cambiado sus nombres para proyectar lo que es un cambio en su perfil corporativo, de una "compañía de petróleo y gas" (IOC) a una "compañía de energía". El cambio de denominación de la noruega Statoil como Equinor es un ejemplo perfecto de este cambio en la industria.

Particularmente en Europa, estas compañías se han posicionado para seguir las tendencias y tecnologías del mercado y seguir siendo dominantes en todos los campos de la energía. Algunos, como BP y Shell en la década de 1990, sufrieron al adentrarse en tecnologías inmaduras que demostraron no ser rentables, pero a medida que el sector fue madurando, el riesgo de entrada temprana se redujo.

Hasta ahora, estos movimientos han sido cautelosos. Shell, el más optimista dentro de las grandes empresas con respecto al mercado de las energías renovables, todavía dedica menos del 10 por ciento de su presupuesto de inversión anual a las energías renovables, pero la tendencia definitivamente está creciendo entre los principales actores de la industria. Más allá de la parte económica de este tema, las compañías de petróleo y gas serán actores fundamentales en la lucha por la sostenibilidad ambiental y la mitigación del cambio climático. En palabras del secretario general de la OPEP, Mohammad Barkindo, en junio de 2019, "la industria del petróleo y el gas es una parte fundamental de la lucha contra el cambio climático". Continuó diciendo: "Creemos que el petróleo y el gas son parte de la solución al cambio climático y la solución radica en la tecnología, las políticas apropiadas y las decisiones corporativas."[346]

Las compañías de petróleo y gas pueden hacer mucho más en el campo de la gestión de recursos y la mitigación del impacto ambiental. En toda África, muchos gobiernos también han presionado a los actores locales y extranjeros a adaptarse a prácticas menos dañinas. En Nigeria, por ejemplo, los esfuerzos para prohibir la quema de gas y la utilización del recurso para la generación de energía son un ejemplo bien conocido de esas iniciativas políticas, aunque con un éxito limitado.

Las sinergias entre los actores del petróleo y el gas y los responsables políticos africanos serán fundamentales para optimizar la transición energética del continente hacia economías con bajas emisiones de carbono y garantizar la sostenibilidad financiera.

Empresas de energía, no de petróleo y gas

He estado hablando mucho sobre actores privados que se pasan al mercado de la energía y aprovechan las oportunidades de una mayor seguridad energética y más sostenible. ¿Pero quiénes son estos jugadores privados? Seguramente, hay muchas compañías que se han especializado en nuevas tecnologías y formas de energía limpia que podrían tener un gran interés en aprovechar estos mercados africanos, en su mayoría poco explorados. Para que eso suceda, los gobiernos deben crear entornos empresariales atractivos y propicios para facilitar la inversión extranjera y local en estas industrias. Fundamentalmente, deben definirse las políticas para capacitar y preparar a la fuerza laboral para poder participar en esta transformación, como ha sucedido en Kenia. Los marcos impositivos y de precios deben estar bien definidos para permitir el crecimiento de la competencia entre los productores y promover tarifas asequibles para los consumidores.

Todo esto es cierto y probado, y es una parte fundamental del futuro del sector energético africano y de su desarrollo económico en general. Desde el punto de vista de la inversión, África subsahariana sigue siendo un mercado poco explotado en lo que respecta a las energías renovables, con solo alrededor del 10 por ciento de su energía proveniente de fuentes verdes, en comparación con alrededor del 25 por ciento a nivel mundial.[347] Pero considero que la transición desde una economía con alto contenido de carbono a una baja en emisiones involucrará mucho más a los actores tradicionales de lo que muchos podrían esperar: las mismas compañías de petróleo y gas que ahora operan en los principales puntos estratégicos de petróleo y gas de África. Después de todo, estas compañías ya son jugadores bien establecidos con un sólido conocimiento del mercado, comprensión del marco legal y el sistema político, y el capital y los conocimientos necesarios para impulsar esfuerzos de este tamaño.

Obviamente, también será necesario un cambio cultural dentro de estos actores del petróleo y el gas para que tenga lugar una transición exitosa: existen diferencias entre los modelos comerciales de producción de petróleo y energía. Y el mundo corporativo, particularmente en el marco de la experiencia africana, nunca se mostró amable con las empresas públicas. Pero el cambio está teniendo lugar, como ilustra este extracto de un artículo del Financial Times de noviembre de 2018:

"Total ha dicho que es "alérgico" a la idea de empresa de servicios públicos, incluso cuando construye un negocio minorista de energía en Francia mientras esquiva el mercado regulado. Compró la compañía solar estadounidense SunPower, el proveedor de energía eléctrica Lampiris, el especialista en baterías Saft y adquirió una participación indirecta en EREN Renewable Energy antes de adquirir el minorista de electricidad francés Direct Energie por 1.400 millones de euros este año. Esto le ha permitido desarrollar una cartera de plantas de generación de energía a partir de gas y energía renovable."

En toda Europa, las grandes empresas de petróleo y gas como Repsol o Shell ya tienen estaciones de carga de vehículos eléctricos en sus gasolineras, producen equipos de energía renovable y tienen grandes carteras de producción de gas natural. Equinor ha apostado considerablemente por parques eólicos marinos. BP, dentro de su lema "Más allá del petróleo", ha adquirido la compañía solar Lightsource, la red de carga de vehículos eléctricos Chargemaster y la compañía de baterías StoreDot.

Estos son movimientos decisivos hacia un futuro más verde del sector energético. La pregunta para nosotros es: ¿cómo podemos atraer y fomentar este tipo de sinergias en África?

¿Dónde están los africanos?

En este momento, estamos en la parte de atrás, por varias razones. Y seguiremos atrasados hasta que respondamos algunas preguntas críticas:

¿Cómo podemos esperar fomentar el desarrollo y promover la inversión en nuestros sectores de generación de energía si nuestras redes de energía continúan agrupadas en compañías *ineficientes, opacas, politizadas y deficientemente financiadas?*

¿Por qué los inversores extranjeros querrían participar en un sistema que a menudo no produce ingresos, en el que los servicios públicos nacionales no suelen pagar sus deudas o cumplir con sus obligaciones?

Si no nos adaptamos a este mundo cambiante, nos quedaremos atrás.

Hoy, a África se le ha presentado una oportunidad única. El hecho de que nuestra red eléctrica esté subdesarrollada nos deja con menos problemas heredados, abriendo la puerta a nuevas soluciones y tecnologías. Ya he analizado ampliamente los interminables desafíos que el suministro de energía poco fiable presenta para una economía, particularmente en un mundo cada vez más digitalizado. Necesitamos cambiar de marcha y adaptarnos.

Necesitamos desglosar y optimizar nuestras empresas públicas de energía, haciéndolas más ágiles, más adaptativas a las necesidades del mercado y más manejables.

Necesitamos crear las condiciones para que los productores de energía independientes entren y contribuyan al acceso creciente a la energía, a través de soluciones eficientes, limpias y asequibles.

Necesitamos crear las condiciones para atraer inversiones y dar seguridad al sector privado. No me refiero solo a empresas internacionales, sino a empresarios africanos.

Necesitamos empoderar a los actores locales para aprovechar este mercado en crecimiento y participar también en esta transición energética, y para eso, necesitamos personal cualificado, programas de capacitación, políticas de promoción, acceso a equipos y beneficios fiscales para el desarrollo y despliegue de nuevas tecnologías.

Necesitamos promover el intercambio de conocimientos entre los países africanos y una mayor integración de los diferentes actores del sector de la energía en el continente, para que podamos aprovechar las fortalezas de cada uno y garantizar la seguridad energética. Necesitamos recurrir a nuestros socios internacionales y a las IOC, que se están convirtiendo en empresas de energía y poseen los conocimientos y el capital para invertir en este tipo de infraestructura.

Y finalmente, necesitamos líderes capaces y fuertes que comprendan la relevancia fundamental de los cambios que tienen lugar en el mundo y la necesidad de posicionar a las naciones africanas para aprovechar estos cambios.

África tiene un potencial extraordinario de crecimiento en este sector, que a su vez impulsará un crecimiento económico más general a través de energía limpia, asequible y fiable. La pregunta es, ¿aprovecharemos esta oportunidad o nos quedaremos atrás en este proceso de trasnformación mundial?

19

Reflexiones finales

El multimillonario nigeriano Benedict Peters acaparó titulares a principios de 2019 cuando la Foreign Investment Network con sede en el Reino Unido (FIN;www.foreigninvestmentnetwork.com) le otorgó su prestigioso premio Icon of the Year[348], que reconoce logros extraordinarios dentro del *upstream, midstream* y *downstream* del sector petrolero de África. FIN, una consultora financiera para economías en desarrollo, galardonó a Peters por sus importantes contribuciones al desarrollo del petróleo y gas en África. Veinte años después de la fundación de su empresa, Aiteo Group, ha pasado de ser una pequeña operadora *downstream* a un conglomerado de energía con grandes inversiones en exploración y producción de hidrocarburos.

Igualmente importante, la riqueza del petróleo y el gas que Peters ha acumulado está haciendo un bien inconmensurable en la vida de muchos africanos. Aiteo está haciendo importantes donaciones a organizaciones sin ánimo de lucro como FACE Africa, que se dedica a proporcionar agua limpia en África Subsahariana. Su organización sin ánimo de lucro, la Fundación Joseph Agro, aborda el desempleo y la escasez de agua creando oportunidades de trabajo para los agricultores. Y no olvide los cientos de empleos locales y las oportunidades comerciales que crean las operaciones de su empresa.

En lo que a mí respecta, este es el tipo de actividad, el tipo de cambio positivo, que los recursos petroleros de África pueden y deben generar en todo el continente: creación de empleo, desarrollo de capacidades y el empoderamiento de los africanos.

Por supuesto, las compañías gigantescas y los miles de millones de dólares no son requisitos previos para que el petróleo y el gas cumplan su potencial para el bien en África. Las operaciones que funcionan en una escala mucho más pequeña que Aiteo están haciendo una diferencia significativa. Mira lo que Egoli Gas ha logrado en Johannesburgo, Sudáfrica.

- La compañía privada de distribución de gas natural es una creadora de empleos: a partir de 2018, ha dado empleo a 113 personas y, a medida que la compañía se expande más allá de Johannesburgo, ofrecerá aún más oportunidades de apertura y capacitación para los residentes del área.
- La compañía apoya la economía local comprando y asociándose con empresas sudafricanas, desde el proveedor de servicios de IT que le permite a Egoli monitorear su red de gaseoductos hasta proveedores de equipos.
- Egoli genera ingresos fiscales para el gobierno, que a su vez pueden capitalizarse para ampliar la infraestructura, financiar la educación e invertir en el crecimiento económico y el bienestar de Sudáfrica a largo plazo.

Mientras que el gas natural que distribuye proviene de otro país africano, Mozambique, Egoli está marcando la diferencia en su comunidad. Y estoy convencido de que su ejemplo, como los muchos ejemplos en este libro, demuestran que las operaciones estratégicas de petróleo y gas pueden, sin lugar a dudas, contribuir a un África estable y económicamente vibrante de una forma que ninguna ayuda extranjera podría lograr.

Es posible romper la maldición de los recursos. Y mientras escribo estas reflexiones finales, tengo aún más evidencias para apoyar mi punto de vista. De hecho, durante el breve período que pasé escribiendo estos capítulos, he visto cambios alentadores en todo el continente.

Uno de los anuncios más importantes lo ha realizado la empresa multinacional francesa de petróleo y gas, Total, que en febrero de 2019 anunció un gran descubrimiento de gas natural en la costa sur de Sudáfrica: aproximadamente 1 billón de bbl equivalentes en recursos de gas y condensado.[349]

Este es el primer descubrimiento importante en aguas profundas frente a la costa de Sudáfrica. No solo representa una gran oportunidad para satisfacer las necesidades nacionales de gas natural, sino que también será un gran impulsor del tipo de actividad económica de la que he estado hablando: oportunidades de trabajo y negocios domésticos, monetización del gas natural y una mayor diversificación.

Como dije después del anuncio, solo podemos esperar que este descubrimiento sea un catalizador para que los políticos trabajen en la creación de un entorno empresarial propicio para las actividades de exploración y perforación en Sudáfrica. Y tenemos todos los motivos para ser optimistas: Sudáfrica ya está trabajando en una nueva legislación sobre exploración de petróleo y gas.

El descubrimiento sudafricano es enorme, y es solo uno de los muchos anuncios importantes que se están publicando mientras escribo.

En las áreas de buen gobierno y transparencia, Uganda anunció a principios de 2019 que se uniría a la Extractive Industries Transparency Initiative (EITI) para minimizar la mala gestión de los ingresos del petróleo. EITI requiere la publicación de información de toda la cadena de valor de la industria extractiva, desde el momento de la extracción hasta la forma en que los ingresos se abren paso a través del gobierno y el público.[350] Al unirse, Uganda se compromete firmemente con una gobernanza transparente.

Y Uganda no es un caso atípico, es uno de los 24 países africanos en la EITI. Además, a las pocas semanas del anuncio de Uganda, tanto Benín como Senegal adoptaron sus propios códigos de petróleo.

"El nuevo código de petróleo de Benín nos permitirá regular el acceso a los bloques de exploración, mejorar la gobernanza y la transparencia gracias a un marco institucional claro e implementar medidas para promover las actividades *upstream* de hidrocarburos", dijo el miembro del Parlamento de Benín, André Biaou Okounlola, que participó en la redacción del nuevo borrador del código de su país.[351]

Los nuevos códigos de Senegal, que actualizan las leyes redactadas en 1998, enfatizan la transparencia, el contenido local y la concesión de licencias de bloques.[352]

En el área de colaboración estratégica, el ministro de estado de Recursos Petroleros de Nigeria, Ibe Kachikwu, anunció que Nigeria movilizará a los productores de petróleo y gas de todo el continente, a través de la Organización Africana de Productores de Petróleo, para recaudar hasta USD2 mil millones para financiar proyectos de energía en el continente. Aplaudo esta iniciativa y el uso estratégico de los recursos petroleros para satisfacer las necesidades esenciales de energía de África.

Mientras tanto, Zambia y Angola se encuentran en las primeras etapas de un proyecto petrolero de USD5 mil millones para la construcción de un oleoducto compartido. Los dos países firmaron un memorando de entendimiento en noviembre de 2018 para facilitar el comercio con petróleo y gas, una medida sabiamente calculada que reducirá los costes de importar petróleo sin refinar. Actualmente, Zambia gasta más de mil millones de dólares anuales en importar productos derivados del petróleo. El país del sur de África también quiere estabilizar los precios de los productos, que ahora están sujetos a los altibajos del turbulento mercado internacional del petróleo.

"El objetivo del gobierno es reducir los precios del combustible en el país y el abastecimiento de productos básicos de países ricos en petróleo más cercanos como Angola fue una de las razones para instalar un oleoducto", dijo Mathew Nkhuwa, ministro de Energía de Zambia, en enero de 2019. "Nos comprometemos a garantizar que entre en funcionamiento pronto, probablemente dentro de dos años."[353]

Otro ejemplo importante de cooperación estratégica es el gaseoducto Nigeria-Marruecos, que suministrará gas natural a al menos 15 países de África occidental. El estudio de viabilidad del proyecto se completó en enero de 2019, y ahora se está realizando un estudio preliminar de ingeniería. "Este gaseoducto ayudará en la industrialización de estos países", dijo Maikanti Baru, director gerente del grupo de la Corporación Nacional de Petróleo de Nigeria. "También cubrirá las necesidades de los consumidores para calefacción y otros usos. Vemos el gas como combustible para llevar a África al siguiente nivel."[354]

Bien dicho, Maikanti. No podría estar más de acuerdo.

Estos son solo algunos de los muchos proyectos de colaboración anunciados mientras se escribía este libro. También estoy entusiasmado con el acuerdo de cooperación de asistencia técnica que la African Energy Chamber ha firmado con el Ministerio de Petróleo de la República de Sudán del Sur. Nuestra Cámara liderará los esfuerzos de creación de capacidad de Sudán del Sur, invirtiendo en iniciativas de acceso a la energía y ayudando al país a desarrollar reformas que creen un entorno propicio para los inversores petroleros.

Sudán del Sur es el único productor de petróleo maduro de África Oriental. Apoyar los os esfuerzos del país para construir un sector sostenible de hidrocarburos va en interés de toda la región. A su vez, proporcionará un pilar para el desarrollo de toda la cadena de valor de la energía de África Oriental.

Debo mencionar que me han impresionado mucho los enormes esfuerzos que se están realizando para modernizar y volver a poner en marcha los campos petroleros en Sudán del Sur, gracias al enfoque pragmático del ex ministro de Petróleo del país, Ezekiel Lol Gatkuoth, y el actual ministro Awow Daniel Chuang. A finales de 2018 y principios de 2019, la producción se reanudó en los campos petroleros de Toma South y Unity por primera vez desde que la guerra civil detuvo la actividad allí hace cinco años. Y mientras escribo, el trabajo para restaurar los campos petroleros Al-Nar, Al-Toor, Manga y Tharjiath avanza a toda máquina.

Respeto el compromiso del ministro Gatkuoth de continuar la colaboración entre las industrias petroleras de Sudán y Sudán del Sur.

"Hacemos un llamamiento a un enfoque medido y metódico para asegurar que la industria continúe desarrollándose, que nuestra gente pueda confiar en el empleo proveniente de la industria petrolera y que nuestras naciones puedan continuar dependiendo de este recurso", dijo en abril de 2019, pocos días después, Omar al-Bashir fue depuesto del poder en Sudán. "Este es el pegamento que une nuestros destinos comunes y asegura el progreso pacífico juntos."[355]

Sudán del Sur también ha seguido decidido a proporcionar a los inversores un entorno propicio para invertir y hacer negocios. Y esa estrategia está dando importantes frutos. En mayo de 2019, la compañía petrolera estatal sudafricana, Strategic Fuel Fund (SFF), firmó un acuerdo de exploración y producción compartida con Sudán del Sur para el Bloque B2, el segundo acuerdo de este tipo que se firma después la independencia de la nación. Este acuerdo incluye partes productivas de la cuenca Muglad de Sudán del Sur.[356] Mi bufete fue el negociador principal.

Este es un acuerdo brillante que no solo impulsará el sector petrolero, sino que también servirá para promover la paz y la estabilidad dentro del país. Las perspectivas para la exploración en Sudán del Sur y el Bloque B son enormes, con recursos potenciales en miles de millones de barriles. Estos descubrimientos potenciales podrían explotarse rápidamente gracias a la infraestructura existente y con un coste asequible. También estoy impresionado por el compromiso del acuerdo con el contenido local, la dedicación a la contratación de ciudadanos de Sudán del Sur y la inversión en educación. Es probable que la educación haga más por fortalecer la economía general que cualquier otra cosa que el gobierno pueda hacer. La capacidad de Sudán del Sur para atraer, retener y aprovechar la inversión en energía es clave para un crecimiento económico inclusivo y sostenible.

También ha habido otros progresos emocionantes. En el área de infraestructura, la refinería de Costa de Marfil, Société Ivoirienne de Raffinage (SIR), en el distrito Vridi de Abidjan, ha acordado € 577 millones (USD660 millones) en financiación de deuda para realizar un proyecto de modernización que permita a la planta operar a un ritmo de 76.300 bbl/d.[357] Además de permitir que la refinería reduzca la tasa de interés de la deuda existente, la refinanciación permitirá a SIR actualizar sus procesos de producción y refinería, expandir su negocio y, con suerte, crear más empleos.

En el área de oportunidades de formación, la empresa japonesa MODEC Production Services Ghana JV Limited (MPSG) lanzó un programa de capacitación de seis meses sobre petróleo y gas para ciudadanos ghaneses en febrero de 2019. Dieciséis participantes se han formado en operaciones de almacenamiento y descarga de producción flotante. Después de terminar el curso, los graduados pueden compartir lo que han aprendido con otros ghaneses en el sector del petróleo y el gas.[358]

Las noticias de Angola mientras escribía este libro han sido especialmente alentadoras. Solo en el último año, el NOC angoleño Sonangol lanzó su "Programa de regeneración", centrándose en la reestructuración de la empresa y la racionalización de la industria petrolera de Angola. El país también desarrolló nuevas leyes fiscales, creó un marco regulatorio diseñado para alentar la inversión en campos petroleros marginales y anunció planes para desarrollar una fuerza laboral petrolera más grande y altamente capacitada entre 2019 y 2023. "Siendo un sector intensivo en capital y tecnológicamente altamente desarrollado, el valor añadido para el desarrollo sostenible y económico de Angola será aún más relevante si se obtiene con la creciente incorporación de una fuerza laboral angoleña cualificada", dijo Diamantino Azevedo, ministro de Recursos Minerales y Petróleo de Angola.

Los esfuerzos de Angola para crear una industria de petróleo y gas eficiente, sostenible y transparente no han pasado desapercibidos para la comunidad global y ya han generado un mayor interés entre las IOC. Cuando el Secretario General de la OPEP, Mohammad Sanusi Barkindo, visitó el país por primera vez, elogió el arduo trabajo de Angola: "Felicitamos los heróicos esfuerzos del gobierno para reformar la industria. Estas son las reformas correctas en el momento adecuado."[359]

No estoy siendo tan solo optimista. Realmente están sucediendo cosas buenas en todo el continente, y la industria del petróleo es el denominador común.

Y no, no he cerrado los ojos ante los desafíos a los que nos enfrentamos en África. Pero digo esto: África se enfrenta a desafíos, NO a obstáculos insuperables. Podemos lograr mucho, y te he dado pruebas de cómo.

No nos detengamos aquí. ¿Por qué no trabajar juntos, luchar juntos para aprovechar el poder transformador del petróleo y el gas para nuestro continente?

Notes

1   "OPEC Secretary General's Acceptance Speech for the 'Africa Oil Man of the Year' Award," Organización de Países Exportadores de Petróelo, 5 de septiembre de 2018, https://www.opec.org/opec_web/en/5132.htm

2   Sabrina Wilson, "President Trump Praises Oil and Gas Industry Workers During Visit to Louisiana," KSLA News 12, 14 de mayo de2 019, https://www.ksla.com/2019/05/15/president-trump- praises-oil-gas-industry-workers-during-visit-louisiana/

3   Frankie Edozien, "In Nigeria, Plans for the World's Largest Refinery," The New York Times, 9 de octubre de 2018, https://www.nytimes.com/2018/10/09/business/energy-environment/in- nigeria-plans-for-the-worlds-largest-refinery.html

4   "Dangote Refinery Will Transform, Diversify Nigeria's Economy – Director," The Eagle Online, 31 de octubre de 2018, https://theeagleonline.com.ng/dangote-refinery-will-transform-diversify- nigerias-economy-director/

5   Alonso Soto, "Senegal to Boost Wealth Fund, Cut Debt With Oil Income," Bloomberg, 15 de noviembre de 2018, https://www.bloomberg.com/news/articles/2018-11-15/senegal-to-boost- wealth-fund-cut-debt-with-oil-income

6   "The World Bank In Chile," The World Bank, 10 de abril de 2019 https://www.worldbank.org/en/country/chile/overview

7   Martina Mistikova, "Opportunities for Service Companies in Chile's Copper Sector", BizLatinHub, 20 de noviembre de 2018, https://www.bizlatinhub.com/opportunities-chile-copper- sector/

8   Sean Durns, "Four Countries that Beat the Resource Curse," Global Risk Insights, 22 de abril de 2014, https://globalriskinsights.com/2014/04/four-countries-that-beat-the-resource-curse/

9   "Mining for Development: Leveraging the Chilean Experience for Africa," informe de la reunión de una mesa redonda organizada por el Centro Africano de Desarrollo de Minerales (AMDC), la Comisión Económica de las Naciones Unidas para África (CEPA) y la Embajada de Chile en Etiopía, los días 19 y 20 de junio de 2017, https://issuu.com/africanmineralsdevelopmentcentre/docs/amdc_-_chile- africa_meeting_report_

10 "Yes Africa Can: Success Stories from a Dynamic Continent," Grupo del Banco Mundial, África, http://siteresources.worldbank.org/AFRICAEXT/Resources/258643-1271798012256/Botswana-success.pdf

11 "Ranking of Countries with Highest Per Capita Income (1966), Classora, 8 de septiembre de 2015, http://en.classora.com/reports/s30614/ranking-of-countries-with-highest-per-capita- income?edition=1966

12 "BIH Profile," Botswana Innovation Hub, 2019, http://www.bih.co.bw/bih-profile/

13 "Science and Technology in Botswana," The Mt. Kenya Times, 11 de septiembre de
    2017, https://mtkenyatimes.co.ke/science-technology-botswana/

14 Paula Ximena Meijia y Vincent Castel, "Could Oil Shine like Diamonds? How
    Botswana Avoided the Resource Curse and its Implications for a New Libya," African
    Development Bank, Octubre 2012, https://www.afdb.org/fileadmin/uploads/afdb/
    Documents/Publications/Could%20Oil%20Shine%20like%20Diamonds%20-%20
    How%20Botswana%20Avoided%20the%20Resource%20Curse%20and%20its%20
    Implicatio ns%20for%20a%20New%20Libya.pdf

15 "Gas Set to Shine as African Nations Wake up to Potential," The National, 4 de
    septiembre de 2018, https://www.thenational.ae/business/energy/gas-set-to-shine-as-
    african-nations-wake-up-to- potential-1.766717

16 "BP Statistical Review of World Energy," BP, junio de 2018, https://www.bp.com/
    content/dam/bp/business-sites/en/global/corporate/pdfs/energy- economics/statistical-
    review/bp-stats-review-2018-full-report.pdf

17 "Western Supermajors in New Scramble to Tap Africa's Under-Explored Oil & Gas
    Resources," Africa New Energies, 13 de septiembre de 2018, https://www.ane.na/news/
    opinion/western- supermajors-in-new-scramble-to-tap-africas-under-explored-oil-gas-resources/

18 Willis Krumholz, "Petroleum Powerhouse: Why America No Longer Needs the Middle
    East," The National Interest, 29 de abril de 2019, https://nationalinterest.org/feature/
    petroleum- powerhouse-why-america-no-longer-needs-middle-east-55012

19 Cameron Fels, "Trump's Africa Strategy and the Evolving U.S.-Africa Relationship,"
    Woodrow Wilson International Center for Scholars, 19 de abril de 2019, https://
    africaupclose.wilsoncenter.org/author/cameron-fels/

20 Brian Adeba, "How War, Oil and Politics Fuel Controversy in South Sudan's
    Unity State," African Arguments, 5 de agosto de 2015, http://africanarguments.
    org/2015/08/05/how-war-oil-and- politics-fuel-controversy-in-south-sudans-unity-
    state-by-brian-adeba/

21 "South Sudan Country Profile," BBC News, 6 de agosto de 2018, http://www.bbc.
    co.uk/news/world-africa-14069082

22 "South Sudan Welcomes First International Law Firm," Global Legal Post, 19 de abril
    de 2017, http://www.globallegalpost.com/big-stories/south-sudan-welcomes-first-
    international-law- firm-99184828/

23 "South Sudan Oil & Power 2018 Evaluation," Africa Oil & Power, Noviembre de 2018,
    https://africaoilandpower.com/wp-content/uploads/2018/11/SSOP_Evaluation.pdf

24 Corey Flintoff, "Is Aid to Africa Doing More Harm Than Good?" National Public
    Radio, 12 de diciembre de 2007, https://www.npr.org/2007/12/12/17095866/is-aid-to-
    africa-doing-more- harm-than-good

25 Dambisa Moyo, Dead Aid: Why Aid Is not Working and How There Is a Better
    Way for Africa, 2009. https://books.google.com/books/about/Dead_Aid.html?id=-
    gYxhXHjOckC&printsec=frontcover&source=kp_read_button#v=onepage&q&f=false

26 Shakira Mustapha y Annalisa Prizzon, Africa's Rising Debt: How to Avoid a New Crisis, Octubre de 2018, https://www.odi.org/sites/odi.org.uk/files/resource-documents/12491.pdf

27 John Gallup, Jeffrey Sachs, y Andrew Mellinger, 1999, "Geography and Economic Development," https://www.researchgate.net/publication/233996238_Geography_and_Economic_Developme nt

28 "Financing the End of Extreme Poverty," Septiembre de 2018, https://www.odi.org/publications/11187-financing-end-extreme-poverty

29 Indermit Gill and Kenan Karakülah, Sounding the Alarm on Africa's Debt, 6 de abril de 2018, https://www.brookings.edu/blog/future-development/2018/04/06/sounding-the-alarm-on- africas-debt/

30 "In Five Charts: Understanding the Africa Country Policy and Institutional Assessment (CPIA) Report for 2017," Banco Mundial, 12 de septiembre de 2018 https://www.worldbank.org/en/region/afr/publication/in-five-charts-understanding-the-africa-country-policy-and-institutional-assessment-cpia-report-for-2017

31 Charlotte Florance, "22 Years After the Rwandan Genocide, Huffington Post, 7 de abril de 2016, https://www.huffingtonpost.com/to-the-market/22-years-after-the-rwanda_b_9631032.html

32 Thabo Mphahlele, "ICF Report Hails Major Improvements in Africa's Business Environment, BizNis Africa, 5 de septiembre de 2016 https://www.biznisafrica.com/icf-report-hails-major- improvements-in-africas-business-environment/

33 Jim Morrison, "The "Great Green Wall" Didn't Stop Desertification, but it Evolved Into Something That Might," Smithsonian, 23 de agosto de 2016https://www.smithsonianmag.com/science-nature/great-green-wall-stop-desertification-not- so-much-180960171/

34 BP Statistical Review of World Energy 2019, https://www.bp.com/en/global/corporate/energy-economics/statistical-review-of-world- energy/downloads.html

35 "OPEC Share of World Crude Oil Reserves, 2017," Organization of the Petroleum Exporting Countries, 2019, https://www.opec.org/opec_web/en/data_graphs/330.htm

36 BP Statistical Review of World Energy 2019, https://www.bp.com/en/global/corporate/energy-economics/statistical-review-of-world- energy/downloads.html

37 "Equatorial Guinea Exports," Trading Economics, n.d., https://tradingeconomics.com/equatorial-guinea/exports

38 "Keynote Address by OPEC Secretary General at the APPO CAPE VII Congress and Exhibition," Organización de Países Exportadores de Petróleo, 3 de abril de 2019, https://www.opec.org/opec_web/en/5475.htm

39 Paul Burkhardt, "Equatorial Guinea Expecting $2.4 Billion Oil Investment," Bloomberg, 5 de noviembre de 2018, https://www.bloomberg.com/news/articles/2018-11-05/equatorial-guinea- is-said-to-expect-2-4-billion-oil-investment

40 "Equatorial Guinea Set for Upsurge in Offshore Drilling," Offshore, 11 de diciembre de 2018, https://www.offshore-mag.com/drilling-completion/article/16803408/equatorial-guinea-set- for-upsurge-in-offshore-drilling

41 Matt Piotrowski, "OPEC: New And Improved?" The Fuse, 24 de enero de 2018, http://energyfuse.org/opec-new-improved/

42 Vladimir Soldatkin, "Russian Oil Output Reaches Record High in 2018," Reuters, 2 de enero de 2019, https://www.reuters.com/article/us-russia-oil-output/russian-oil-output-reaches-record- high-in-2018-idUSKCN1OW0NJ

43 "Interview: Equatorial Guinea Warns of African Asset Grab by Oil Majors," Platts, 6 de septiembre de 2018, https://www.spglobal.com/platts/en/market-insights/latest-news/oil/090618- interview-equatorial-guinea-warns-of-african-asset-grab-by-oil-majors

44 NJ Ayuk, "An African Perspective: No Good Will Come from NOPEC," Africa Oil & Power, 22 de julio de 2018, https://africaoilandpower.com/2018/07/22/an-african-perspective-no-good-will- come-from-nopec/

45 "OFID Governing Board Approves New Loans and Grants to Boost Socio-Economic Development," The OPEC Fund for International Development, 17 de junio de 2013 http://www.ofid.org/FOCUS-AREAS

46 Dennis Lukhoba, "How OPEC Can Give the Republic of the Republic of Congo More Power in the International Fuel Market," Footprint to Africa, 2 de mayo de 2018 http://footprint2africa.com/opinions/opec-can-give-republic-republic-congo-power-international-fuel-market/

47 Tim Daiss, "Can Any Country Dethrone Qatar As Top LNG Exporter?" Oilprice.com, 23 de febero de 2019, https://oilprice.com/Energy/Natural-Gas/Can-Any-Country-Dethrone-Qatar-As-Top- LNG-Exporter.html

48 Dania Saadi, "Quicktake: Why Is Qatar Leaving OPEC?" The National, 4 de diciembre de 2018, https://www.thenational.ae/business/energy/quicktake-why-is-qatar-leaving-opec-1.798742 49 Caroline McMillan Portillo, "Check out the most inspiring quotes from Emma Watson's UN speech," Bizwomen, 24 de septiembre de 2014, https://www.bizjournals.com/bizwomen/news/out-of-the- office/2014/09/check-out-the-most-inspiring-quotes-from-emma.html?page=all

50 Carly McCann, Donald Tomaskovic-Devey, y M.V. Lee Badgett, "Employer's Responses to Sexual Harassment," University of Massachusetts Amherst: Center For Employment Equity, Diciembre de 2018, https://www.umass.edu/employmentequity/employers-responses-sexual-harassment

51 Felix Fallon, "Oil & Gas Gender Disparity: Positions and Prospects for Women in the Industry," Egypt Oil & Gas, 10 de mayo de 2018, https://egyptoil-gas.com/features/oil-gas-gender-disparity- positions-and-prospects-for-women-in-the-industry/

52 "Report Indicates Oil and Gas Sector Still A Mans World," PCL Group, Enero 2016, http://www.portlethen.com/index.php/archives/1068/

53 Amanda Erickson, "Women Poorer and Hungrier than Men Across the World, U.N. Report Says, The Washington Post, 14 de febrero de 2018, https://www. washingtonpost.com/news/worldviews/wp/2018/02/14/women-poorer-and- hungrier-than-men-across-the-world-u-n-report- says/?noredirect=on&utm_term=.f5f8261a7476

54 "Wangari Maathai Quotes," BrainyQuote, n.d., https://www.brainyquote.com/authors/ wangari_maathai

55 "Women's Economic Empowerment in Oil and Gas Industries in Africa," African Natural Resources Center of African Development Bank, 2017, https://www. afdb.org/fileadmin/uploads/afdb/Documents/Publications/anrc/AfDB_WomenEc onomicsEmpowerment_V15.pdf

56 Magali Barraja y Dominic Kotas, "Making Supply Chains Work for Women: Why and How Companies Should Drive Gender Equality in Global Supply Chains," BSR, 19 de noviembre de 2018, https://www.bsr.org/en/our-insights/blog-view/gender-equality-global-supply-chains- companies

57 Andrew Topf, "Top 6 Most Powerful Women In Oil And Gas," OilPrice.com, 29 de julio de 2015, https://oilprice.com/Energy/Energy-General/Top-6-Most-Powerful-Women-In-Oil-And- Gas.html

58 Katharina Rick , Iván Martén , y Ulrike Von Lonski, "Untapped Reserves: Promoting Gender Balance in Oil and Gas," World Petroleum Council y The Boston Consulting Group, 12 de julio de 2017, https://www.bcg.com/en-us/publications/2017/energy-environment-people- organization-untapped-reserves.aspx

59 Kwamboka Oyaro, "Corporate Boardrooms: Where Are the Women?" AfricaRenewal, diciembre 2017/marzo 2018, https://www.un.org/africarenewal/magazine/ december-2017- march-2018/corporate-boardrooms-where-are-women

60 "The Oil Industry's Best Kept Secret: Advice from Women in Oil and Gas," Offshore Technology, 20 de febrero de 2019, https://www.offshore-technology.com/features/the-oil- industrys-best-kept-secret-advice-from-women-in-oil-and-gas/

61 Lebo Matshego, "Innovative Ways to Empower African Women," Africa.com, 12 de Octubre de 2017, https://www.africa.com/innovative-ways-to-empower-african-women/

62 "Asanko Gold Launches Women in Mining Empowerment Initiative," Africa Business Communities, 24 de octubre de 2018, https://africabusinesscommunities.com/news/ ghana-asanko- gold-launches-women-in-mining-empowerment-initiative/

63 Gerald Chirinda, "What Can Be Done to Economically Empower Women in Africa?" World Economic Forum, 8 de mayor de 2018, https://www.weforum.org/ agenda/2018/05/women-africa- economic-empowerment/

64 "How Africa Is Preparing for the Future with STEM," Higher Life Foundation, 20 de marzo de 2018, Education https://www.higherlifefoundation.com/how-africa-is-preparing-for-the-future-with- stem-education/

65 Unoma Okorafor, "STEM Education for Young Girls in Africa," campaña indiegogo, https://www.indiegogo.com/projects/stem-education-for-young-girls-in-africa#/

66 "Interview: Marcia Ashong, Founder, TheBoardroom," Africa Business Communities, 3 de agosto de 2018, Africahttps://africabusinesscommunities.com/features/interview-marcia-ashong- founder-the-boardroom-africa/

67 James Kahongeh, "Breaking Barriers in Oil and Gas Sector," Daily Nation, 8 de junio de 2018, https://www.nation.co.ke/lifestyle/mynetwork/Breaking-barriers-in-oil-and-gas- sector/3141096-4601382-13rhc91z/index.html

68 "African Best Oil & Gas Analyst of the Year (Rolake Akinkugbe)," FBN Quest, 15 de noviembre de 2018, https://fbnquest.com/awards/african-best-oil-gas-analyst-of-the-year-rolake-akinkugbe/

69 LinkedIn Profile: Rolake Akinkugbe-Filani, https://www.linkedin.com/in/rolakeakinkugbe/?originalSubdomain=uk

70 "Executive Team," Tsavo Oilfield Services, https://www.tsavooilfieldservices.com/about-us/team-2/

71 Toby Shapshak, "How a Doctor Helped Turn a Lagos Swamp into a Sustainable Trade Zone," Forbes, 12 de diciembre de 2018, https://www.forbes.com/sites/tobyshapshak/2018/12/12/how-a- doctor-helped-turn-a-lagos-swamp-into-a-sustainable-trade-zone/#374e2c393d3e

72 Perfil: Althea Eastman Sherman, Oil & Gas Council, https://oilandgascouncil.com/event- speakers/althea-eastman-sherman/

73 "Ceremony of the Oil & Gas Awards 2014 in Malabo," Página web official del Gobierno de la República de Guinea Ecuatorial, 22 de septiembre de 2014. https://www.guineaecuatorialpress.com/noticia.php?id=5687&lang=en

74 "World Energy Outlook 2011," International Energy Agency, 6 de junio de 2011, https://webstore.iea.org/weo-2011-special-report-are-we-entering-a-golden-age

75 "Filling the Power Supply Gap in Africa: Is Natural Gas the Answer?" Ishmael Ackah Institute of Oil and Gas Studies, Universidad de Ciudad del Cabo 2011 https://papers.ssrn.com/sol3/papers.cfm?abstract_id=2870577

76 "How Hard Has The Oil Crash Hit Africa?" Global Risk Insights, 23 de noviembre de 2016, https://oilprice.com/Energy/Energy-General/How-Hard-Has-The-Oil-Crash-Hit-Africa.html 77 Jonathan Demierre, Morgan Bazilian, Jonathan Carbajal, Shaky Sherpa, y Vijay Modi, "Potential for Regional Use of East Africa's Natural Gas," Sustainable Development Solutions Network, mayo de 2014, https://energypolicy.columbia.edu/sites/default/files/Potential-for- Regional-Use-of-East-Africas-Natural-Gas-SEL-SDSN.pdf

78 "World Energy Outlook 2018," IEA, http://www.worldenergyoutlook.org/resources/energydevelopment/africafocus/

79 Jude Clemente, "Oil And Natural Gas Companies Could Be Heroes In Africa," Forbes, 9 de septiembre de 2016, http://www.forbes.com/sites/judeclemente/2016/09/29/oil-and-natural- gas-companies-could-be-heroes-in-africa/#5911074f5ca0

80 "World Energy Outlook 2006," IEA, https://www.iea.org/publications/freepublications/publication/cooking.pdf

81   International Energy Agency: Sustainable Development Goal 7 https://www.iea.org/sdg/electricity/

82   Jonathan Demierre, Morgan Bazilian, Jonathan Carbajal, Shaky Sherpa, y Vijay Modi, "Potential for Regional Use of East Africa's Natural Gas," Sustainable Development Solutions Network, mayo de 2014, https://energypolicy.columbia.edu/sites/default/files/Potential-for- Regional-Use-of-East-Africas-Natural-Gas-SEL-SDSN.pdf

83   "Natural Gas-Fired Electricity Generation Expected to Reach Record Level in 2016," U.S. Energy Information Administration, 12 de julio de 2016, https://www.eia.gov/todayinenergy/detail.php?id=27072

84   "Gas-Fired: The Five Biggest Natural Gas Power Plants in the World," Power Technology, 14 de abril de 2014, http://www.power-technology.com/features/featuregas-fired-the-five-biggest- natural-gas-power-plants-in-the-world-4214992/

85   David Santley, Robert Schlotterer, y Anton Eberhard, "Harnessing African Natural Gas A New Opportunity for Africa's Energy Agenda?" Banco Mundial, 2014, https://openknowledge.worldbank.org/bitstream/handle/10986/20685/896220WP0P1318040Box0385289B00OUO0900ACS.pdf?sequence=1&isAllowed=y

86   "Gas-to-Power: Upstream Success Meets Power Sector Growth," Africa Oil & Power, 11 de marzo de 2016, http://africaoilandpower.com/2016/11/03/gas-to-power/

87   Simone Liedtke, "Diversified Fuel Source Required to Fuel Local Facilities," Engineering News, 3 de febrero de 2017, http://www.engineeringnews.co.za/article/diversified-fuel-source-including- natural-gas-required-to-fuel-local-facilities-2017-02-03/rep_id:4136

88   NJ Ayuk, "Using African Gas for Africa First," Vanguard, 18 de marzo de 2018, https://www.vanguardngr.com/2018/03/using-african-gas-for-africa-first/

89   NJ Ayuk, "Using African Gas for Africa First," Vanguard, 18 de marzo de 2018, https://www.vanguardngr.com/2018/03/using-african-gas-for-africa-first

90   Sylivester Domasa, "Tanzania: Natural Gas Find Saves 15 Trillion," Tanzania Daily News, 10 de octubre de 2016, https://allafrica.com/stories/201610110332.html

91   Babalwa Bungane, "Tanzania Becoming an Energy Exporter," ESI Africa, 11 de abril de 2016, https://www.esi-africa.com/news/tanzania-becoming-an-energy-exporter "Mozambique: SacOil to construct natural gas pipeline," ESI Africa, 2 de marzo de 2016 https://www.esi-africa.com/industry-sectors/generation/mozambique-sacoil-to-construct-natural- gas-pipeline Anabel Gonzalez, "Deepening African Integration: Intra-Africa Trade for Development and Poverty Reduction," declaración del Banco Mundial, 14 de diciembre de 2015 http://www.worldbank.org/en/news/speech/2015/12/14/deepening-african-integration-intra- africa-trade-for-development-and-poverty-reduction

94   "Liquefied Natural Gas (LNG)," Shell, n.d., http://www.shell.com/energy-and-innovation/natural-gas/liquefied-natural-gas-lng.html

95   KPMG International, "Unlocking the supply chain for LNG project success," 2015,

https://assets.kpmg/content/dam/kpmg/pdf/2015/03/unlocking-supply-chain-LNG-project- success.pdf

96 Derek Hudson, David Bishopp, Colm Kearney, y Alistair Scott, "East Africa: Opportunities and Challenges for LNG in a New Frontier Region," BG Group PLC, Diciembre de 2018, https://www.gti.energy/wp-content/uploads/2018/12/1-4-Derek_Hudson-LNG17-Paper.pdf

97 African Review, Regional Gas-to-Power Hubs 'a Win-Win for Africa', 5 de diciembre de 2017 http://www.africanreview.com/energy-a-power/power-generation/regional-gas-to-power- hubs-a-win-win-for-africa

98 Jude Clemente, "Oil And Natural Gas Companies Could Be Heroes In Africa," Forbes, S9 de septiembre de 2016, http://www.forbes.com/sites/judeclemente/2016/09/29/oil-and-natural- gas-companies-could-be-heroes-in-africa/#5911074f5ca0

99 World Energy Outlook 2018," IEA, http://www.worldenergyoutlook.org/resources/energydevelopment/africafocus/

100 Babatunde Akinsola, "Trans-Saharan Pipeline Project Begins Soon," Naija 247 News, 12 de febrero de 2017, https://naija247news.com/2017/02/12/trans-saharan-pipeline-project- begins-soon/

101 Rosalie Starling, "WAPCo Considers Pipeline Expansion," Energy Global World Pipelines, 12 de mayo de 2014, https://www.energyglobal.com/pipelines/business-news/12052014/wapco_considers_pipeline_expansion_324/

102 Emmanuel Okogba, "African Energy Chamber (AEC): Africa's Energy Industry Finally Has an Advocate," Vanguard, 5 de junio de 2018, https://www.vanguardngr.com/2018/06/african-energy- chamber-aec-africas-energy-industry-finally-advocate/

103 Anslem Ajugwo, "Negative Effects of Gas Flaring: The Nigerian Experience," Journal of Environment Pollution and Human Health, Julio de 2013, http://pubs.sciepub.com/jephh/1/1/2/ 104 "Eyes on Nigeria: Gas Flaring," American Association for the Advancement of Science, n.d., https://www.aaas.org/resources/eyes-nigeria-technical-report/gas-flaring

105 Kelvin Ebiri y Kingsley Jeremiah, "Why Nigeria Cannot End Gas Flaring in 2020: Experts," The Guardian, 6 de mayo de 2018, https://guardian.ng/news/why-nigeria-cannot-end-gas-flaring-in- 2020-experts/

106 "Equatorial Guinea Exports," Trading Economics, n.d., https://tradingeconomics.com/equatorial-guinea/exports

107 Emma Woodward, "Equatorial Guinea Thinks Big on LNG," DrillingInfo, 18 de mayo de 2018, https://info.drillinginfo.com/equatorial-guinea-thinks-big-on-lng/

108 Anita Anyango, "Equatorial Guinea to Construct a Gas Mega-Hub," Construction Review Online, 28 de mayo de 2018, https://constructionreviewonline.com/2018/05/equatorial-guinea-to- construct-a-gas-mega-hub/

109 "Togo and Equatorial Guinea Sign Liquefied Natural Gas Deal, Promote Regional Gas Trade," Ministerio de Minas, Industria y Energía y Gobierno de Guinea Ecuatorial, 9

de abril de 2018https://globenewswire.com/news-release/2018/04/09/1466764/0/en/ Togo-and-Equatorial- Guinea-Sign-Liquefied-Natural-Gas-Deal-Promote-Regional-Gas-Trade.html

110 "Comparison Size: Qatar," Almost History, 2011, http://www.vaguelyinteresting.co.uk/ tag/comparison-size-qatar/

111 Hassan E. Alfadala y Mahmoud M. El-Halwagi, "Qatar's Chemical Industry: Monetizing Natural Gas," CEP Magazine, febrero de 2017, https://www.aiche.org/ resources/publications/cep/2017/february/qatars-chemical-industry- monetizing-natural-gas

112 Abdelghani Henni, "Geopolitical Issues Lead Qatar to Change Gas Strategy," Hart Energy, 28 de septiembre de 2018, https://www.epmag.com/geopolitical-issues-lead-qatar-change-gas- strategy-1717376#p=2

113 David Small, "Trinidad And Tobago: Natural Gas Monetization as a Driver of Economic and Social Prosperity," Ministerio de Energía e Idustria Energética, 2006, http://members.igu.org/html/wgc2006/pdf/paper/add10639.pdf

114 Jacob Campbell, "The Political Economy of Natural Gas in Trinidad and Tobago," n.d., http://ufdcimages.uflib.ufl.edu/CA/00/40/03/29/00001/PDF.pdf

115 Mfonobong Nsehe, "Meet NJ Ayuk, the 38-Year-Old Attorney Who Runs One of Africa's Most Successful Law Conglomerates," Forbes, 21 de noviembre de 2018, https://www.forbes.com/sites/mfonobongnsehe/2018/11/21/meet-the-38-year-old-attorney- who-runs-one-of-africas-most-successful-law-conglomerates/#37c5cae8466d

116 "The Monetization of Natural Gas Reserves in Trinidad and Tobago," II LAC Oil and Gas Seminar, 25 de julio de 2012, http://www.olade.org/sites/default/files/ seminarios/2_petroleo_gas/ponencias/14hs.%20Tim my%20Baksh.pdf

117 Paul Burkhardt, "Africa Enjoys Oil Boom as Drilling Spreads Across Continent," Bloomberg, 5 de noviembre de 2018, https://www.bloomberg.com/news/ articles/2018-11-06/africa-enjoys-oil- boom-as-drilling-spreads-across-the-continent

118 "Africa's Oil & Gas Scene After the Boom: What Lies Ahead," The Oxford Institute for Energy Studies, enero de 2019, https://www.oxfordenergy.org/wpcms/wp- content/ uploads/2019/01/OEF-117.pdf

119 "Three Questions with Nyonga Fofang," Africa Oil & Power, 5 de octubre de 2016, https://africaoilandpower.com/2016/10/05/three-questions-with-nyonga-fofang/
120 "Three Questions With Nyonga Fofang," Africa Oil & Power, 2017, https:// africaoilandpower.com/2016/10/05/three-questions-with-nyonga-fofang

121 "Market Report: Growth in Investment Opportunities Within Africa," Africa Oil & Power, 6 de marzo de 2019, https://africaoilandpower.com/2019/03/06/market-report-growth-in- investment-opportunities-within-africa/

122 "Baru: Africa Yet to Tap over 41bn Barrels of Crude, 319trn scf of Gas," This Day Live, 17 de marzo de 2019, https://www.thisdaylive.com/index.php/2019/03/17/baru-africa-yet-to-tap-over- 41bn-barrels-of-crude-319trn-scf-of-gas/

123 "Angola Crude Oil Production," Trading Economics, n.d., https://tradingeconomics. com/angola/crude-oil-production

124 "Angola Oil and Gas," export.gov, 1 de noviembre de 2018, https://www.export.gov/ article?id=Angola-Oil-and-Gas

125 Gonçalo Falcão y Norman Jacob Nadorff, "Angola 2019-2025 New Concession Award Strategy," Mayer Brown, 27 de febrero de 2019, https://www.mayerbrown.com/en/ perspectives- events/publications/2019/02/angola

126 Henrique Almeida, "Angola Plots Recovery With Oil-Block Auction, New Refineries," Bloomberg, 23 de abril de 2019, https://www.bloomberg.com/news/ articles/2019-04-23/angola- plots-recovery-with-oil-block-auction-new-refineries

127 Shem Oirere, "Congo Unveils More Enticing Offshore Exploration Opportunities," Offshore Engineering, 22 de noviembre de 2018, https://www.oedigital.com/ news/444302-congo-unveils- more-enticing-offshore-exploration-opportunities

128 "Equatorial Guinea Primed for Huge Growth as Host of 2019 'Year of Energy'," Ministerio de Minas e Hidrocarburos n.d., https://yearofenergy2019.com/2018/12/11/ equatorial-guinea- primed-for-huge-growth-as-host-of-2019-year-of-energy/

129 "Equatorial Guinea Orders Oil Firms to Cancel Deals with CHC Helicopters," Offshore Energy Today, 18 de julio de 2018, https://www.offshoreenergytoday.com/ equatorial-guinea-orders-oil- firms-to-cancel-deals-with-chc-helicopters/

130 "Gabon Opens 12th Offshore Round, Ends Corporate Tax," The Oil & Gas Year, 7 de noviembre de 2018, https://www.theoilandgasyear.com/news/gabon-announces-end-of- corporate-tax/

131 Mark Venables, "Focus Returns to Gabon as Government Relaxes Hydrocarbon Code," Hart Energy, 3 de abril de 2018, https://www.hartenergy.com/exclusives/focus-returns- gabon- government-relaxes-hydrocarbon-code-30915

132 "Baru: Africa Yet to Tap over 41bn Barrels of Crude, 319trn scf of Gas," This Day Live, March 17, 2019, https://www.thisdaylive.com/index.php/2019/03/17/baru-africa-yet- to-tap-over- 41bn-barrels-of-crude-319trn-scf-of-gas/

133 Macharia Kamau, "Flurry of Exits by Exploration Firms Threatens to Burst Kenya's Oil Bubble," Standard Digital, 7 de abril de 2019, https://www.standardmedia.co.ke/ business/article/2001319842/oil-and-gas-companies-exit- kenya-casting-doubt-on- commercial-viability

134 "Announcement of 2018 Licensing Round, Republic of Cameroon," 10 de enero de 2018, https://www.cgg.com/data/1/rec_docs/3698_Announcement_of_2018_ Licensing_Round_-_Republic_of_Cameroon_-_January_2018.pdf

135 Sylvain Andzongo, "Cameroon: Franco-British Perenco Plans $12.5-$36.5m in Investment in Bomana Oil Block," Business in Cameroon, 22 de febrero de 2019, https://www.businessincameroon.com/hydrocarbons/2202-8874-cameroon-franco- british- perenco-plans-12-5-36-5mln-investment-in-bomana-oil-block

136 "Victoria Oil and Gas Lifts 2P Reserves Estimate at Cameroon Field," Oil Review, 4

de junio de 2018, http://www.oilreviewafrica.com/exploration/exploration/victoria-oil-and-gas-lifts-2p- reserves-estimate-at-cameroon-field

137 Evelina Grecenko, "Bowleven Encouraged After Recent Results from Cameroon Assets," Morningstar, 18 de octubre de 2018, http://www.morningstar.co.uk/uk/news/AN_1539863495618474800/bowleven-encouraged- after-recent-results-from-cameroon-assets.aspx

138 Jamie Ashcroft, "Tower Resources to Raise £1.7mln to Support Upcoming Cameroon Drill Programme," Proactive Investors, 24 de enero de 2019. https://www.proactiveinvestors.co.uk/companies/news/213235/tower-resources-to-raise- 17mln-to-support-upcoming-cameroon-drill-programme-213235.html

139 Morne van der Merwe, "Fewer Mergers and Acquisitions Are Taking Place in Africa, Here's Why," CNBC Africa, 20 de julio de 2018, https://www.cnbcafrica.com/news/east- africa/2018/07/20/fewer-mergers-and-acquisitions-are-taking-place-in-africa-heres-why/

140 Gerhard Toews y Pierre-Louis Vezina, "Resource discoveries and FDI bonanzas: An illustration from Mozambique," International Growth Centre, 26 de octubre de 2017, https://pdfs.semanticscholar.org/539c/e283bb081d2ee05cf26d5fb10800194f69c5.pdf

141 Yun Sun, "China's Aid to Africa: Monster or Messiah?" Brookings, 7 de febrero de 2014, https://www.brookings.edu/opinions/chinas-aid-to-africa-monster-or-messiah/

142 "Oil Industry in Singapore," Wikipedia, 16 de junio de 2019, https://en.wikipedia.org/wiki/Oil_industry_in_Singapore

143 "Oil & Gas Equipment and Services," EDB Singapore, n.d., https://www.edb.gov.sg/en/our- industries/oil-and-gas-equipment-and-services.html

144 Girija Pande and Venkatraman Sheshashayee, "Why Singapore Needs to Save its Offshore O&G Services Industry," The Business Times, 19 de junio de 2019, https://www.businesstimes.com.sg/opinion/why-singapore-needs-to-save-its-offshore-og-services-industry

145 Cecile Fruman, "Economic Diversification: A Priority for Action, Now More Than Ever," World Bank Blogs, 1 de marzo de 2017, http://blogs.worldbank.org/psd/economic-diversification-priority- action-now-more-ever

146 Aaron Coseby, "Climate Policies, Economic Diversification and Trade," UNCTAD Ad Hoc Expert Group Meeting, 3 de octubre 2017, https://unctad.org/meetings/en/SessionalDocuments/ditc-ted-03102017-Trade-Measures- Coseby.pdf

147 Scott Wolla, "What Are the 'Ingredients' for Economic Growth?" Federal Reserve Bank of St. Louis, Septiembre 2013, https://research.stlouisfed.org/publications/page1-econ/2013/09/01/what-are-the-ingredients-for-economic-growth/

148 Bontle Moeng, "Deloitte Africa: The Need for Economic Diversification in the Continent Is High," BizNis Africa, 25 de abril de 2017, https://www.biznisafrica.com/deloitte-africa-the-need-for- economic-diversification-in-the-continent-is-high/

149 "Botswana Embarks on Economic Diversification Beyond Diamonds," Africanews, 14

de noviembre de 2016, http://www.africanews.com/2016/11/14/botswana-embarks-on-economic- diversification-beyond-diamonds//

150 "Economy of Botswana," Wikipedia, 9 de junio de 2019, https://en.wikipedia.org/wiki/Economy_of_Botswana

151 "Botswana Economy Profile 2018," IndexMundi, 20 de enero de 2018, https://www.indexmundi.com/botswana/economy_profile.html

152 "Petroleum Industry in Nigeria," Wikipedia, 25 de mayo de 2019, https://en.wikipedia.org/wiki/Petroleum_industry_in_Nigeria

153 Frankie Edozien, "In Nigeria, Plans for the World's Largest Refinery," The New York Times, 9 de octubre de 2018, https://www.nytimes.com/2018/10/09/business/energy-environment/in- nigeria-plans-for-the-worlds-largest-refinery.html?

154 NJ Ayuk, "Natural Gas: Nigeria's Lost Treasure," How We Made it in Africa, 9 de febrero de 2018, https://www.howwemadeitinafrica.com/nj-ayuk-natural-gas-nigerias-lost-treasure/60826/

155 Onome Amawhe, "Nigeria Is a Natural Gas Nation," Vanguard, 30 de junio de 2018, https://www.vanguardngr.com/2018/01/nigeria-natural-gas-nation/

156 Nigerian Gas Flare Commercialization Programme, http://www.ngfcp.gov.ng/ 157 "Republic of Congo: Economy," Global Edge, n.d., https://globaledge.msu.edu/countries/republic-of-congo/economy

158 "Republic of the Congo: GDP Share of Agriculture," TheGlobalEconomy.com, n.d., https://www.theglobaleconomy.com/Republic-of-the-Congo/Share_of_agriculture/ 159 "Republic of Congo: Agricultural Sector," export.gov, 18 de julio de 2017, https://www.export.gov/article?id=Republic-of-Congo-Agricultural-Sector

160 Elie Smith, "Haldor Topsoe to Help Build $2.5 Billion Congo Fertilizer Plant, Bloomberg, 18 de septiembre de 2018, https://www.bloomberg.com/news/articles/2018-09-18/haldor-topsoe- to-help-build-2-5-billion-congo-fertilizer-plant

161 Ernest Scheyder, "In North Dakota's Oil Patch, a Humbling Comedown," Reuters, 18 de mayo de 2016, https://www.reuters.com/investigates/special-report/usa-northdakota-bust/

162 "Equatorial Guinea," U.S. Energy Information Administration, Diciembre de 2017, https://www.eia.gov/beta/international/analysis.php?iso=GNQ

163 Emma Woodward, "Equatorial Guinea Thinks Big on LNG," DrillingInfo, 18 de mayo de 2018, https://info.drillinginfo.com/equatorial-guinea-thinks-big-on-lng/

164 "Equatorial Guinea to Construct a Gas Megahub," Africa Oil & Power, 10 de mayo de 2018, https://africaoilandpower.com/2018/05/10/equatorial-guinea-to-construct-a-gas-megahub/ 165 "Equatorial Guinea Makes Plans for Gas Mega-Hub," Gambeta News, 15 de mayo de 2018, http://www.gambetanews.com/equatorial-guinea-plans-for-gas-mega-hub/

166 "Equatorial Guinea Economy Profile 2018," IndexMundi, 20 de enero de 2018, https://www.indexmundi.com/equatorial_guinea/economy_profile.html

167 Margherita Andaloro, "Economic Diversification: The Case of Chile," https://www.academia.edu/33381722/Economic_Diversification_The_Case_of_Chile

168 Jeff Desjardins, "How Copper Riches Helped Shape Chile's Economic Story," Visual Capitalist, 21 de junio de 2017, https://www.visualcapitalist.com/copper-shape-chile-economic-story/

169 Cecile Fruman, "Economic Diversification: A Priority for Action, Now More Than Ever," World Bank Blogs, 1 de marzo de 2017, http://blogs.worldbank.org/psd/economic-diversification-priority-action-now-more-ever

170 "Chile: 20th Century," Wikipedia, 26 de junio de 2019, https://en.wikipedia.org/wiki/Chile#20th_century

171 "Doing Business 2005: Removing Obstacles to Growth," World Bank, 8 de septiembre de 2004, http://www.doingbusiness.org/en/reports/global-reports/doing-business-2005

172 "It's Time for Africa: Ernst & Young's 2011 Africa Attractiveness Survey," Ernst & Young, 2011, http://www.ey.com/za/en/issues/business-environment/2011-africa-attractiveness-survey---fdi-in-africa---africas-true-market-value

173 "Doing Business 2019: Training for Reform," World Bank, 31 de octubre de 2018, http://www.doingbusiness.org/content/dam/doingBusiness/media/Annual-Reports/English/DB2019-report_web-version.pdf

174 Christopher Adam, "Africa Needs Smart Macroeconomic Policies to Navigate Headwinds," The Conversation, 25 de abril de 2016, https://theconversation.com/africa-needs-smart-macroeconomic-policies-to-navigate-headwinds-58104

175 Vitor Gaspar and Luc Eyraud, "Five Keys to a Smart Fiscal Policy," International Monetary Fund, 19 de abril de 2017, https://blogs.imf.org/2017/04/19/five-keys-to-a-smart-fiscal-policy/

176 "Natural Resources for Sustainable Development: The Fundamentals of Oil, Gas, and Mining Governance" (online training module), National Resource Governance Institute, febrero-abril 2016, https://resourcegovernance.org/events/natural-resources-sustainable-development-fundamentals-oil-gas-and-mining-governance

177 Thomas Scurfield and Silas Olan'g, "Magufuli Seeks the Right Balance for Tanzania's Mining Fiscal Regime," National Resource Governance Institute, 31 de enero de 2019 https://resourcegovernance.org/blog/magufuli-seeks-right-balance-tanzania-mining-fiscal

178 Efam Dovi, "Ghana's 'New Path' for Handling Oil Revenue," Africa Renewal, enero de 2013, https://www.un.org/africarenewal/magazine/january-2013/ghana%E2%80%99s-%E2%80%98new-path%E2%80%99-handling-oil-revenue

179 Harriet Sergeant, "Does Aid Do More Harm Than Good?" The Spectator, 17 de febrero de 2018, https://www.spectator.co.uk/2018/02/does-aid-do-more-harm-than-good/

180 "Addressing Corporate Fraud and Corruption in Africa," Financier Worldwide, agosto de 2012, https://www.financierworldwide.com/addressing-corporate-fraud-and-corruption-in-africa#.W_2ZTpNKhTY

181 Joe Amoako-Tuffour, "Public Participation in the Making of Ghana's Petroleum Revenue Management Law," octubre de 2011, https://resourcegovernance.org/sites/default/files/documents/ghana-public-participation.pdf

182 Babafemi Oyewole, Best Practice for Local Content Development Strategy: The Nigerian Experience, https://unctad.org/meetings/en/Presentation/Atelier%20Lancement%20Tchad%20-%20Babafemi%20Oyewole%20-%2026%20nov%202015.pdf

183 John Anyanwu, "Manufacturing Value Added Development in North Africa: Analysis of Key Drivers," African Development Bank, octubre de 2017, https://www.researchgate.net/publication/320558479_Manufacturing_Value_Added_Develop ment_in_North_Africa_Analysis_of_Key_Drivers

184 "Atlas of Sustainable Development Goals 2017: Goal 9,"Banco Mundial, n.d., http://datatopics.worldbank.org/sdgatlas/archive/2017/SDG-09-industry-innovation-and-infrastructure.html

185 Franck Kuwonu, "Using Trade to Boost Africa's Industrialization," Africa Renewal, agosto 2015, https://www.un.org/africarenewal/magazine/august-2015/using-trade-boost- africa%E2%80%99s-industrialization

186 Lisa Friedman, "Africa Needs Fossil Fuels to End Energy Apartheid," Scientific American, 5 de agosto de 2014, https://www.scientificamerican.com/article/africa-needs-fossil-fuels-to-end-energy-apartheid/ 187 "Africa Mining Vision," African Union, febrero de 2009, http://www.africaminingvision.org/amv_resources/AMV/Africa_Mining_Vision_English.pdf

188 Kayode Adeoye, "Upgrading Kainji Dam and Improving Electricity," The Guardian, 29 de marzo de 2017, https://guardian.ng/energy/upgrading-kainji-dam-and-improving-electricity/

189 L. N. Chete, J. O. Adeoti, F. M. Adeyinka, y O. Ogundele, "Industrial Development and Growth in Nigeria: Lessons and Challenges," The Brookings Institution, julio de 2016, https://www.brookings.edu/wp-content/uploads/2016/07/L2C_WP8_Chete-et-al-1.pdf

190 Landry Signé and Chelsea Johnson, "The Potential of Manufacturing and Industrialization in Africa: Trends, Opportunities, and Strategies," Brookings Institution, Septiembre de 2018, https://www.brookings.edu/wp-content/uploads/2018/09/Manufacturing-and- Industrialization-in-Africa-Signe-20180921.pdf

191 "Lagos Free Trade Zone Woos Singaporean Investors as Existing Investments hit $150M," Business Day, 2 de agosto, 2017 https://www.nipc.gov.ng/lagos-free-trade-zone-woos- singaporean-investors-existing-investments-hit-150m/

192 Anzetse Were, "Manufacturing in Kenya: Features, Challenges and Opportunities," Supporting Economic Transformation, agosto de 2016, https://set.odi.org/wp- content/uploads/2016/09/Manufacturing-in-Kenya-Anzetse-Were.pdf

193 "Kenya's Industrial Transformation Programme," Ministerio de Industria, Comercio

y Cooperativas, n.d., http://www.industrialization.go.ke/index.php/downloads/282-kenya-s- industrial-transformation-programme

194 "Industrialize Africa: Strategies, Policies, Institutions and Financing," African Development Bank, 20 de noviembre de 2017, https://www.afdb.org/en/news-and-events/industrialize-africa- strategies-policies-institutions-and-financing-17570/

195 "Interview: Ashley Taylor," Oxford Business Group, n.d., https://oxfordbusinessgroup.com/interview/ashley-taylor

196 Jaya Shukla, "Banking through Mobile Money Technology in Africa," The New Times, 18 de junio de 2018, https://www.newtimes.co.rw/business/banking-through-mobile-money- technology-africa

197 "M-Pesa," Wikipedia, 24 de junio de 2019, https://en.wikipedia.org/wiki/M-Pesa

198 Erik Hersman, "The Mobile Continent," Stanford Social Innovation Review, Spring 2013, https://ssir.org/articles/entry/the_mobile_continent

199 Sama Tanya, "NJ Ayuk on How Tech can Impact Africa's Oil & Gas Industry," Bequadi, 7 de febrero de 2018, https://www.bequadi.com/nj-ayuk-2/

200 "MOGS Oil & Gas Operations and Projects," n.d., https://www.mogs.co.za/oil-gas-services/operations/oiltainking-mogs-saldanha

201 Paul Burkhardt, "Africa's Oil Hub Woos Global Traders With New Million-Barrel Tanks," Bloomberg, 25 de febrero de 2019, https://www.bloomberg.com/news/features/2019-02- 26/africa-s-oil-hub-woos-global-traders-with-new-million-barrel-tanks

202 Iyabo Lawal, "FUPRE as Bridge Between Education and Innovation," The Guardian, 25 de abril de 2019, https://guardian.ng/features/education/fupre-as-bridge-between-education-and- innovation/

203 "'At Friburge We Leverage Cutting Edge Technology That Will Significantly Cut Costs And Reduce The Heavy Effects Of Resource Mining On Africa's Bourgeoning Eco System' – Dos Santos," Orient Energy Review, 2 de febrero de 2017, https://orientenergyreview.com/uncategorised/at-friburge-we-leverage-cutting-edge-technology-that-will-significantly-cut-costs-and-reduce-the-heavy-effects-of-resource-mining- on-africas-bourgeoning-eco-system/

204 Abdi Latif Dahir, "This Documentary Tells the Story of Africa's Longest Internet Shutdown," Quartz, 6 de agosto de 2018, https://qz.com/africa/1349108/cameroons-internet-shutdown-in- blacked-out-documentary/

205 Abdi Latif Dahir, "How Do You Build Africa's Newest Tech Ecosystem When the Government Shuts the Internet Down?" Quartz, 2 de febrero de 2017, https://qz.com/africa/902291/cameroons-silicon-mountain-is-suffering-losses-from-the- countrys-internet-shutdown/

206 "Rebecca Enonchong: A Heavyweight in African Tech," The World Bank, 8 de marzo de 2019, https://www.worldbank.org/en/news/feature/2019/03/08/rebecca-enonchong-a-heavyweight-in-african-tech

207 Marriane Enow Tabi, "Rebecca Enonchong: How I Built a Global Tech Business with no Funding—7 Lessons," Journal du Cameroun, 14 de nero de 2019, https://www. journalducameroun.com/en/rebecca-enonchong-how-i-built-a-global-tech- business-with-no-funding%E2%80%8A-%E2%80%8A7-lessons/

208 Arlene Lagman, "Njeri Rionge, The Serial Entrepreneur," Connected Women, 17 de enero de 2016, https://www.connectedwomen.co/magazine/herstory-njeri-rionge-the-serial- entrepreneur/

209 "Rolling out the Web to Kenya's Poor," BBC News, 14 de mayo de 2012, https://www. bbc.com/news/world-africa-17901645

210 "Interview: Tunde Ajala," Africa Business Communities, 1 de octubre de 2018, https:// africabusinesscommunities.com/features/interview-tunde-ajala,-executive-director-dovewell-oilfield-services-nigeria/

211 Derby Omokoh, "Arthur Eze: Nigeria Profile," Oil Voice, 2 de octubre de 2017, https:// oilvoice.com/Opinion/8804/Arthur-Eze-Nigeria-Profile

212 Mfonobong Nsehe, "Nigerian Oilman Prince Arthur Eze Builds $800,000 School In South Sudan," Forbes, 1 de octubre de 2018, https://www.forbes.com/sites/ mfonobongnsehe/2018/10/01/nigerian-oilman-prince-arthur- eze-builds-800000-school-in-south-sudan/#21367c36751b

213 Ninsiima Julian, "Oranto Petroleum Increases its Support to the Education of Uganda, South Sudan's Communities," PLM Daily, 11 de marzo de 2019, http://www.pmldaily. com/news/2019/03/oranto-petroleum-increases-its-support-to-the- education-of-uganda-south-sudans-communities.html

214 "Sahara Group Canvasses Investments in Emerging Markets at Europlace Forum in Paris," Sahara Group, 10 de julio de 2018, http://www.sahara-group.com/2018/07/10/ sahara-group- canvasses-investments-in-emerging-markets-at-europlace-forum-in-paris/

215 "Sustainability Through Synergy," Sahara Group, 2016, http://www.sahara-group.com/ wp- content/uploads/2018/06/Sahara_Group_2016_Sustainability_Report.pdf

216 "Q&A with Kola Karim," Unity Magazine, n.d., https://unity-magazine.com/qa-with-kola- karim/

217 Derek Dingle, "Kase Lawal Is One of the Biggest Power Players in Houston's Oil Industry," Black Enterprise, 17 de mayo 2017, https://www.blackenterprise.com/kase-lawal-houston-oil/

218 Susannah Palk, "Kase Lawal: Not Your Average Oil Baron," CNN, 19 de mayo de 2010, http://www.cnn.com/2010/WORLD/africa/05/18/kase.lukman.lawal/index.html

219 "Oil Company Tradex Does Well in Chad, Equatorial Guinea and the Central African Republic," Business in Cameroon, octubre 2018, página 9, https://www. businessincameroon.com/pdf/BC68.pdf

220 Andy Brogan, "Why National Oil Companies Need to Transform," Ernst & Young, 12 de abril de 2019, https://www.ey.com/en_gl/oil-gas/why-national-oil-companies-need-to-transform

221 "NOC-IOC Partnerships," World National Oil Companies Congress, Junio de 2012, http://www.terrapinn.com/conference/world-national-oil-companies- congress/Data/nociocpartnerships.pdf

222 "Angola: Total Will Launch a Fuel Retail Network with Sonangol ," BusinesWire, 21 de diciembre de 2018, https://www.businesswire.com/news/home/20181221005176/en/Angola-Total- Launch-Fuel-Retail-Network-Sonangol

223 Ejiofor Alike, "FG Sets Bid Round Guidelines for Award of 46 Marginal Oil Fields," This Day, 18 de septiembre de 2017, https://www.thisdaylive.com/index.php/2017/09/18/fg-sets-bid-round- guidelines-for-award-of-46-marginal-oil-fields/

224 Dolapo Oni, "Nigeria Targets Local Upstream Players with Marginal Field Round," Petroleum Economist, 7 de marzo de 2018, http://www.petroleum-economist.com/articles/upstream/licensing- rounds/2018/nigeria-targets-local-upstream-players-with-marginal-field-round

225 Chijioke Nwaozuzu, "Marginal Oil Fields Development in Nigeria: Way Forward," Business a.m., August 6, 2018, https://www.businessamlive.com/marginal-oil-fields-development-in- nigeria-way-forward/

226 "Special Report: Untold Story of How Skye Bank's Bubble Burst," Ripples Nigeria, 6 de julio de 2016, https://www.ripplesnigeria.com/special-skye-bank/

227 Chijioke Nwaozuzu, "Marginal Oil Fields Development in Nigeria: Way Forward," Business a.m., 6 de agosto de 2018, https://www.businessamlive.com/marginal-oil-fields-development-in- nigeria-way-forward/

228 Elie Smith, "Congo Republic Sees OPEC Admission Opening Up Its Oil Industry," Bloomberg, 23 de junio de 2018, https://www.bloomberg.com/news/articles/2018-06-23/congo-republic-sees- opec-admission-opening-up-its-oil-industry

229 Viktor Katona, "Can Angola Overhaul Its Struggling Oil Industry?" OilPrice.com, 29 de octubre de 2018, https://oilprice.com/Energy/Crude-Oil/Can-Angola-Overhaul-Its-Struggling-Oil- Industry.html

230 "Angola Facts and Figures," Organization of the Petroleum Exporting Countries, 2018, https://www.opec.org/opec_web/en/about_us/147.htm

231 Stephen Eisenhammer, "Angola Cuts Tax Rates for Development of Marginal Oil Fields," Reauters, May 22, 2018, https://af.reuters.com/article/investingNews/idAFKCN1IN0SN-OZABS 232 "Angola: 2019 Licensing Round, Marginal Fields Drive Explorers' Interest," Africa Oil & Power, https://africaoilandpower.com/2018/12/17/independent-oil-companies-turn-attention- to-angola-2019-licensing-round-marginal-fields-drive-explorers-interest/

233 Moses Aremu, "Deepwater Fields Define Angola's Oil Wealth in the New Century," Oil and Gas Online, n.d., https://www.oilandgasonline.com/doc/deepwater-fields-define-angolas-oil- wealth-in-0001

234 "Infrastructure," Sahara Group, n.d., http://www.sahara- group.com/businesses/#infrastructure

235 "Upstream," Sahara Group, n.d, http://www.sahara-group.com/businesses/#upstream

236 "Sustainability Through Synergy," Sahara Group, 2016, http://www.sahara-group.com/
wp- content/uploads/2018/06/Sahara_Group_2016_Sustainability_Report.pdf

237 "Contract Negotiation and Fiscal Policies in Africa's Extractives Sector," NEPAD, 5
de noviembre de 2018, https://www.nepad.org/news/contract-negotiation-and-fiscal-
policies-africas- extractives-sector

238 Desmond Davies, "Obasanjo Advises African Leaders to Improve Negotiation Skills,"
Ghana News Agency, 19 de abril de 2017, http://www.ghananewsagency.org/features/
obasanjo-advises- african-leaders-to-improve-negotiation-skills-115788

239 Richard Harroch, "15 Tactics for Successful Business Negotiations," Forbes, 16 de
septiembre de 2016, https://www.forbes.com/sites/allbusiness/2016/09/16/15-tactics-
for-successful- business-negotiations/#55751d3d2528

240 Danny Ertel, "Getting Past Yes: Negotiating as if Implementation Mattered,"
Harvard Business Review, November 2004, https://hbr.org/2004/11/getting-past-yes-
negotiating-as-if- implementation-mattered

241 "Corporate Responsibility Report," Kosmos Energy, 2015, https://www.
unglobalcompact.org/system/attachments/cop_2016/300841/original/Kosmos_E
nergy_2015_Corporate_Responsibility_Report.pdf?1468431920

242 "Senegal," BP, n.d., https://www.bp.com/en/global/corporate/what-we-do/bp-
worldwide/bp-in-senegal.html

243 "Kosmos Energy Welcomes Approval of Inter-Governmental Cooperation Agreement
between Mauritania and Senegal," Kosmos Energy, February 12, 2018, http://investors.
kosmosenergy.com/news-releases/news-release-details/kosmos-energy- welcomes-
approval-inter-governmental-cooperation

244 "Noble Energy Announces Agreement to Progress Development of Alen Natural
Gas, Offshore Equatorial Guinea," 10 de mayo de 2018, http://investors.nblenergy.
com/news- releases/news-release-details/noble-energy-announces-agreement-progress-
development-alen 245 NJ Ayuk, "Equatorial Guinea's New Flare," Vanguard, 13 de
junio de 2018, https://www.vanguardngr.com/2018/06/equatorial-guineas-new-flare/

246 Robert Brelsfor, "Uganda Inks Deal for Country's First Refinery," Oil & Gas Journal, 12
de abril de 2018, https://www.ogj.com/articles/2018/04/uganda-inks-deal-for-country-
s-first-refinery.html

247 "Behind the Scenes in Uganda's $4bn Oil Refinery Deal," The Observer, 17 de abril de
2018 https://observer.ug/news/headlines/57478-behind-the-scenes-in-uganda-s-4bn-
oil-refinery- deal.html

248 Edward McAllister and Oleg Vukmanovic, "How One West African Gas Deal Makes
BG Group Billions," Reuters, 12 de julio de 2013, https://www.reuters.com/article/
bg-equatorial-guinea- lng/how-one-west-african-gas-deal-makes-bg-group-billions-
idUSL5N0FA1BE20130712

249 Oleg Vukmanovic, "Equatorial Guinea in LNG Sale Talks as Shell Deal Winds

Down," Reuters, 11 de mayo de 2018, https://af.reuters.com/article/topNews/idAFKBN1IC0MV-OZATP

250 Ahmad Ghaddar, "Libya Port Attack Cut Output by 400,000 Barrels Per Day: NOC Head," Reuters, 19 de junio de 2018, https://www.reuters.com/article/us-libya-security-oil/libya-port-attack- cut-output-by-400000-barrels-per-day-noc-head-idUSKBN1JF180

251 Ayman al-Warfalli and Shadia Nasralla, "East Libyan Forces Advance Rapidly to Retake Key Oil Ports," Business Insider, 21 de junio de 2018, https://www.businessinsider.com/r-east-libyan- forces-advance-rapidly-to-retake-key-oil-ports-2018-6

252 "East Libyan Forces Reclaim Key Oil Ports," eNCA, 22 de junio de 2018, https://www.enca.com/africa/east-libyan-forces-reclaim-key-oil-ports

253 Jan-Philipp Scholz, "Gas Flaring in the Niger Delta Ruins Lives, Business," Deutsche Welle, 11 de noviembre de 2017, https://www.dw.com/en/gas-flaring-in-the-niger-delta-ruins-lives- business/a-41221653

254 Leonore Schick, Paul Myles, and Okonta Emeka Okelum, "Gas Flaring Continues Scorching Niger Delta," Deutsche Welle, 11 de noviembre de 2018, https://www.dw.com/en/gas-flaring- continues-scorching-niger-delta/a-46088235

255 John Campbell, "The Trouble With Oil Pipelines in Nigeria," Council on Foreign Relations, 14 de septiembre de 2017, https://www.cfr.org/blog/trouble-oil-pipelines-nigeria

256 Shadow Governance Intel, "Nigeria's Oil Theft Epidemic," OilPrice.com, 6 de junio de 2017, https://oilprice.com/Energy/Crude-Oil/Nigerias-Oil-Theft-Epidemic.html

257 Terry Hallmark, "Oil and Violence in the Niger Delta Isn't Talked About Much, but it Has a Global Impact," Forbes, 13 de febrero de 2017, https://www.forbes.com/sites/uhenergy/2017/02/13/oil-and-violence-in-the-niger-delta-isnt- talked-about-much-but-it-has-a-global-impact/#422d73284dc6

258 Bukola Adebayo, "Major New Inquiry into Oil Spills in Nigeria's Niger Delta Launched," CNN, 26 de marzo de 2019, https://www.cnn.com/2019/03/26/africa/nigeria-oil-spill-inquiry- intl/index.html

259 Irina Slav, "Nigerian Army Destroys Major Oil Smuggling Hub," OilPrice.com, 16 de abril de 2019, https://oilprice.com/Latest-Energy-News/World-News/Nigerian-Army-Destroys-Major-Oil- Smuggling-Hub.html

260 "Market Report: NNPC to Provide Support to the Agriculture Industry," Africa Oil & Power, 15 de abril de 2019, https://africaoilandpower.com/2019/04/15/market-report-nnpc-to-provide- support-to-the-agriculture-industry/

261 Gege Li, "Harnessing Plants and Microbes to Tackle Environmental Pollution," Chemistry World, 29 de marzo de 2019, https://www.chemistryworld.com/research/harnessing-plants-and- microbes-to-tackle-environmental-pollution/3010307.article

262 Rebecca Campbell, "See How This Non-Profit Is Using the Blockchain to Clean up the Niger Delta," Forbes, 14 de enero de 2019, https://www.forbes.com/sites/

rebeccacampbell1/2019/01/14/see-how-this-non-profit-is- using-the-blockchain-to-clean-up-the-niger-delta/#2cbb69c53302

263 Nkosana Mafico, "Using Blockchain Technology to Clean Up the Niger Delta," Huffington Post, 8 de octubre de 2017, https://www.huffpost.com/entry/using-revolutionary-technology-to- clean-up-the-niger_b_59d373eae4b092b22a8e3957

264 Bukola Adebayo, "Contaminated Lands, Water: New Major Inquiry into Oil Spills in Niger Delta," Vanguard, 31 de marzo de 2019, https://www.vanguardngr.com/2019/03/contaminated-lands-water-new-major-inquiry-into- oil-spills-in-niger-delta/

265 Ian Ralby, "Downstream Oil Theft: Global Modalities, Trends, and Remedies," Atlantic Council Global Energy Center, enero de 2017 https://www.atlanticcouncil.org/images/publications/Downstream-Oil-Theft-RW-0214.pdf

266 Terry Hallmark, "The Murky Underworld of Oil Theft and Diversion," Forbes, 26 de mayo de 2017, https://www.forbes.com/sites/uhenergy/2017/05/26/the-murky-underworld-of-oil-theft-and- diversion/#dc609716886e

267 "Nigeria Takes Action Against Gas Flaring," Journal du Cameroun, 3 de abril de 2019, https://www.journalducameroun.com/en/nigeria-takes-action-against-gas-flaring/

268 Samuel Petrequin and Ebow Godwin, "2 Arrested in Togo Soccer Team Attack," CBS News, January 11, 2010, https://www.cbsnews.com/news/2-arrested-in-togo-soccer-team-attack/
269 Ed Cropley, "Rebels Alive and Kicking in Angolan Petro-Province, Oil Workers Say," Reuters, 14 de junio de 2016, https://www.reuters.com/article/angola-oil-security/rebels-alive-and-kicking-in- angolan-petro-province-oil-workers-say-idUSL8N1952C9

270 "What's Behind the Surge in Violence in Angola's Cabinda Province?" World Politics Review, 9 de septiembre de 2016, https://www.worldpoliticsreview.com/trend-lines/19873/what-s-behind- the-surge-in-violence-in-angola-s-cabinda-province

271 Lucy Corkin, "After the Boom: Angola's Recurring Oil Challenges in a New Context," Oxford Institute for Energy Studies, mayo de 2017, https://www.oxfordenergy.org/wpcms/wp- content/uploads/2017/05/After-the-Boom-Angolas-Recurring-Oil-Challenges-in-a-New- Contect-WPM-72.pdf

272 Matthew Hill and Borges Nhamire, "Burning Villages, Ethnic Tensions Menace Mozambique Gas Boom," Bloomberg, 1 de julio de 2018, https://www.bloomberg.com/news/articles/2018-07- 02/burning-villages-ethnic-tensions-menace-mozambique-s-gas-boom

273 Jordan Blum, "Anadarko's Mozambique LNG Attacked Amid Insurgency, One Contractor Killed," Houston Chronicle, 22 de febrero de 2019, https://www.houstonchronicle.com/business/energy/article/Anadarko-Mozambique-Attacked- for-First-Time-Amid-13636373.php

274 Paul Burkhardt and Matthew Hill, "Chevron Gets Treasure, Trouble with Rebel-Hit Mozambique Gas," Bloomberg, 12 de abril de 2019, https://www.bloomberg.com/news/articles/2019-04-12/chevron-reaps-treasure-trouble-in- rebel-hit-mozambique-gas-area

275 Chris Massaro, "Nigeria Plagued by Ethnic and Religious Violence as Attacks on Christians Rise," Fox News, 24 de abril de 2019, https://www.foxnews.com/world/nigeria-ethnic-religious- violence-christians

276 Orji Sunday, "Organised Crime Kills More Civilians in Nigeria than Boko Haram," TRT World, April 24, 2019, https://www.trtworld.com/magazine/organised-crime-kills-more-civilians-in- nigeria-than-boko-haram-26143

277 Brian Adeba, "How War, Oil and Politics Fuel Controversy in South Sudan's Unity State," African Arguments, 5 de agosto de 2015, http://africanarguments.org/2015/08/05/how-war-oil-and- politics-fuel-controversy-in-south-sudans-unity-state-by-brian-adeba/

278 "South Sudan Country Profile," BBC, August 6, 2018, http://www.bbc.co.uk/news/world- africa-14069082

279 Javira Ssebwami, "South Sudan enters into Agreement with African Energy Chamber to Provide Technical Assistance to its Petroleum Sector," PML Daily, 21 de enero de 2019, http://www.pmldaily.com/business/2019/01/south-sudan-enters-into-agreement-with-african- energy-chamber-to-provide-technical-assistance-to-its-petroleum-sector.html

280 Abdelghani Henni, "South Sudan: When Oil Becomes A Curse," Hart Energy, 19 de julio de 2018, https://www.hartenergy.com/exclusives/south-sudan-when-oil-becomes-curse-31242

281 Okech Francis, "South Sudan Sees $2 Billion Oil Investments as First Start," World Oil, 19 de diciembre de 2018, https://www.worldoil.com/news/2018/12/19/south-sudan-sees-2-billion- oil-investments-as-first-start

282 Nhial Tiitmamer, "South Sudan's Mining Policy and Resource Curse," The Sudd Institute, 22 de abril de 2014, https://www.suddinstitute.org/publications/show/south-sudan-s-mining-policy- and-resource-curse

283 Nhial Tiitmamer, "The South Sudanization of the Petroleum Industry Through Local Content: Is the Dream within Reach?" The Sudd Institute, 20 de octubre de 2015, https://www.suddinstitute.org/publications/show/the-south-sudanization-of-the-petroleum- industry-through-local-content-is-the-dream-within-reach

284 Wim Zwijnenburg, "South Sudan's Broken Oil Industry Increasingly Becoming a Hazard," New Security Beat, 2 de mayo de 2016, https://www.newsecuritybeat.org/2016/05/south-sudans-broken- oil-industry-hazard/

285 William Charnley, "South Sudan: Post Civil War Instability," Global Risk Insights, 19 de marzo de 2019, https://globalriskinsights.com/2019/03/south-sudan-war-peace-deal/

286 "Laura FitzGerald, the Bells of the Wells," CNBC, n.d., https://www.cnbc.com/laura-fitzgerald/

287 Laura FitzGerald, "Women's Oil Business Plan: Removing Your Glass Ceiling," Ilios Resources, n.d., http://iliosresources.com/oil-business-plan/

288 Rob Wile, "Why Letting an Oil Company Frack in Your Backyard Is Actually an Awesome Idea," Business Insider, 15 de octubre de 2012, https://www.businessinsider.

com/if-you-want-to- become-a-millionaire-let-an-oil-company-frack-your-backyard-2012-10

289 David Bailey, "In North Dakota, Hard to Tell an Oil Millionaire from Regular Joe," Reuters, 3 de octubre de 2012, https://www.reuters.com/article/us-usa-northdakota-millionaires/in-north- dakota-hard-to-tell-an-oil-millionaire-from-regular-joe-idUSBRE8921AF20121003

290 "Oil in Nigeria: A Cure or Curse?" Glonal Citizen, 31 de agosto de 2012, https://www.globalcitizen.org/en/content/oil-in-nigeria-a-cure-or-curse/

291 "Poverty and Crime Flourish in Oil-Rich Niger Delta," PBS News Hour, 27 de julio de 2007, https://www.pbs.org/newshour/politics/africa-july-dec07-delta_0727

292 Daron Acemoglu and James Robinson, "Is There a Curse of Resources? The Case of the Cameroon," Why Nations Fail, 16 de mayo de 2013, http://whynationsfail.com/blog/2013/5/16/is- there-a-curse-of-resources-the-case-of-the-cameroon.html

293 William Lloyd, "Top 10 Facts About Living Conditions In Cameroon," The Borgen Project, 19 de febrero de 2019, https://borgenproject.org/top-10-facts-about-living-conditions-in- cameroon/

294 Tim Cocks, "Anglophone Cameroon's Separatist Conflict Gets Bloodier," Reuters, 1 de junio de 2018, https://www.reuters.com/article/us-cameroon-separatists/anglophone-cameroons- separatist-conflict-gets-bloodier-idUSKCN1IX4RS

295 Yusser AL-Gayed, "Oil, Order and Diversification in Libya," Natural Resource Governance Institute, 12 de agosto de 2016, https://resourcegovernance.org/blog/three-ways-oil-reliance-has- hit-libya-and-government

296 Jim Armitage, "Libya Sinks into Poverty as the Oil Money Disappears into Foreign Bank Accounts," The Independent, 17 de julio de 2018, https://www.independent.co.uk/news/business/analysis-and-features/libya-poverty- corruption-a8451826.html

297 Charles Recknagel, "What Can Norway Teach Other Oil-Rich Countries?" Radio Free Europe, 27 de noviembre de 2014, https://www.rferl.org/a/what-can-norway-teach-other-oil-rich- countries/26713453.html

298 Richard Valdmanis, "Debt-Wracked Nations Could Learn from Norway, Prime Minister Says," Reuters, 25 de septiembre de 2013, https://www.reuters.com/article/us-usa-norway- stoltenberg/debt-wracked-nations-could-learn-from-norway-prime-minister-says- idUSBRE98P04D20130926

299 "Kenya Proposes Transparent, but Risky, New Sovereign Wealth Fund," Natural Resource Governance Institute, 6 de marzo de 2019, https://resourcegovernance.org/blog/kenya-proposes- transparent-risky-new-sovereign-wealth-fund

300 Larry Diamond y Jack Mosbacher, "Petroleum to the People, Africa's Coming Resource Curse—And How to Avoid It," Foreign Affairs, septiembre/octubre de 2013, http://media.hoover.org/sites/default/files/documents/diamond_mosbacher_latest3.pdf

301 Shanta Devarajan, "How to Use Oil Revenues Efficiently: Universal Basic Income," Brookings, 30 de mayo de 2017, https://www.brookings.edu/blog/future-development/2017/05/30/how-to-use- oil-revenues-efficiently-universal-basic-income/

302 Emeka Duruigbo, "Managing Oil Revenues for Socio-Economic Development in Nigeria," North Carolina Journal of International Law and Commercial Regulation, otoño 2004, https://scholarship.law.unc.edu/cgi/viewcontent.cgi?referer=https://www.google.com/&httpsr edir=1&article=1781&context=ncilj

303 Landry Signé, "Africa's Natural Resource Revenue for All: The Alaska Permanent Fund Dividend Model," Brookings, 26 de junio de 2018, https://www.brookings.edu/blog/africa-in- focus/2018/06/26/africas-natural-resource-revenue-for-all-the-alaska-permanent-fund- dividend-model/

304 Svetlana Tsalik, "Caspian Oil Windfalls: Who Will Benefit?" Open Society Institute, 2003, http://pdc.ceu.hu/archive/00002053/01/051203.pdf

305 Ujjwal Joshi, "Chad-Cameroon Pipeline Project," 6 de junio de 2013, https://www.slideshare.net/ujjwaljoshi1990/chad-cameroon-pipeline-project-22545357 306 Artur Colom Jaén, "Lessons from the Failure of Chad's Oil Revenue Management Model (ARI)," Real Instituto Elcano, 3 de diciembre de 2010, http://www.realinstitutoelcano.org/wps/wcm/connect/8473080041b87f3a9de5ffe151fccd56/ARI12-2010_Colom_Chad_Oil_Revenue_Management_Model.pdf?MOD=AJPERES&CACHEID=8473080 041b87f3a9de5ffe151fccd56

307 "Chad-Cameroon Petroleum Development and Pipeline Project: Overview," Banco Mundial, diciembre de 2006, http://documents.worldbank.org/curated/en/821131468224690538/pdf/36569.pdf

308 Shawn Simmons, "Thank a Mentor By Becoming One Yourself," STEAM Magazine, verano/otoño 2016, https://mydigitalpublication.com/publication/frame.php?i=312844&p=66&pn=&ver=html5

309 Sarah Donchey, "Women Making a Difference: Shawn Simmons fulfills dream of becoming engineer," Click2Houston.com, 23 de febrero de 2018, https://www.click2houston.com/community/women-making-a- difference/shawn-simmons-fulfills-dream-of-becoming-engineer

310 "Dr Shawn Simmons advises on ExxonMobil's work in Nigeria," Diversity/Careers in Engineering & Information Technology, http://www.diversitycareers.com/articles/pro/06- augsep/managing_exxon.html

311 Robert Rapier, "How The Shale Boom Turned The World Upside Down," Forbes, 21 de abril de 2017, https://www.forbes.com/sites/rrapier/2017/04/21/how-the-shale-boom-turned-the-world-upside- down/#5cf4192a77d2

312 Robert Rapier, "How The Shale Boom Turned The World Upside Down," Forbes, 21 de abril de 2017, https://www.forbes.com/sites/rrapier/2017/04/21/how-the-shale-boom-turned-the-world-upside- down/#5cf4192a77d2

313 "Overview of U.S. Petroleum Production, Imports, Exports, and Consumption," Bureau of Transportation Statistics, https://www.bts.gov/content/overview-us-petroleum-production-imports- exports-and-consumption-million-barrels-day

314 "U.S. monthly crude oil production exceeds 11 million barrels per day in August," United States Energy Information Administration, 1 de noviembre de 2018, https://www.eia.gov/todayinenergy/detail.php?id=37416.

315 "Cobalt in dispute with Sonangol over Angolan assets," Offshore Energy Today, 2017, https://www.offshoreenergytoday.com/cobalt-in-dispute-with-sonangol-over-angolan-assets/

316 BP And Partner's US$350 Million Payments In Corruption-Prone Angola Show Need for U.S. Transparency Rule, Global Witness, 4 de agosto de 2014, https://www.globalwitness.org/en/archive/bp-and- partners-us350-million-payments-corruption-prone-angola-show-need-us-transparency/

317 Jonathan Stempel, "Och-Ziff reaches $29 million shareholder accord over Africa bribery probes," Reuters, 2 de octubre de 2018, https://www.reuters.com/article/us-och-ziff-settlement/och-ziff-reaches-29- million-shareholder-accord-over-africa-bribery-probes-idUSKCN1MC2DS

318 "BBC Expose On $10BN Deal Shows BP May Have Been Complicit In Corruption," Global Witness, 3 de junio de 2019, https://www.globalwitness.org/en/press-releases/bbc-expos%C3%A9-on-10bn-deal-shows-bp- may-have-been-complicit-in-corruption/

319 Daniel Graeber, "More Oil Progress Offshore Senegal," UPI, 7 de marzo de 2017, https://www.upi.com/Energy-News/2017/03/07/More-oil-progress-offshore-Senegal/9391488887085/

320 Rick Wilkinson, "Cairn Energy group begins FEED at SNE field off Senegal," Oil & Gas Journal, 17 de diciembre de 2018, https://www.ogj.com/exploration-development/article/17296866/cairn-energy- group-begins-feed-at-sne-field-off-senegal

321 Angela Macdonald-Smith, "Woodside Petroleum to pay $565.5m for ConocoPhillips' Senegal venture," The Australian Financial Review, 14 de julio de 2016 https://www.afr.com/business/energy/oil/woodside-petroleum-to-pay-5655m-for-conocophillips-senegal-venture-20160714-gq5b49

322 Dai Jones, "2018 Global Exploration Activity Stable and 2019 Outlook Upbeat," DrillingInfo.com, 4 de abril de 2019, https://info.drillinginfo.com/blog/2018-global-exploration- activity-stable-and-2019-outlook-upbeat/

323 "Eni announces a major oil discovery offshore Angola," Eni, 13 de marzo de 2019, https://www.eni.com/en_IT/media/2019/03/eni-announces-a-major-oil-discovery-offshore-angola

324 Dai Jones, "2018 Global Exploration Activity Stable and 2019 Outlook Upbeat," DrillingInfo.com, 4 de abril de 2019, https://info.drillinginfo.com/blog/2018-global-exploration- activity-stable-and-2019-outlook-upbeat/

325 "West African Rig Market: A Slow-Burn Recovery," Westwood Global Energy Group,

10 de abril de 2019, https://www.westwoodenergy.com/news/westwood-insight/west-african-rig-market-a-slow-burn- recovery/

326 "West African offshore rig market remains subdued," Offshore, 10 de abril de 2019, https://www.offshore- mag.com/drilling-completion/article/16790829/west-african-offshore-rig-market-remains-subdued

327 Dai Jones, "2018 Global Exploration Activity Stable and 2019 Outlook Upbeat," DrillingInfo.com, 4 de abril de 2019, https://info.drillinginfo.com/blog/2018-global-exploration- activity-stable-and-2019-outlook-upbeat/

328 "Ghana Crude Oil Production," Trading Economics, https://tradingeconomics.com/ghana/crude-oil- production

329 Ismail Akwei, "Ghana wins three-year maritime boundary dispute case against Ivory Coast," AllAfrica, 23 de septiembre de 2017, https://www.africanews.com/2017/09/23/ghana-wins-three-year-maritime- boundary-dispute-case-against-ivory-coast//

330 "Côte D'ivoire Crude Oil Production by Year," IndexMundi, https://www.indexmundi.com/energy/?country=ci&product=oil&graph=production

331 Andrew Skipper, "Africa 2019 – The Optimist's View," African Law & Business, 18 de diciembre de 2018, https://www.africanlawbusiness.com/news/8891-africa-2019-the-optimists-view

332 Garrett Brinker, "President Obama Speaks at the U.S.-Africa Business Forum," obamawhitehousearchives.gov, 5 de agosto de 2014, https://obamawhitehouse.archives.gov/blog/2014/08/05/president-obama-speaks-us-africa-business- forum

333 Tibor Nagy, "The Enduring Partnership between the United States and South Africa," Africanews, 15 de junio de 2019, https://www.africanews.com/2019/06/25/the-enduring-partnership-between-the- united-states-and-south-africa-speech-by-assistant-secretary-tibor-nagy/

334 "Ann Norman, Pioneer Energy: 'Africa is open for business,'" Kapital Afrik, 20 de marzo de 2019, https://www.kapitalafrik.com/2019/03/20/ann-norman-pioneer-energy-africa-is-open-for-business/

335 "Africa: Symbion Power Announces Low-Cost, Mini-Hydro Pilot in Rwanda and Geothermal Plant in Kenya During U.S. 'Prosper Africa' Rollout," AllAfrica, https://allafrica.com/stories/201906200815.html

336 Power Africa: Beyond The Grid, Private Sector Partner List, https://www.usaid.gov/powerafrica/privatesector

337 "Load shedding: Eskom drops to Stage 2 on Friday 22 March," The South Africa, 22 de marzo 2019, https://www.thesouthafrican.com/news/load-shedding-today-friday-22-march-2019/

338 "Why We Need to Close the Infrastructure Gap in Sub-Saharan Africa" Banco Mundial, abril de 2017, https://www.worldbank.org/en/region/afr/publication/why-we-need-to-close-the-infrastructure-gap- in-sub-saharan-africa

339 Moussa P. Blimpo and Malcolm Cosgrove-Davies, "Electricity Access in Sub-Saharan

Africa: Uptake, Reliability, and Complementary Factors for Economic Impact," Africa Development Forum Series, 2019, https://openknowledge.worldbank.org/bitstream/handle/10986/31333/9781464813610.pdf?sequence=6&isAllowed=y

340 Michael Cohen, Paul Burkhardt, and Paul Vecchiatto, "The Only Option for Eskom Is One South Africa Can't Afford," 18 de junio de 2019, https://www.bloomberg.com/news/articles/2019-06-19/the-only-option-for- eskom-is-one-south-africa-can-t-afford

341 Julius Yao Petetsi, "Ghana: Minority Expresses Worry Over Energy Sector Debt," AllAfrica, 21 de junio de 2019, https://allafrica.com/stories/201906240402.html

342 "Umeme investment in power distribution infrastructure paying off," The Independent, 22 de noviembre de 2017, https://www.independent.co.ug/umeme-tremendously-contributed-towards-power- distribution/

343 Lily Kuo, "Kenya's national electrification campaign is taking less than half the time it took America," Quartz Africa, 16 de junio de 2017, https://qz.com/africa/882938/kenya-is-rolling-out-its-national-electricity-program-in-half-the-time-it- took-america/

344 Africa Progress Panel, "Africa Progress Report 2015, Power People Planet: Seizing Africa's Energy and Climate Opportunities" https://app.box.com/s/kw1za0n3r4bo92a3wfst0wuln216j6pp

345 "Kenya Launches Africa's Biggest Wind Farm," The East African, 18 de julio de 2019, https://www.theeastafrican.co.ke/business/Kenya-to-launch-africa-biggest-wind-farm/2560-5202472- m7582y/index.html

346 Carla Sertin, "Oil and gas industry key to climate change solutions: OPEC Secretary-General Barkindo," OilandGasMiddleEast.com, 10 de julio de 2019 https://www.oilandgasmiddleeast.com/drilling- production/34513-oil-and-gas-industry-instrumental-part-of-climate-change-solutions-opec-secretary- general-barkindo

347 International Energy Agency, "Africa Energy Outlook: A Focus on Energy Prospects in Sub- Saharan Africa," 2019 https://www.iea.org/publications/freepublications/publication/WEO2014_AfricaEnergyOutlook.pdf

348 Collins Olayinka and Kingsley Jeremiah, "AITEO Founder Peters Wins FIN African Icon Award," The Guardian, 31 de enero de 2019, https://guardian.ng/appointments/aiteo-founder- peters-wins-fin-african-icon-award/

349 Tsvetana Paraskova, "South Africa Oil Discovery Could Be a Game-Changer," OilPrice.com, 10 de febrero de 2019, https://oilprice.com/Energy/Crude-Oil/South-Africa-Oil-Discovery-Could-Be- A-Game-Changer.html

350 Kim Aine, "Uganda Joins Extractive Industries Transparency Initiative to Boost Investor Confidence," ChimpReports, 29 de enero de 2019, https://chimpreports.com/uganda-joins- extractive-industries-transparency-initiative-to-boost-investor-confidence/

351 "Benin's National Assembly Adopts New Petroleum Code," Africa Oil & Power, 25 de enero de 2019, https://africaoilandpower.com/2019/01/25/benins-national-assembly-adopts-new- petroleum-code/

352 Thomas Hedley, "Senegal's Petroleum Code Moves Towards Final Stage," Africa Oil

& Power, 14 de enero de 2019, https://africaoilandpower.com/2019/01/14/senegals-petroleum-code- moves-towards-final-stage/

353 Jeff Kapembwa, "Zambia, Angola Sign Agreement on Oil and Gas," The Southern Times, 28 de enero de 2019, https://southerntimesafrica.com/site/news/zambia-angola-sign-agreement- on-oil-and-gas

354 Okechukwu Nnodim, "Nigeria, Morocco Gas Pipeline to Supply 15 Countries," Punch, 29 de enero de 2019, https://punchng.com/nigeria-morocco-gas-pipeline-to-supply-15-countries/ 355 "Oil is the Glue that Binds Sudan and South Sudan," Oil Review, 16 de abril de 2019, http://www.oilreviewafrica.com/downstream/downstream/oil-is-the-glue-that-binds-sudan- and-south-sudan-ezekiel-lol-gatkuoth

356 Steven Deng, "South Africa's State-owned Oil Company Signs Deal to Explore Highly-prospective Oil Block B2 in South Sudan," AfricaNews.com, 6 de mayo de 2019, https://www.africanews.com/2019/05/06/south-africas-state-owned-oil-company-signs-deal- to-explore-highly-prospective-oil-block-b2-in-south-sudan/

357 Robert Brelsford, "Ivory Coast Secures Loan to Support Refinery Revamp," Oil & Gas Journal, 14 de enero de 2019, https://www.ogj.com/articles/2019/01/ivory-coast-secures-loan-to-support-refinery- revamp.html

358 "Ghanaians Undergo Oil and Gas Training in Brazil," Ghana Business News, 31 de enero de 2019, https://www.ghanabusinessnews.com/2019/01/31/ghanaians-undergo-oil-and-gas-training-in- brazil/

359 "Angola Sets Sights on Training and Education to Bolster Oil and Gas Sector," Africa Oil & Power, 7 de enero de 2019, https://africaoilandpower.com/2019/01/07/angola-sets-sights-on- training-and-education-to-bolster-oil-and-gas-sector/

CPSIA information can be obtained
at www.ICGtesting.com
Printed in the USA
BVHW031011181119
564156BV00003B/5/P